LE FRANÇAIS À GRANDE VITESSE

Objectif Entreprise

NIVEAU MOYEN

JANINE BRUCHET

**avec la participation de
BÉATRICE TAUZIN**

Professeur à l'Alliance Française de Paris

HACHETTE F.L.E.
58, rue Jean-Bleuzen
92170 VANVES

Cune Nouvelle Collection de français
À USAGE PROFESSIONNEL

2 NIVEAUX

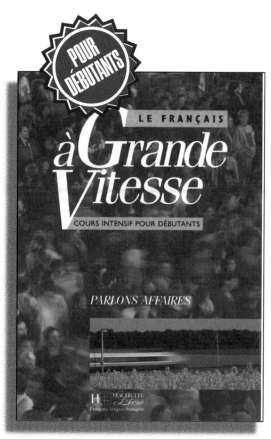

LE FRANÇAIS À GRANDE VITESSE

MATÉRIEL

- Un livre de l'élève
- Trois cassettes collectives (2h30)
- Un guide pédagogique

ISBN 2-01-154998-1

© CORNELSEN VERLAG, BERLIN, édition originale, 1992.

© HACHETTE LIVRE, 1994.
43, quai de Grenelle, 75905 PARIS Cedex 15.

OBJECTIF ENTREPRISE

MATÉRIEL

- Un livre de l'élève
- Une cassette pour le livre (45 mm)
- Un cahier d'exercices
- Une cassette pour le cahier (45 mm)
- Un guide pédagogique

AVANT-PROPOS

OBJECTIF ENTREPRISE s'adresse à un public déjà initié à la langue française (180 heures de cours environ), étudiants en commerce ou en gestion, adultes en entreprise qui veulent communiquer dans les situations de la vie professionnelle. Il fait suite au cours intensif pour débutants, LE FRANÇAIS À GRANDE VITESSE, et couvre environ 150 heures de cours.

OBJECTIF ENTREPRISE consolide et enrichit les connaissances en français courant sur lesquelles se greffe la langue des affaires. L'objectif du cours n'est pas d'enseigner des connaissances spécialisées (comme par exemple la banque, les transports, la technique), mais d'entraîner à communiquer dans la langue des affaires afin de mener à bien des tâches professionnelles. Par exemple:
- comprendre des annonces d'emploi et y répondre,
- présenter son entreprise et décrire son emploi,
- prendre des rendez-vous et organiser des voyages d'affaires,
- recevoir des partenaires,
- organiser des études de marché et des campagnes publicitaires,
- présenter des résultats, des chiffres,
- négocier des contrats,
- s'occuper de commandes et de livraisons,
- négocier avec clients et fournisseurs...

De plus, l'étudiant apprend à connaître l'économie française et le déroulement des affaires en France.

OBJECTIF ENTREPRISE se compose de cinq dossiers thématiques indépendants les uns des autres, qui peuvent être étudiés en fonction des domaines d'activité des apprenants. Dans chaque dossier, trois modules traitent le thème selon une progression rigoureuse. À la fin de chaque dossier, un volet «documents» présente du matériel authentique (articles de presse, statistiques, etc.) qui apporte un éclairage sur les différents pays européens.

Des dialogues enregistrés servent d'appui aux activités langagières exploitées dans le module. De nombreux jeux de rôles préparent à la communication dans des situations réelles. Les exercices oraux et écrits s'appuient sur des documents authentiques (brochures, annonces, publicité...). Le vocabulaire et les phrases clés font l'objet d'exercices appropriés.

Les structures grammaticales sont présentées en contexte, dans des situations professionnelles qui en demandent l'emploi. C'est aussi en situation professionnelle que les apprenants s'entraînent à les réemployer.

En proposant un entraînement systématique à l'expression et à la compréhension orales et écrites, OBJECTIF ENTREPRISE répond aux critères généraux définis pour les épreuves du DELF (diplôme élémentaire de langue française) 1er degré: description, argumentation, comparaison... Il prépare en particulier aux épreuves A2 et A3.

OBJECTIF ENTREPRISE offre un ensemble pédagogique comprenant:
- un livre de l'élève avec, en fin d'ouvrage, un jeu-test sur la France des affaires, une liste des sigles et abréviations, un lexique multilingue. Il est accompagné d'une cassette contenant les dialogues enregistrés;
- un cahier d'exercices grammaticaux et lexicaux, accompagné d'une cassette;
- un guide pédagogique pour l'enseignant.

SOMMAIRE

*B*ienvenue en entreprise

DOSSIER 1

1

Module

Partenaires:
Rencontrez vos collègues

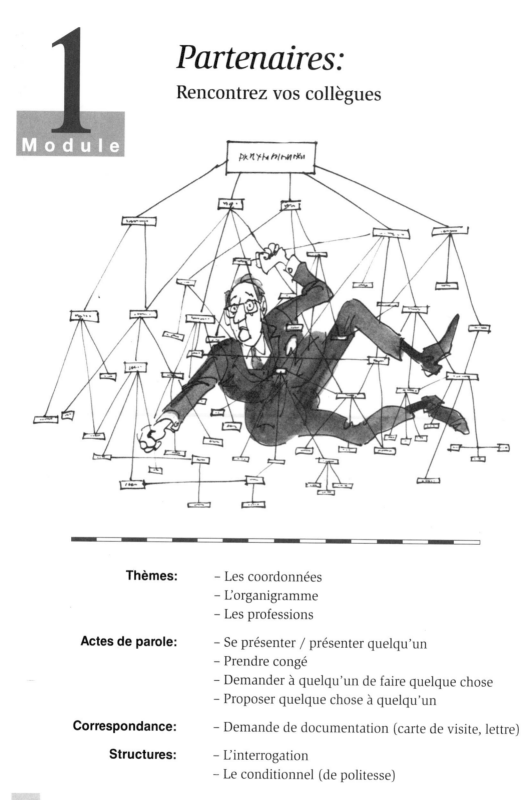

Thèmes:	– Les coordonnées
	– L'organigramme
	– Les professions
Actes de parole:	– Se présenter / présenter quelqu'un
	– Prendre congé
	– Demander à quelqu'un de faire quelque chose
	– Proposer quelque chose à quelqu'un
Correspondance:	– Demande de documentation (carte de visite, lettre)
Structures:	– L'interrogation
	– Le conditionnel (de politesse)

1 Regroupez les mots qui ont un rapport avec:

l'organisation des compagnies	le personnel	les locaux

un employé   un bureau *office*   une implantation *new office opened outside the main*   l'encadrement *Management*

une compagnie mère *head office*   un technico-commercial *Sales rep*   une secrétaire *secretary*   une filiale *- smaller office outside main*

un groupe multinational   un ouvrier *factory worker*   un holding

un département *region in FR*   un ingénieur   un service *department in company*   une entreprise

2 Remplacez les mots soulignés par un verbe ou une expression de la liste suivante:

rencontrer, embaucher, rechercher, tenir au courant, se mettre en contact avec.

employ *Keep updated*

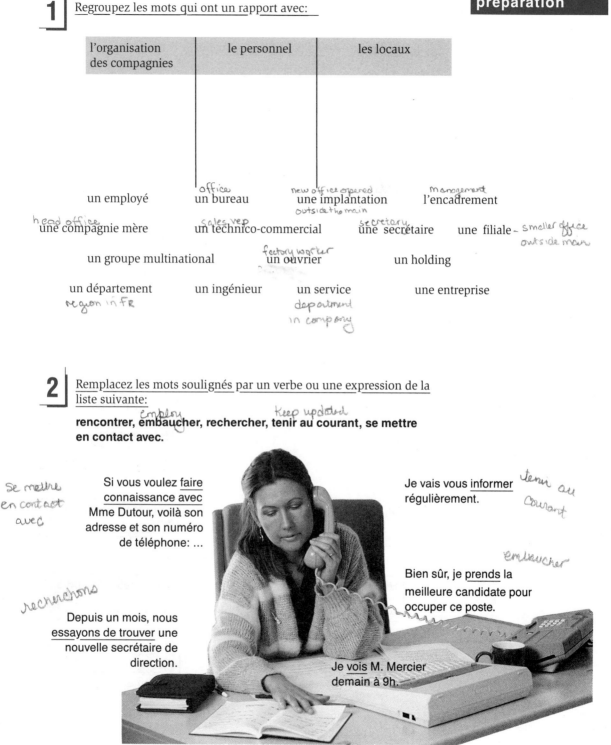

Si vous voulez <u>faire connaissance avec</u> Mme Dutour, voilà son adresse et son numéro de téléphone: ...

Se mettre en contact avec

Depuis un mois, nous <u>essayons de trouver</u> une nouvelle secrétaire de direction.

recherchons

Je vais vous <u>informer</u> régulièrement.

tenir au courant

Bien sûr, je <u>prends</u> la meilleure candidate pour occuper ce poste.

embaucher

Je <u>vois</u> M. Mercier demain à 9h.

3 | Écoutez la cassette et complétez les documents suivants:

a   **Carte de visite:**

. . . .

M. L E C L E R C

. . . .

27, Av. Émile Zola
75015 Paris
Tél. (1) 42 67 30 30
Fax. (1) 42 60 23 23

b   **Organigramme de l'entreprise**

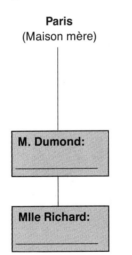

Paris
(Maison mère)

M. Dumond:
_____

Mlle Richard:
_____

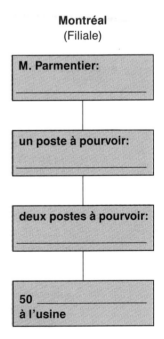

Montréal
(Filiale)

M. Parmentier:
_____

un poste à pourvoir:
_____

deux postes à pourvoir:
_____

50 _____
à l'usine

Premiers contacts

1. *À la réception:*
   - Bonjour, monsieur.
   - Bonjour, madame. J'ai rendez-vous avec M. Dumond.
   - M. Dumond, du service du personnel?
   - Oui.
   - Vous vous appelez?
   - M. Leclerc.
   - Pour quelle entreprise travaillez-vous?
   - Pour Personnel Recrutement.
   - Un instant, je vous prie.

2. **R** – Bonjour, monsieur.
   L – Mademoiselle.
   R – Vous êtes M. Leclerc?
   L – Oui.
   R – Je suis la secrétaire de M. Dumond. Nous allons rejoindre M. Dumond dans son bureau.
   Voulez-vous me suivre?

3. **R** – M. Dumond, voici M. Leclerc.
   D – Merci, Mlle Richard. . . . Bonjour, monsieur.
   L – Enchanté.
   D – Asseyez-vous, je vous prie. Je vous ai demandé de venir parce que nous recherchons du personnel pour notre filiale. Vous savez que nous nous implantons au Canada?
   L – Bien sûr.
   R – Ah, voici M. Parmentier, notre futur directeur général à Montréal. M. Parmentier, je vous présente M. Leclerc, directeur de l'agence Personnel Recrutement.
   L – Enchanté.
   P – Monsieur.
   D – Je viens de dire à M. Leclerc que nous recrutons notre personnel. Nous recherchons, en France, le personnel d'encadrement. M. Parmentier est ici pour vous parler de nos besoins.
   P – C'est ça.
   D – D'autre part, nous voulons embaucher, au Canada, les ouvriers. Pouvez-vous vous occuper, sur place, du recrutement de 50 ouvriers?
   L – Pas de problème.
   D – Parfait.
   L – Je me mets en contact avec mon correspondant à Montréal, et je vous tiens au courant.
   D – Entendu. Je vous ai aussi préparé un dossier ..... Voilà. Vous voyez ..... nous avons besoin d'un directeur commercial et de deux technico-commerciaux. Mais M. Parmentier va vous parler en détail de nos projets. Je vous laisse avec lui. M. Leclerc, je vous remercie d'être venu.
   L – Au revoir, monsieur.
   D – Messieurs.

Voici comment se présenter et présenter quelqu'un:

– Je suis M. Dumond, chef du personnel.
– Mme Michalet, responsable du service des achats de la Société Levôtre.
– Très heureux.
– Enchantée.
– Mme Michalet, je vous présente M. Blondel, notre futur directeur commercial.
– Très heureuse.
– Enchanté de faire votre connaissance.

Voici comment demander les coordonnées de quelqu'un:

Comment vous appelez-vous? / Votre nom, s'il vous plaît?
Où travaillez-vous? Pour quelle entreprise? Dans quel service? (Service des achats? des ventes? du personnel? commercial? administratif?)
À quelle adresse (travaillez-vous)? / Quelle est l'adresse? Quel est le numéro de téléphone? / Votre numéro de téléphone? Quel est le code postal?

Voici comment prendre congé:

– Je vous remercie d'être venu/e.
– Je suis heureux/-se d'avoir fait votre connaissance.
– Je suis heureux/-se de vous avoir rencontré/e.
– Je vous laisse avec M. Parmentier.
– Tenez-moi au courant.
– Je reste en contact avec vous.
– Au revoir, monsieur / madame.

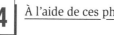

4 À l'aide de ces phrases, reconstituez les dialogues:

a – Mme Berger n'est pas là aujourd'hui. Vous êtes Monsieur . . .
– Merci.
– Je voudrais voir Mme Berger.
– M. Deville. Voici ma carte.

b – Mme Blondel.
– Vous travaillez dans le textile?
– Enchanté.
– Vous connaissez M. Laurent? Il travaille aussi chez Damart.
– Permettez-moi de me présenter: Jacques Fleury.
– Oui, chez Fibredouce. Et vous?
– Je ne sais pas . . . . Dans quel service est-il?
– Chez Damart, au service administratif.
– Au service des commandes.

5 Complétez les dialogues suivants:

a – Je voudrais recevoir une documentation sur vos produits.

– . . . .

– Je m'appelle M. Morin.

– . . . .

– À l'UFA, 54 boulevard Haussmann, 75 009 Paris.

– . . . .

– 75 009.

– . . . .

– Service des achats.

– . . . .

– Merci.

b – Je regrette, nous ne faisons pas cet article. Mais téléphonez à Mme Villard, elle peut vous renseigner.

– . . . .

– Elle travaille au service des ventes.

– . . . .

– Le 47 64 92 71.

– . . . .

6 *Jeu à deux*

Les deux joueurs font un stage chez Visiotechnique. Ils cherchent à compléter leurs connaissances sur la compagnie: organigramme, noms des responsables.

Exemples de questions à poser:

– Qui est le directeur de la production?
– Comment s'appelle le responsable de l'entrepôt?
– Dans quel service travaille M. Leroux?
– Qui est responsable du service .....?

Posez-vous des questions à tour de rôle. Le **Joueur A** commence.
Les indications pour le **Joueur B** se trouvent à la fin du livre.

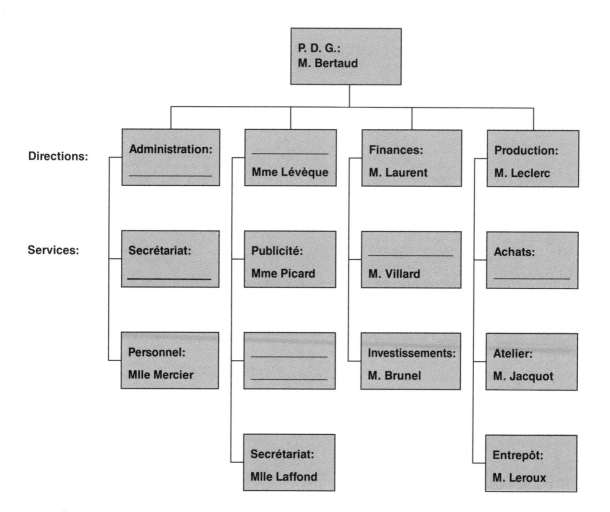

7 | *Réunion*

Une fois par an, Visiotechnique réunit tous ses employés. C'est l'occasion pour les deux stagiaires de rencontrer tout le monde.

a Prenez le rôle d'un membre de Visiotechnique. Présentez-vous et présentez vos collègues aux stagiaires.

b Prenez congé.

c Revenons à la réalité: À vous de vous présenter et de parler de l'organisation de l'entreprise où vous travaillez ou d'une entreprise que vous connaissez bien.

Voici comment demander quelque chose à quelqu'un:

– J'aimerais* / nous aimerions* *[wish]* Je souhaiterais* / nous souhaiterions* Je voudrais* / nous voudrions*	receuvoir une documentation.	

[would you have — the kindness]

– Auriez-vous* l'amabilité de *[I would be grateful to you]* Je vous serais* reconnaissant/e de Nous vous serions* reconnaissant(e)s de *[we would be grateful]*	m' / nous m' nous	envoyer une documentation.

– Est-ce que vous pouvez *[could you send me]* Pouvez-vous s'il vous plaît Pourriez*-vous s'il vous plaît	m' nous	envoyer une documentation?

– Veuillez m' / nous adresser une documentation, s'il vous plaît?

[to want subjunch]

* Conditionnel de politesse.

---

8 Complétez cette carte de visite:

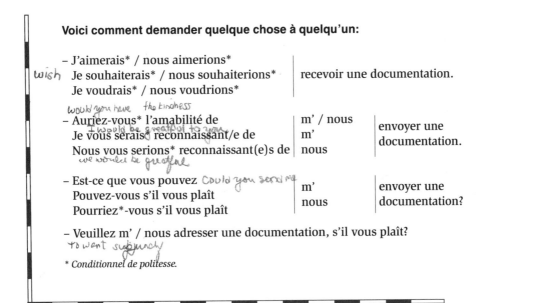

MAXITEL

[purchase / services]

M. Patrick LAFOND
Responsable du service achats

souhaiterait
aimerait recevoir votre documentation
et *voudrait* vous rencontrer.
pourriez -vous/venir le 12 ?

Meilleures salutations.

28, rue des Feuillantines, 75005 PARIS
Tél. 46 38 54 72 Télécopie 94 43 04 12

---

9 Complétez avec un verbe au conditionnel

(être, avoir, aimer, pouvoir, souhaiter):

Nous *souhaiterions* connaître vos produits. *pourriez* - vous nous envoyer

votre catalogue, s'il vous plaît?
[on the other hand]
D'autre part, M. Blaise, notre responsable, *aimerait* vous recevoir pour

vous parler de nos projets. Il *aurait* du temps la semaine prochaine et

pourrait vous rencontrer dans nos bureaux. Vous *serait* -il

possible de nous rendre visite? Si oui, *pourrais* -je vous demander de

nous faire une démonstration? Je vous en remercie d'avance.

[make a presentation]

devoir

6-7 phrases en conditionelle

10 | *Jeu à deux*

Joueur A: Vous souhaiteriez recevoir la documentation «Canon». Adressez-vous à votre voisin/e qui va vous aider à l'obtenir.

Joueur B: Votre voisin/e voudrait recevoir une documentation «Canon». Posez-lui des questions afin de remplir la demande d'information ci-contre.

Je souhaiterais recevoir votre documentation complète sur le copieur NP 7550. Voici mon nom, mon adresse et mon téléphone.

Nom _____

Société _____

N° _____ *Rue* _____

Ville _____

Code postal _____ *Téléphone* _____

Demande d'information à renvoyer à Canon France, 93154 Le Blanc-Mesnil Cedex. Téléphone 865.42.23.

Haute technicité, haute simplicité.

Canon France

. . . .

. . . .

. . . . 199 . .

Objet: Documentation

Monsieur,

. . . .

. . . .

Avec mes remerciements anticipés, je vous prie d'agréer, Monsieur, mes salutations distinguées.

. . . .
(Signature)

11 |

Comme vous n'avez pas obtenu de réponse, vous écrivez une nouvelle fois pour demander un dossier d'information. Complétez la lettre ci-dessous.

La communication en entreprise

Voici comment demander à vos collègues de faire quelque chose:

1. Une note écrite en langage télégraphique

Je vous envoie ce document pour

Post-it™ Notes 7664

Date: **5/4/92**   Destinataires: *M. Lefranc*   visa

S'il vous plaît
- ☒ LIRE
- ☐ SIGNER
- ☐ DONNER SUITE

et
- ☐ RETOURNER
- ☒ M'EN PARLER
- ☐ FAIRE SUIVRE
- ☐ CLASSER
- ☐ AUTRE _____

Dossier "nouveaux clients" Mise à jour

de: *Dufresne*

2. Une note écrite en «style professionnel»

MESSAGE

Destiné à *Mme Langlois*
le: **18/6**   à: **14** h _____
       Mme Vernet
de la Société: *Galion*
- ☐ a téléphoné   ☒ est passé**e**
- ☐ demande que vous le rappeliez
au No _____ vers: _____ h _____
- ☐ vous rappellera   vers: _____ h _____
le: _____
- ☒ a laissé le message suivant: _____

Aimerait prendre R.V. avec vous pour la semaine prochaine. Veuillez la contacter cet après-midi.   S. Malier

3. Oralement

Pouvez-vous me trouver l'adresse du client?

Oui, un instant!

12 | *À vous maintenant!*

Votre chef est absent et vous a laissé des notes à distribuer au personnel:

a Quelles notes sont pour: – la femme de ménage,
　　　　　　　　　　　　　 – la secrétaire,
　　　　　　　　　　　　　 – le chef des ventes?
b Rédigez ces notes en «style professionnel».
c Vous rencontrez par hasard les personnes concernées et leur transmettez ces messages oralement.

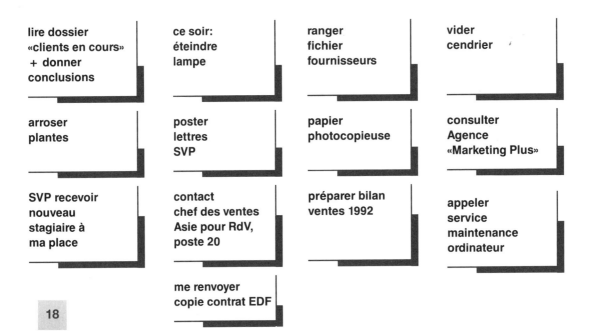

lire dossier
«clients en cours»
+ donner
conclusions

ce soir:
éteindre
lampe

ranger
fichier
fournisseurs

vider
cendrier

arroser
plantes

poster
lettres
SVP

papier
photocopieuse

consulter
Agence
«Marketing Plus»

SVP recevoir
nouveau
stagiaire à
ma place

contact
chef des ventes
Asie pour RdV,
poste 20

préparer bilan
ventes 1992

appeler
service
maintenance
ordinateur

me renvoyer
copie contrat EDF

Le savoir-vivre du collaborateur

Le monde des affaires obéit à un code rela-
tionnel précis et il est bon de s'y conformer.
L'entreprise est le reflet du comportement de
5 ses employés et de son encadrement.
L'entreprise a parfois été influencée par la
mode américaine et a adopté une certaine
forme de décontraction professionnelle.
Cette décontraction est inégalement appré-
10 ciée, elle peut être perçue comme du laisser-
aller.
Le monde du travail est en mutation et cherche des règles de conduite.

■ *D'après S. de Menthon, l'image new look de votre
entreprise, Ed. d'Organisation, tables n° 6*

1. le savoir-vivre : les bonnes manières   **1. le/la collabo-
rateur/-trice :** celui/celle qui travaille avec qqn   **2. obéir à
qqn :** être soumis à, dépendre de qqn   **2. le code relation-
nel :** les règles de la vie sociale   **3. se conformer à qqch :**
suivre, accepter une règle   **4. le comportement :** la
manière de se conduire   **7. adopter qqch :** *ici* suivre, choisir   **8. la décontraction :** la tension, la nervosité   **9. inégalement apprécié :** certains l'aiment, d'autres pas
10. perçu/e → percevoir qqch : *ici* comprendre, interpréter
qqch   **10. le laisser-aller :** trop de décontraction

13 | Êtes-vous d'accord avec ces comportements?

	D'accord	Pas d'accord	Pourquoi?
1. Utiliser le prénom			
2. Tutoyer ses collaborateurs			
3. Travailler en musique			
4. Offrir de nombreux cadeaux aux clients			
5. Critiquer ouvertement ses concurrents			

Performances:
Avez-vous l'air de ce que vous êtes vraiment?

78 % des cadres pensent que l'allure générale joue un rôle important dans la vie pro-
5 fessionnelle. «Chaque fois qu'il y a changement de look, il y a promotion.»

Catherine Lagarde, spécialiste du conseil en image personnelle, essaie de développer la créativité vestimentaire de ses
10 clients. S'habiller est un «mode d'expression»; c'est donc la raison sociale de son
entreprise. Elle adresse à son client un
questionnaire: qui il est, comment il se
voit, comment il s'habille, comment il tra-
15 vaille, etc. Puis elle lui apprend à faire un
bilan des styles différents pour stimuler sa
créativité vestimentaire. «Notre but consiste non pas à imposer une tenue, mais à
entraîner nos clients à penser aux propor-
20 tions et aux couleurs.»

Importance des tons! On trouve à présent des conseillers en couleurs, formés
dans les universités américaines. Pour
vous apprendre à coordonner vos chaus-
settes avec votre chemise? Bien plus fort, 25
pour montrer la meilleure image de vous-
même. Exemple: si vous devez annoncer
un événement important à vos actionnaires ou à vos collaborateurs, ne vous habil-
lez surtout pas en beige ou dans un ton 30
neutre. Cela signifierait: «Je ne suis pas
là ...» Il faut au contraire porter une couleur
«dra-ma-tique», qui transmette le message: «Regardez-moi!» Vous avez rendez-
vous avec votre banquier pour essayer 35
d'obtenir un emprunt? Alors, utilisez dans
vos vêtements les couleurs de vos yeux,
elles diront: «Faites-moi confiance.»

■ *D'après Expansion n° 338, juillet-septembre 1988*

2. **avoir l'air de qqch :** ressembler à qqch   3. **une allure :**
l'aspect général   7. **un/une spécialiste en conseil :** personne dont la profession est de donner un avis ; ex. : un ingénieur conseil   9. **vestimentaire :** qui a rapport aux vêtements   11. **la raison sociale d'une entreprise :** son nom
(ex. : Thomson, Dassault, Télécom, etc.)   12. **adresser
qqch à qqn :** envoyer qqch à qqn   18. **la tenue :** la façon de
s'habiller   21. **le ton :** la couleur, la nuance   22. **former**
qqn : apprendre qqch à qqn   24. **coordonner qqch avec
qqch :** faire aller deux choses ensemble, harmoniser
27. **annoncer qqch à qqn :** informer qqn, rendre qqch
public   28. **un actionnaire :** une personne qui possède une
action (dans l'entreprise)   33. **transmettre :** communi-
quer/faire savoir   36. **obtenir :** recevoir   36. **un emprunt :**
un prêt/obtenir une somme d'argent que l'on rendra (un crédit)   38. **faire confiance à qqn :** croire en qqn

14

1 «Chaque fois qu'il y a changement de look, il y a promotion». À votre avis, est-ce que la phrase suivante est vraie aussi: «Chaque fois qu'il y a promotion, il y a changement de look». Qu'en pensez-vous?

2 À votre avis, attache-t-on trop ou pas assez d'importance aux vêtements dans la vie professionnelle?

3 Selon quels critères choisissez-vous vos vêtements quand vous allez travailler?

15

L'interprétation «psychologique» des couleurs ne joue pas un rôle seulement pour les vêtements. Quelles couleurs choisiriez-vous pour aménager un bureau, une salle de conférence, la cantine d'une entreprise? Pour quelles raisons?

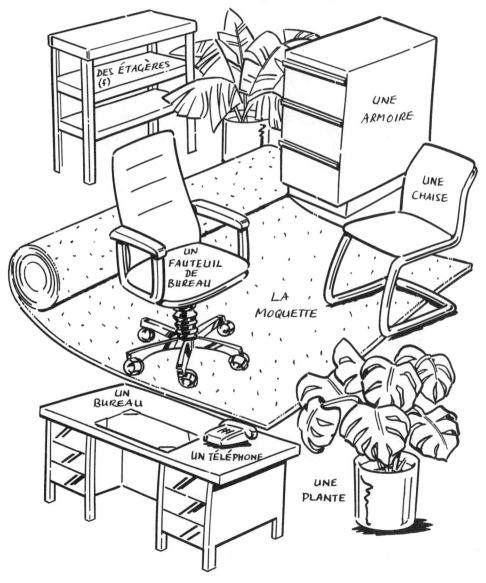

2

Vous voilà candidat/e!

Vous recherchez un emploi

Thèmes:	– Annonces: offres et demandes d'emploi
	– La personne au travail: ses qualités
	– Le poste de travail
	– Méthodes de recrutement
Actes de parole:	– Décrire une personne
	– Décrire des actions futures
Correspondance:	– Accusé de réception
	– Envoi de documentation
Structures:	– Le participe présent
	– Le futur

1 Reliez les mots ou expressions synonymes:

a – Les prétentions *2*
b – La rémunération *5*
c – La formation *10*
d – Le profil *1*
e – Une offre d'emploi *3*
f – Une demande d'emploi *7*
g – Être dégagé des *11*
    obligations militaires
h – L'expérience *8*
i – Une prime *4*
j – Un bénéfice *9*
k – Un curriculum vitae *6*

1 – La description de la personne type
2 – Le salaire désiré par le candidat
3 – L'entreprise propose un poste de travail
    dans une annonce
4 – Un supplément de salaire: une
    récompense ou une compensation
5 – Le salaire
6 – Le résumé de la vie professionnelle
    d'une personne
7 – Une personne propose ses services
    par annonce *(advertisement)*
8 – La pratique professionnelle
9 – Ce que gagne l'entreprise
10 – Les études spécialisées
11 – Se dit des jeunes hommes qui ont fait
    leur service militaire ou qui en sont
    dispensés

2 À quels postes correspondent ces annonces?

– **directeur commercial**   – **technico-commercial**
– **secrétaire de direction**   – **responsable comptable**

SOCIÉTÉ DE DISTRIBUTION EN PARFUMERIE PARIS 8⁰

recrute son

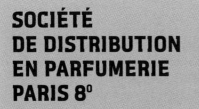

. . . .

. . . .

véritable **partenaire** de la Direction Générale. Vous avez de **l'initiative.** Vous prendrez en charge notre comptabilité.

Tour Opérateur, recherche pour le Kenya

secrétaire de direction

La candidate sélectionnée possédera 5 ans d'expérience.

master / control

Elle maîtrisera la correspondance en anglais. Elle aura des notions de comptabilité.

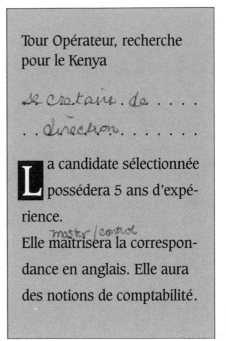

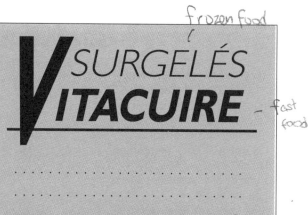

frozen food

V SURGELÉS VITACUIRE

fast food

. . . .

. . . .

Mission:

- visiter notre clientèle (35 ans d'existence, 35% de progression par an).
- développer de nouveaux marchés.

Vous êtes négociateur, vous pensez aux problèmes de *mgmt* gestion et de production. Votre sens des contacts et votre esprit de persuasion sont des atouts pour réussir dans ce poste.

Cryophysics

Société européenne dynamique
growth
à forte croissance, recherche

technico-commercial.

Technicien ou Ingénieur:

Vous avez l'expérience des affaires et des négociations commerciales.

Vous serez responsable de notre clientèle industrielle sur la France.

compréhension

3 Écoutez la cassette et remplissez les fiches ci-dessous:

1. Offre d'emploi ☑
   Demande d'emploi ☐

   Type d'entreprise: *filiale* . . . . .
   Profession
   (recherchée): . . . .
   place
   Lieu de travail: *Canada* . . . . .

   PROFIL DU CANDIDAT

   ingénieur ou technico commercial

   Formation: *Directeur du commercial*

   Expérience: *Plus. années* . . . . .

   Âge: . *30-40 ans* . . . .

   Renseignements *finance, achats*
   complémentaires:

   . . . .

   Rémunération: *participation au bénéfice*
   en couronnement
   parles francais, anglais,
   allemagne

2. Profession: *Secretaire de direction*

   PROFIL DU CANDIDAT

   Formation: . . . .

   Expérience: . . . .

   Âge: *de 25 à 35 ans* . . . .

   Renseignements *excellent* . . . .
   complémentaires:
   organisatrice

   Rémunération: *fixe seulement*

24

3. Profession: .2. *technico-commercial* . . . .

PROFIL DU CANDIDAT

Formation: *bac +2* . . . .

Expérience: *pas necessaire* . . . .

Âge: *jeune* . . . .

Renseignements . *bac plus 2* . . . .
complémentaires:
. *re ganger des dirigitans militaire* . . .

Rémunération: *fix plus prime* . . . .

Nous recrutons

– Nous voulons recruter en France le personnel commercial pour l'encadrement de la filiale que nous implantons au Canada. Nous recherchons un directeur commercial, une secrétaire de direction et deux technico-commerciaux...

Commençons donc par les technico-commerciaux.
– Quelle formation auront-ils?
– BAC + 2. Nous les formerons nous-mêmes à nos méthodes.
– Donc, vous désirez deux candidats jeunes, dégagés des obligations militaires, l'expérience n'étant pas nécessaire.
– C'est ça.
– Et la secrétaire de direction...
– Parlant couramment français, anglais, allemand. Âgée de 25 à 35 ans. Excellente organisatrice et désirant valoriser ses compétences...
– D'accord.
– Passons maintenant à notre directeur commercial. Il sera responsable de l'ensemble des opérations de gestion de l'entreprise: finances, contrôle de gestion, achats, ventes.
– Quel est le profil souhaité pour le candidat?
– Une personne de 30 à 40 ans, ayant une formation d'ingénieur ou de technico-commercial, parlant bien sûr français, anglais et allemand.
– Et comme expérience?
– Bien entendu, une expérience de plusieurs années est nécessaire. Mais le candidat aura plusieurs mois pour se mettre au courant.
– Vous ne m'avez pas parlé des rémunérations?
– Demandez aux candidats leurs prétentions. De toutes façons, ils recevront un salaire fixe, avec en plus des primes pour les technico-commerciaux. Et pour notre directeur, la participation aux bénéfices, bien entendu.

Participe présent

Voici comment décrire une personne:

Nous recherchons une personne **parlant** anglais et
speaking
ayant une formation supérieure.
having

radical du verbe
à la 1ère personne
du pluriel (nous)
au présent + ant

nous finiss/ant   nous pren/ant

4 Complétez en employant le participe présent:

Nous recherchons une personne:

- . possédant . . . . (posséder) une solide expérience de la vente,

- . connaissant . . . . . (connaître) la Grande Distribution,
  super market

- . se sentant . . . . . (se sentir) capable d'animer une équipe,

- . souhaitant . . . . . (souhaiter) diriger la Force de Vente,

- . voulsant . . . . . . (vouloir) rejoindre une équipe gagnante,

- . sachant . . . . (savoir) se faire comprendre,
  make people understand you

- . ayant . . . . (avoir) une bonne connaissance de la région,

- . étant . . . . (être) désireuse de voyager,

- . pouvant . . . . (pouvoir) s'adapter facilement.

26

être → étant
avoir → ayant
savoir → sachant

5 Transformez en employant des verbes au participe présent:

> SPHERE est l'une des chaînes hôtelières du Groupe **ACCOR** qui regroupe les marques IBIS et URBIS (230 hôtels dans le monde). Dans notre métier les hommes sont la première richesse de l'entreprise. Pour poursuivre notre développement, nous recherchons notre
>
> ## RESPONSABLE DES RESSOURCES HUMAINES
>
> Âgé d'au moins 27 ans, vous avez une formation supérieure et une expérience de l'entreprise dans ce domaine. Vos qualités d'écoute, votre sens du service dans l'évaluation des besoins de l'entreprise et sur le terrain seront des atouts supplémentaires. Anglais indispensable.
>
> Merci d'adresser votre candidature, sous la référence LM 2803 (lettre manuscrite + CV + prétentions) à notre Conseil: Groupe PANISSOD-109, rue de Turenne 75003 Paris.
>
> ### GROUPE PANISSOD S. A.
> RECRUTEMENT

Nous cherchons une personne . ayant . . . . une formation supérieure,

. sachant . . . . écouter, ...

évaluer les besoins de l'entreprise, . . parlant . . . . anglais.

6 Cherchez dans ces annonces comment la personne souhaitée est décrite.

Ses qualités sont:	Elle est:
– la motivation ————▷	– motivée
– le dynamisme	– dynamique
– l'organisation	– organisée
– ◁————	– persuasive
– la disponibilité	– disponible
– enthousiasme	– enthousiaste
– rigueur	– rigoureuse

SOCIETE INTERNATIONALE DE SERVICES
leader mondial dans sa branche, recherche

CONSEILLER COMMERCIAL

GESTIONNAIRE RELATION CLIENTELE

GESTIONNAIRE EXPEDITIONS

Vous avez le niveau Baccalauréat.

Vous souhaitez vous intégrer dans une équipe performante, et mettre en valeur:
– votre sens de la vente ou de la communication,
– votre aptitude au contact téléphonique,
– vos qualités de rigueur et d'organisation,
– votre enthousiasme et votre disponibilité.

Nous vous proposons:
– un métier solide,
– une fonction autonome et motivante,
– une formation complète à des techniques modernes,
– une rémunération attractive,
– un cadre de travail fonctionnel et agréable.

Lieu de travail: Zone Industrielle de PARIS NORD II (Roissy) RER.
_ZI_

Adresser C.V. à **COMP-U-CARD FRANCE**

Marianne Robert – BP 50229 · 95956 ROISSY AEROPORT CDG Cedex · Tél. 48 63 82 83

À partir des éléments suivants, retrouvez les expressions figurant dans ces annonces:

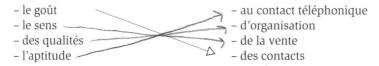

– le goût   – au contact téléphonique
– le sens   – d'organisation
– des qualités   – de la vente
– l'aptitude   – des contacts

Pouvez-vous former des expressions à partir de:

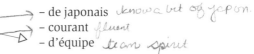

– l'esprit   – de japonais _know a bit of japon._
– des notions   – courant _fluent_
– le français   – d'équipe _team spirit_

7 | Dans la deuxième annonce, comment sont caractérisés:

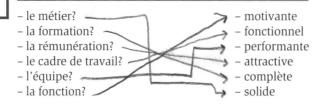

– le métier?   – motivante
– la formation?   – fonctionnel
– la rémunération? – performante
– le cadre de travail? – attractive
– l'équipe?   – complète
– la fonction?   – solide

8 | *Discussion*

Voici cinq professions:

– réceptionniste
– ingénieur
– formateur/-trice informatique

– vendeur/-euse
– psychologue d'entreprise

Choisissez dans les groupes ci-dessous les qualités les plus souhaitables et les moins souhaitables pour chaque profession. Justifiez votre opinion.

En ce qui concerne le caractère:
– patient/e   – ambitieux/-se
– autoritaire   – créatif/-ive
– engagé/e   – aimable

En ce qui concerne la pensée:
– s'exprimer avec clarté
– pouvoir penser rapidement
– savoir écouter
– déduire
– faire attention aux problèmes
– pouvoir convaincre
– aimer travailler en groupe

En ce qui concerne le comportement:
– avoir le goût des contacts
– prendre le temps d'expliquer
– rester calme en toute circonstance
– respecter le protocole

Revenons à la réalité:
Et pour votre emploi actuel et l'emploi de votre chef?

9 | *Jeu à deux*

Prenez les rôles du responsable et du candidat.

À partir de l'annonce:
– Le candidat se renseigne sur les tâches qu'il devra effectuer.
– Le responsable lui répond.

(Utilisez le futur.)

À vous:
Le candidat: –Est-ce que je **réaliserai** des études de marché?
Le responsable: – Oui, vous …

De la Normandie à l'Europe

Des produits de très haut de gamme, fabriqués traditionnellement au cœur de la «Suisse Normande».
Des marchés de loisirs sportifs dont le CA décolle à l'exportation. Notre équipe Export se renforce et nous recherchons un

Futur chef de zone

Aujourd'hui, vous devrez **réaliser** des études de marché sur certains pays: implantation de gammes, études de concurrence … **Animer** le travail de plusieurs agents et suivre les performances de leurs équipes. **Suivre** la gestion des comptes clients et **coordonner** les éléments logistiques. **Participer** activement au développement et à la structuration du Département Export qui fera de vous rapidement un chef de zone opérationnel.

Chiffre d'affaire

29

10 | *Quelles seront mes tâches?*

– Le candidat se renseigne sur les tâches qu'il devra effectuer:
- tenir le stock?
- accueillir les clients?
- gérer les pièces détachées?
- recevoir les appels téléphoniques?
- commander les pièces détachées?

– Le responsable lui répond en s'aidant de l'annonce.

À vous:
Le candidat: – Est-ce que je **devrai tenir le stock?**
Le responsable: – Oui, vous **aurez en charge la tenue** du stock.
Le candidat: – Très bien, je **tiendrai** le stock.

Continuez.

TOWNSEND
finding a better way

SOCIÉTÉ INTERNATIONALE, COMMERCIALISANT DES BIENS D'ÉQUIPEMENT,

recherche

un(e) assistant(e) service après-vente

Vous aurez en charge:
- l'accueil des clients et la réception des appels téléphoniques,
- la gestion et le suivi des commandes pièces détachées,
- la tenue du stock pièces détachées.

---

11 | *Jeu à deux*

Le recrutement d'une assistante au service des ventes

Simulation d'une réunion à laquelle participent le chef du personnel et le chef du service des ventes.

Joueur A:
Prenez le rôle du chef des ventes. Expliquez que vous avez besoin d'une assistante.
Raisons: – développement international de la firme
– départ à la retraite d'une collègue
– il faut mieux informer les clients,
les rencontrer,
suivre leurs achats.
Insistez pour que cette secrétaire commence au début du mois prochain.

Les indications pour le **Joueur B** se trouvent à la fin du livre.

12 *Discussion*

On vient de proposer à M. Duval un poste de gérant à Paris. Lui conseillez-vous de l'accepter? Trouvez des arguments pour et contre ce poste et exprimez-les au futur.

Angers

Paris

	POSTE ACTUEL À ANGERS	POSTE À PARIS
Salaire brut	22 000 F/mois (12 mois)	25 000 F/mois (13 mois)
Responsabilités: Nombre d'employés C.A. (chiffre d'affaires)	6 45 millions de F	18 110 millions de F
Retraite vieillesse complémentaire	—	payée par la Cie à 70%
Assurance maladie complémentaire	—	oui
Avenir	bon	excellent
Vacances	6 semaines	5 semaines
Trajets au travail	10 minutes (voiture)	40 minutes (métro)
Coût de la vie		+ 10%
Loyer/appartement		+ 25%

13 Entraînez-vous à lire ces annonces. Trouvez la signification de ces abréviations:

H./F.	recherche
r.-v.	homme ou femme
env.	téléphone(z)
rech.	écrire
tél.	pour
p/	rendez-vous
écr.	envoyer
réf.	curriculum vitae
CV	prétentions
prét.	référence

14 *Jeu à deux*

Au téléphone

Joueur A: Vous désirez faire paraître une annonce d'offre d'emploi dans «Mieux vivre votre argent». Vous téléphonez au journal pour dicter le texte de votre annonce.

Joueur B: Vous êtes un/e employé/e du journal «Mieux vivre votre argent». Vous prenez le texte de l'annonce au téléphone et vous renseignez le/la client/e. Vous lui demandez une confirmation écrite du texte de l'annonce.

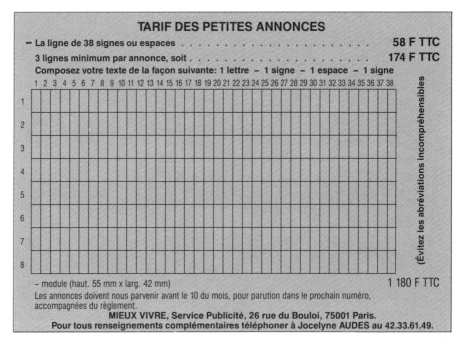

15 | *Lettre de confirmation*

Vous l'avez écrite avec votre système de traitement de texte. Mais, coup de doigt malheureux sur votre micro-ordinateur, des mots ont été effacés. Complétez la lettre suivante.

Paris, le *7 mai 2003*

Mieux-Vivre Service Publicité

À l'attention de Mme Jocelyne Audes

Objet . . . . : Annonce

Pièces jointes: Texte de l'annonce et chèque

Madame,

Je *voudrais* . faire passer une annonce dans votre magazine qui *paraîtra* . le 12.6.

Veuillez *trouver* . ci-joint le texte de l'annonce ainsi qu'un chèque de .*174* . . . . . F correspondant au .*au montant* 3 lignes. *de ← price of*

Avec mes *remerciements* anticipés, je vous prie d'.*agréer* . . , Madame, mes salutations .*distinguées*

---

16 *Correspondance*

Vous êtes au service des annonces du journal. Voici trois cas:

Situation 1: Vous recevez la lettre précédente mais trop tard, le texte ne pourra pas paraître dans le numéro du 12 juin.

Situation 2: Les tarifs des annonces ont changé le 1er juin et le client a payé l'ancien prix. Le prix actuel est de 232 F TTC.

Situation 3: Vous avez fait paraître l'annonce mais par erreur dans la rubrique «mariages». Quelle situation!

1 Proposez dans chaque cas une solution pour satisfaire le client.
2 Rédigez une lettre au client en utilisant les formules de correspondance que vous avez stockées sur disquette.

Lettres-types

Introduction

– Nous vous remercions $\left\{\begin{array}{l} de \\ pour \end{array}\right.$ votre lettre du . . .

– En réponse à votre demande du . . .
– Suite à votre courrier du . . .
– Nous accusons réception de . . .

Sujet

– Nous regrettons de devoir vous informer que . . .
– Nous vous proposons par conséquent de . . .
– Veuillez nous confirmer votre accord avant le . . .

Conclusion

– Dans l'attente de votre réponse, . . .
– Nous sommes certains de votre compréhension et . . .
– Vous remerciant encore pour votre fidélité, . . .
– Nous vous prions d'accepter nos excuses . . .
– Nous restons à votre entière disposition . . .

Messieurs,

Suite à votre courrier du 07 mars 19--, nous nous permettons de vous proposer la solution suivante:
- Annulation de votre commande initiale.
- Remplacement de la marchandise par l'article n° 13 458.

Si cette solution vous convient, veuillez nous confirmer votre accord avant le 31 mars.

Dans l'attente de votre réponse, nous vous prions de croire en l'expression de nos sentiments les meilleurs.

Chère Madame,

Nous vous remercions de votre lettre du 08 courant.

Nous sommes absolument désolés de l'erreur que nous avons commise dans notre courrier du 03 courant. Nous joignons un rectificatif à la présente et vous prions d'accepter nos excuses.

Veuillez agréer, chère Madame, nos salutations les meilleures.

Cher Monsieur,

En réponse à votre lettre du 15 courant, nous vous signalons que nous ne sommes pas en mesure d'utiliser le matériel que vous nous proposez.

Nous sommes certains de votre compréhension.

Vous remerciant encore pour votre collaboration, nous vous prions d'agréer, cher Monsieur, nos meilleures salutations.

Madame,

Suite à votre demande du 22/04/92, nous regrettons de devoir vous informer que nous ne commercialisons pas les produits que vous recherchez. Nous vous proposons cependant

«Familles-ANPE»

agence national pour l'emploi

accordig to
Selon l'Insee, un Français sur sept trouve son premier emploi grâce à l'entourage familial.

Du paternalisme des industriels sont nées
5 les stratégies familiales. «Mon père travaille chez Michelin*, explique un ouvrier de Clermont-Ferrand. Moi-même, je suis né dans une maternité Michelin, j'ai vécu dans une cité Michelin et joué au football sur le
10 stade Marcel-Michelin. Notre famille est connue à la manufacture. Bien entendu, j'ai été embauché sans peine.» Des dynasties de «Bibs» (pour «Bibendum») se sont ainsi succédé dans les usines Michelin.
15 Aujourd'hui encore, malgré l'importance croissante des diplômes, l'entraide familiale joue toujours. «Je reçois régulièrement des petits mots ou des coups de fil d'ouvriers qui m'annoncent la visite prochaine
20 de leur fils ou de leur fille, confesse le directeur du personnel des dix usines Éram*, dans le Maine-et-Loire. Chez nous, les qualités morales comptent plus que les diplômes: le grand-père, le père nous ont
25 donné satisfaction, le fils sera sans doute bon ouvrier. Et puis, un ouvrier ne prendra jamais le risque de nous recommander un mauvais collègue: il ne veut pas la fin de sa famille dans l'entreprise.» Chez Éram, les

«solitaires» sont minoritaires: trois salariés 30
sur quatre ont au moins un parent dans l'entreprise; chaque famille a en moyenne quatre représentants, répartis dans les ateliers .... Dans cette région encore rurale, la recommandation familiale est le «piston 35
du faible», de celui qui quitte l'école sans diplôme.
Par contre, comme les sociétés primitives, la famille-ANPE de luxe s'organise autour d'un tabou: ne jamais favoriser l'entrée d'un parent dans une entreprise où elle 40
est déjà implantée. Cela gêne la promotion. «Je ne veux pas entrer dans la boîte où travaille mon père, explique Valérie, jeune diplômée de Grande École, car ma promotion serait plus lente: dans une entreprise 45
performante, on ne met jamais deux membres d'une même famille à des postes de responsabilité. En revanche, c'est grâce à mon père que j'ai obtenu un poste dans une 50
boîte aux États-Unis. À mon retour, j'espère bien être embauchée dans sa filiale parisienne.» Preuve qu'en France, il est possible de trouver un emploi en mangeant ... à la table familiale.

■ *D'après Le Point n° 948, 19-25 novembre 1990*

---

* **Michelin:** Premier fabricant français de pneumatiques, originaire de Clermont-Ferrand.
* **Éram:** Fabricant de chaussures.

3. un entourage : les personnes que qqn connaît **8. la maternité :** service d'un hôpital où naissent les enfants **9. la cité :** groupe d'immeubles modernes **13. le Bibendum :** symbole de Michelin **14. se succéder :** venir les uns après les autres **27. recommander qqn :** signaler/indiquer qqn à l'attention d'un autre/conseiller **32. en moyenne :** le chiffre qui tient le milieu entre deux autres

33. répartir : partager/distribuer **34. rural/e :** de la campagne **35. le « piston » :** une aide (fam.) **40. favoriser qqch :** aider à faire qqch **42. gêner :** déranger, perturber **43. la boîte :** la firme (argot)
Exercice 17, p. 37: **2. convaincre qqn :** persuader qqn **5. attribuer qqch à qqn :** donner qqch à qqn **6 bénéficier de qqch :** profiter de qqch

17 Vrai ou faux?

1 C'est dans les entreprises traditionnelles que le recrutement par piston est le plus fréquent.
2 Les chefs du personnel sont difficiles à convaincre.
3 Pour un ouvrier, les qualités morales sont plus importantes que les diplômes.
4 Un jeune, très diplômé, entre facilement dans l'entreprise où travaille un membre de sa famille.
5 Les postes à responsabilité sont rarement attribués à plusieurs membres d'une même famille.
6 Les jeunes très diplômés ne peuvent pas bénéficier de piston.

Cherchez, dans le texte, les mots ou expressions en langage familier pour:

– une lettre: *un petit mots*
– un entretien téléphonique: *un coup de fil ... je te passe un coup de fil*
– une entreprise: *une boîte*
– une recommandation: *le piston*

3

Module

être au subjonctif

Soyez le meilleur!

Vous passez un entretien de sélection

take — *job interview*

Thèmes:
- Le curriculum vitae
- La candidature
- L'entretien
- La formation professionnelle
- Les conditions de travail:
  contrats, salaires, horaires, congés

Actes de parole:
- Accueillir quelqu'un
- S'entretenir sur la carrière de quelqu'un

Correspondance:
- Lettre de motivations
- Rédaction d'un curriculum vitæ

Structures:
- Le passé composé

1 Formez des expressions à l'aide de **A** et de **B**:

A	**B**
Passer	un stage *(internship)*
Obtenir	un examen
Effecteur	un diplôme
Avoir/Posséder	des cours
Suivre	de l'expérience
Faire	sa candidature
Poser	des études

to do — Effectuer

follow — Suivre

apply { Postuler

un candidat / une candidate

Je pose / Je postule   *ma candidature*

2 Complétez avec les mots suivants: **avantages sociaux, retraite, contrat, curriculum vitæ, pointer, période d'essai, congés, sécurité sociale, avoir droit à.**

pension (above retraite)
punch in / la pointeuse (below pointer)
trial period (above période d'essai)
paid holiday (above congés)

– Le tableau récapitulatif de la carrière professionnelle d'une personne est son

.curriculum vitæ.   *professional career*

– L'entreprise offre un poste de travail à l'employé sous certaines conditions.

L'employeur et l'employé signent un . .contrat. . . . de travail.

– Le nouvel employé doit se mettre au courant et montrer qu'il est capable de

réaliser le travail pendant la . période d'essai . . . . . . À la fin de celle-ci,

l'employeur choisit de garder l'employé ou de le congédier. licencier *(more common)*

– Les jours non travaillés, comme les vacances, sont des . congés . . . .

while (above alors)

– Vous êtes malade alors que vous êtes employé par une entreprise. Vos dépenses

mauf (above médecin)

pour le médecin et les médicaments sont payées par la . sécurité . . . .

sociale . . . .

– Vous avez 63 ans. Vous ne travaillez plus. Vous recevez une pension de

. retraite . . . . .

– Si vous prenez une assurance complémentaire, vous . avez droit à . . . .

une aide financière supplémentaire en cas de maladie ou d'accident.

– Certaines entreprises offrent beaucoup d'. avantages sociaux . . . . .

comme, par exemple, un restaurant d'entreprise, des maisons de vacances.

In order to (above Afin)

– Afin de contrôler le temps que les salariés «passent» dans l'entreprise, ils doivent

. pointer . . . . . . quand ils y arrivent et quand ils en sortent.

3 Écoutez la cassette et complétez le tableau suivant:

CANDIDATURE	
Poste	d'assistant de la direction marketing
Nom	M. Nathan
Âge	24
Formation	spécialisation a l'institute national du marketing
Expérience	
Renseignements complémentaires	

diplome de grand ecole

assister le directeur d'aider travailler au Canada

4 *Les conditions de travail*

Cochez les réponses correctes:

Type de contrat de travail proposé:
- ☑ temporaire
- ☑ à durée indéterminée

Salaire:
- ☑ correspond aux prétentions du candidat
- ☐ correspondra dans 6 mois à ses prétentions

Horaire de travail:
- ☐ 7 heures 30 – 19 heures 30
- ☑ 39 heures par semaine

Congés payés:
- ☐ 5 semaines maximum
- ☑ 5 semaines minimum —

Avantages sociaux: ☑ oui ☐ non

Un entretien

1. – Monsieur Parmentier, voici M. Nathan.
– Bienvenue chez Servotechnique.
– Bonjour, Monsieur.
– Par ici, s'il vous plaît . . . M. Nathan, votre candidature au poste d'assistant de la direction marketing nous a surpris. Vous êtes bien jeune: 24 ans! Cela dit, j'ai accepté de vous rencontrer. Votre curriculum vitæ est intéressant: Vous êtes diplômé d'une grande école et vous venez d'effectuer une spécialisation à l'Institut national du marketing.

– Oui, je viens de terminer une formation s'adressant aux cadres d'entreprise. Nous avons étudié les relations de l'entreprise avec ses marchés.
– Je vois . . . En ce qui concerne votre expérience . . .
– J'ai effectué deux stages. J'ai travaillé pendant trois mois dans une P.M.E. où j'ai assisté le directeur dans les opérations de promotion. D'autre part, je suis allé faire un stage de six mois à l'étranger, stage obligatoire pour obtenir le diplôme de l'école.
– C'est alors que vous êtes parti au Canada, n'est-ce pas?
– C'est exact. Je suis entré chez Klein où j'ai pu mettre en pratique mes compétences et où je me suis informé sur les méthodes de contrôle de qualité.
– Vous avez donc travaillé à la production?
– Oui.
– Je vais demander à M. Dumond de vous faire visiter l'usine. Ensuite, nous nous reverrons . . .

2. *Quelques semaines plus tard:*

– Allo? M. Nathan? ... Bonjour, monsieur. M. Parmentier de Servotechnique à l'appareil ... Je vous téléphone pour vous annoncer une bonne nouvelle. Nous sommes heureux de vous accueillir parmi nous comme assistant de la direction marketing. Pouvez-vous commencer le mois prochain? ... Parfait. Nous vous envoyons votre contrat de travail. La période d'essai est de trois mois et elle est renouvelable. Cela vous laisse six mois pour vous mettre au courant ... Les conditions de travail? Nous bénéficions de l'horaire variable ... C'est ça: 39 heures par semaine à répartir entre 7 heures 30 et 19 heures 30. Nous pointons ... Des avantages sociaux? Nous en avons beaucoup. Le comité d'entreprise gère et organise les activités sociales ... En ce qui concerne les congés, nous avons droit à 5 semaines par an plus les jours fériés ... Pour commencer nous vous accorderons le salaire que vous avez demandé et dans 6 mois nous reverrons la situation ... C'est tout à fait normal. Donc, nous vous envoyons votre contrat et nous vous rencontrons le 3. ... Au revoir.

> **Parler de son passé:**
>
> – Vous **êtes parti** au Canada?
> – Oui, j'**ai fait** un stage dans une entreprise. Là, je **me suis informé** sur les méthodes de contrôle.
> – Pourquoi n'**êtes-vous** pas **resté** au Canada?
> – Je **n'**y **suis pas resté** pour des raisons familiales.

5 Complétez la conversation suivante:

– M. Langlois, vous êtes ingénieur?

– Oui, je *suis entré* . . . (entrer) à l'Institut Supérieur d'Électronique en 1982 et en 1987 j'. *ai obtenu* . . . . . (obtenir) mon diplôme.

– Vous . *avez écris* . . . . . . (écrire) une thèse?

– Non, je *n'ai pas écris* . . . (ne pas/écrire) de thèse mais j'. *ai conçu* . . . . . . (concevoir) et . *réalisée* . . . . . (réaliser) la maquette d'un magnétoscope.

– Très intéressant. Est-ce que vous . *avez fait* . . . . . (faire) des stages pendant vos études?

– Oui, j'. *ai effectué* . . [(effectuer)] un stage de deux mois chez Thomson.

– Un stage ouvrier?

– Malheureusement non, je . *n'ai pas eu* . . (ne pas/avoir) cette possibilité.

– Vous . *avez fini* . . . . (finir) vos études à 22 ans.

– C'est exact. Ensuite j'. *ai fait* . . . . . . (faire) mon service militaire, puis j'*ai été embauché* . . . (être embauché) par l'entreprise ANT où je *suis resté* . . . . (rester) deux ans et demi. Là, je . *me suis* . . . . . *occupé* . (s'occuper) du service clients.

6 ***Discussion***

L'entreprise a sélectionné 2 candidats pour un entretien. Voici leur curriculum vitæ (p. 43/44): Leurs profils sont très différents. L'un des candidats a été éliminé et l'autre a obtenu le poste.
Qui a été choisi comme directeur/-trice? Pour quelles raisons?

Le Recrutement
d'un Directeur des ventes

Nous sommes un groupe français en pleine expansion, spécialisé dans les vêtements de sport. Pour développer nos ventes à l'étranger, nous recherchons un

DIRECTEUR DES VENTES

Si possible homme du textile, vous possédez une solide expérience de la vente en France et à l'étranger. Vous parlez anglais, allemand; une autre langue serait un avantage. Vous êtes enthousiaste; déterminé à réussir sur le marché de la compétition. Vous savez diriger une équipe.
En plus d'un excellent salaire, nous vous offrons une commission sur les ventes et une voiture de fonction. Vous séjournerez pour de longues périodes à l'étranger.

Âge idéal: 35–45 ans.

Contactez-nous au: **(1) 43 20 63 63**

CURRICULUM VITÆ

Jeanne Mathias
5, rue de Hauteville, 92630 Vanves
47 70 08 37
Née le 30/6/1953
Célibataire

ÉTUDES:

1973:	BAC
1973-1974:	Classe Préparatoire HEC
1975-1977:	HEC (École des Hautes Études Commerciales)
1988:	Participation à un séminaire de management (3 mois) au Groupe HEC.

EXPÉRIENCE PROFESSIONNELLE:

1977-80:	Assistante à la direction commerciale/Air France
1980-83:	Représentante pour la France, la Belgique et la Suisse/Dunlop
1984-87:	Attachée commerciale, promue chef de groupe en 1985/Sportex
1987:	Responsable commerciale/Vaslin Textile

RENSEIGNEMENTS COMPLÉMENTAIRES:
Langues étrangères: anglais et allemand (niveau BAC)

CENTRES D'INTÉRÊT:
Voyages: Europe, Afrique noire, Australie
Sports: planche à voile, tennis

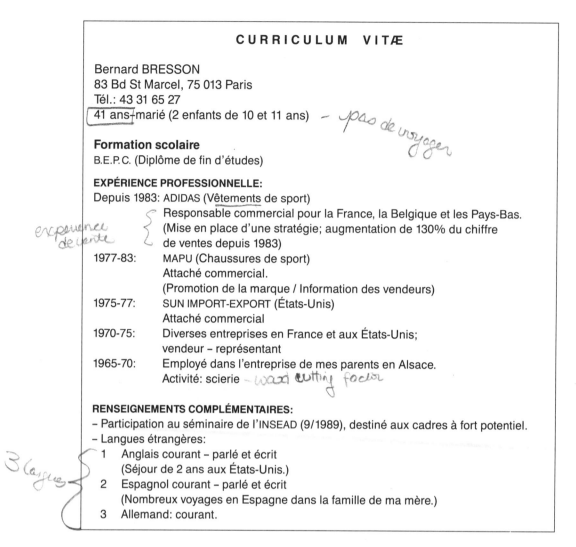

CURRICULUM VITÆ

Bernard BRESSON
83 Bd St Marcel, 75 013 Paris
Tél.: 43 31 65 27
41 ans–marié (2 enfants de 10 et 11 ans) *– pas de voyager*

Formation scolaire
B.E.P.C. (Diplôme de fin d'études)

EXPÉRIENCE PROFESSIONNELLE:
Depuis 1983: ADIDAS (Vêtements de sport)
Responsable commercial pour la France, la Belgique et les Pays-Bas.
(Mise en place d'une stratégie; augmentation de 130% du chiffre de ventes depuis 1983) *expérience de vente*
1977-83: MAPU (Chaussures de sport)
Attaché commercial.
(Promotion de la marque / Information des vendeurs)
1975-77: SUN IMPORT-EXPORT (États-Unis)
Attaché commercial
1970-75: Diverses entreprises en France et aux États-Unis;
vendeur – représentant
1965-70: Employé dans l'entreprise de mes parents en Alsace.
Activité: scierie *– wood cutting factor*

RENSEIGNEMENTS COMPLÉMENTAIRES:
– Participation au séminaire de l'INSEAD (9/1989), destiné aux cadres à fort potentiel.
– Langues étrangères:
1 Anglais courant – parlé et écrit
(Séjour de 2 ans aux États-Unis.)
2 Espagnol courant – parlé et écrit
(Nombreux voyages en Espagne dans la famille de ma mère.)
3 Allemand: courant. *3 langues*

7 | *Correspondance*

Votre lettre de candidature a été déchirée! Mais vous en avez recueilli les morceaux.
Écrivez-la à nouveau.

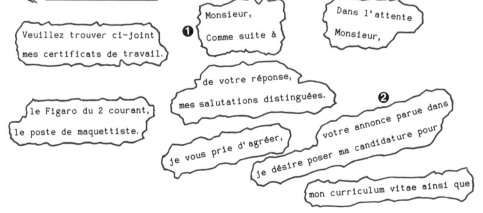

Monsieur,
Comme suite à

Dans l'attente
Monsieur,

Veuillez trouver ci-joint
mes certificats de travail.

❶

❷

de votre réponse,
mes salutations distinguées.

le Figaro du 2 courant,
le poste de maquettiste.

je vous prie d'agréer,

votre annonce parue dans
je désire poser ma candidature pour

mon curriculum vitae ainsi que

Exemple de lettre de candidature spontanée

Nadia ALARMY
66, rue Lascaze
75 007 Paris

Paris, le 11 janvier 199-

Monsieur,

Responsable de la gestion du
Personnel intérimaire d'une petite société de travail temporaire, j'ai
réussi grâce à mes qualités rela-
tionnelles à faire progresser de
500 000 F. mon chiffre d'affaires
en cinq mois.

Je suis actuellement à la recherche d'un poste analogue au
sein d'une plus grande société me
permettant de mettre à profit mon
dynamisme, mon sens des responsabilités et ma rigueur professionnelle.

Je vous propose de juger de
mes compétences au cours d'un
entretien et demeure à votre entière
disposition pour vous fournir de
plus amples renseignements.

Vous remerciant par avance,
je vous prie d'agréer, Monsieur,
l'assurance de mes salutations
distinguées.

N. Alarmy

Candidatures à la française

📖

- **IDENTITÉ**
- – Prénom, nom
- – Adresse
- – Téléphone personnel et professionnel
- – Date de naissance
- – Situation familiale
- – Nombre et âge des enfants

- **FORMATION INITIALE ET COMPLÉMENTAIRE**
- – Date et niveau des derniers diplômes
- – Formation complémentaire
  année, contenu, durée, qualification
- – Langue étrangère: parlée et/ou lue, écrite, comprise
- – Séjours à l'étranger, durée, motif

- **EXPÉRIENCES PROFESSIONNELLES ET EXTRA-PROFESSIONNELLES**
- – Date de l'emploi
- – Nom et activité de l'entreprise, ses effectifs et sa localisation
- – Poste occupé et tâches réalisées
- – Résultats obtenus

- **LOISIRS**
- – Les passions, les sports pratiqués, les activités actuelles

- **LE PROJET PROFESSIONNEL**
- – Définir et développer ses ambitions et son choix de carrière.

Le CV et la lettre de motivation

Comment rester dans la course quand on est en compétition avec 2 000 autres candidats pour un poste à pourvoir? En étant le meilleur. Avant même d'obtenir un entretien de recrutement, le curriculum vitae, accompagné d'une lettre de motivation, constitue une entrée en matière décisive auprès de son futur employeur. Autant les réussir. Le CV, c'est une sorte de fiche d'identité qui permet au recruteur de juger si votre profil correspond à son attente.

Une feuille unie, dactylographiée, est le meilleur support pour décliner son identité. Une fois établies ces données de base, il est possible de rajouter des renseignements susceptibles d'intéresser l'entreprise: voyages à l'étranger ou expériences marquantes. Un CV doit avoir pour optique de séduire, d'étonner l'employeur. Les «plus» doivent donc être mis en valeur, il doit être facile à lire et positif. À éviter à tout prix, le curriculum standard, sans personnalité et mal conçu. Dans ce cas, c'est la poubelle qui l'attend.

La lettre de motivation jointe au CV est l'argumentaire qui doit inciter le recruteur à s'intéresser à votre demande d'embauche. Objectif: vendre ses qualités et se montrer professionnel. La lettre de motivation sert à proposer ses services et non pas à exiger une embauche ou un rendez-vous. Évitez les introductions trop classiques comme «suite à votre annonce» ou «ayant pris connaissance de». Il faut aller droit au but dans un style limpide, avec des phrases courtes et une écriture claire. Attention à l'orthographe et à la ponctuation. Une fois prêt, n'hésitez pas à arroser plusieurs dizaines d'entreprises pour obtenir un minimum de réponses. Ultime précaution: s'assurer des nom et prénom exacts du responsable du recrutement.

L'entretien préalable

L'entretien préalable à l'embauche n'est pas destiné à traumatiser. Tâchez d'être vous-même. Cravate, chemise propre, chaussures cirées, ces petits détails font parfois la différence. Le recruteur analyse en premier lieu les qualités de communication, le dynamisme, la logique intellectuelle, voire le courage. Quelques questions reviennent souvent: «Quels sont vos défauts, quelles sont vos qualités?» Ne soyez ni modeste ni présomptueux, il s'agit davantage de mettre en avant ses compétences que de se raconter depuis l'enfance. Les dernières lectures, les goûts musicaux, le dernier film vu au cinéma: toutes ces questions ne doivent pas vous surprendre. Le tout est d'être spontané. Comme dans une partie d'échecs, il faut garder le contrôle de la discussion, poser des questions s'il le faut. Faire préciser les fonctions du poste, son emplacement géographique, l'objet de la mission, voire le montant du salaire, est une bonne démarche. En revanche, les questions concernant les horaires, les vacances ou les primes font mauvais genre.

Les tests: pas de panique

Plus d'une grande entreprise sur deux fait passer des tests psychologiques lors du recrutement. Pour beaucoup de responsables du recrutement, il s'agit simplement de conforter une impression. Les tests permettent aussi de vérifier l'adéquation entre le profil recherché et le candidat. Rarement déterminants si l'avis n'est pas totalement défavorable de la part du psychologue, les résultats du test peuvent cependant peser lourd dans la balance quand il s'agit de départager deux candidats en compétition.

4. rester dans la course : ne pas être éliminé/hors compétition **10. une entrée en matière :** la première étape **10. décisif/-ive :** important/e **11. autant les réussir :** il faut les réussir **16. décliner :** *ici* présenter **18. susceptible de :** qui peut **21. étonner :** surprendre **24. à éviter à tout prix :** à ne pas faire **28. inciter :** pousser **36. limpide :** clair **39. arroser :** *ici* envoyer **54. présomptueux :** prétentieux **65. voire :** *ici* aussi **74. une impression :** une première idée (imprécise) **79. peser lourd dans la balance :** être décisif **80. départager :** choisir.

8 Répondez à une annonce qui correspond à votre profil, choisie dans ce livre ou dans un journal français récent.

a Préparez votre dossier de candidature

– une lettre de motivations
En une page, présentez-vous rapidement, expliquez vos motivations et pourquoi vous pensez correspondre au profil recherché.
– un CV
Sur une page.

b Changez de rôle. Prenez maintenant le rôle du chef du personnel. Répondez au candidat: Sa lettre vous intéresse. Proposez un rendez-vous aux date et heure de votre choix. Décidez si l'entreprise prendra en charge les frais de déplacement du candidat.

c Simulez l'entretien d'embauche. Le candidat veut plus d'informations sur l'entreprise. Le chef du personnel de l'entreprise demande des précisions sur le CV du candidat. Pour finir, discutez du salaire. Vous vous quittez: le candidat doit donner sa réponse par téléphone le lendemain.

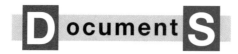

Document**S**

1 La formation

Les choix de l'après-bac:

I.U.T. Institut Universitaire de Techno-logie		Brevet (B.T.S.) ou diplô-me (D.U.T.)						

Université			Licence	Maîtrise			Doctorat	

Grandes Écoles (E.N.A., H.E.C.,X)	Classes préparatoires	CONCOURS	Diplôme		

Durée des études:	1 an	2ans	3 ans	4 ans	5 ans	6 ans	7 ans

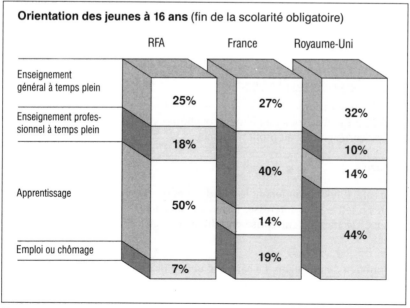

Orientation des jeunes à 16 ans (fin de la scolarité obligatoire)

RFA — France — Royaume-Uni

Enseignement général à temps plein

Enseignement professionnel à temps plein

Apprentissage

Emploi ou chômage

RFA: 25%, 18%, 50%, 7%
France: 27%, 40%, 14%, 19%
Royaume-Uni: 32%, 10%, 14%, 44%

■ *Source: Manpower Service Commission, 1981*

48

2 Les conditions de travail

Parmi 100 employés interrogés, nombre de ceux qui se disent satisfaits

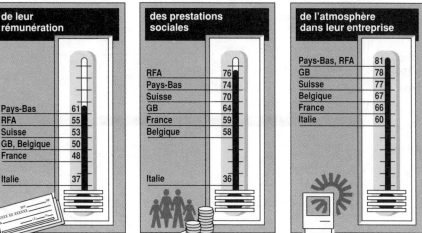

de leur rémunération		des prestations sociales		de l'atmosphère dans leur entreprise	
		RFA	76	Pays-Bas, RFA	81
		Pays-Bas	74	GB	78
		Suisse	70	Suisse	77
		GB	64	Belgique	67
Pays-Bas	61	France	59	France	66
RFA	55	Belgique	58	Italie	60
Suisse	53				
GB, Belgique	50				
France	48				
Italie	37	Italie	36		

L'un/e de vos ami(e)s veut aller travailler à l'étranger.
Dans quel pays lui conseillez-vous d'aller? Pourquoi?

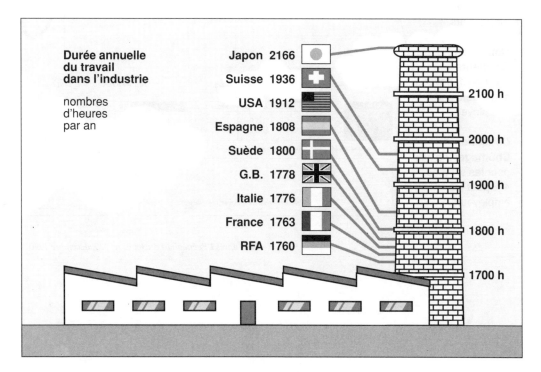

Durée annuelle du travail dans l'industrie

nombres d'heures par an

Japon	2166
Suisse	1936
USA	1912
Espagne	1808
Suède	1800
G.B.	1778
Italie	1776
France	1763
RFA	1760

2100 h
2000 h
1900 h
1800 h
1700 h

La leçon de lecture: le bulletin de paie

Cotisation Assurance Maladie: Elle est de 6% pour le salarié, de 12% pour l'employeur.

Cotisation Vieillesse: 7% pour le salarié 8% pour l'employeur.

Cotisation Allocations Familiales: 7% pour les employeurs.

Cotisation Accidents du Travail: payée seulement par l'employeur.

Cotisation Chômage: 2 à 3% pour les salariés, 4% pour les employeurs.

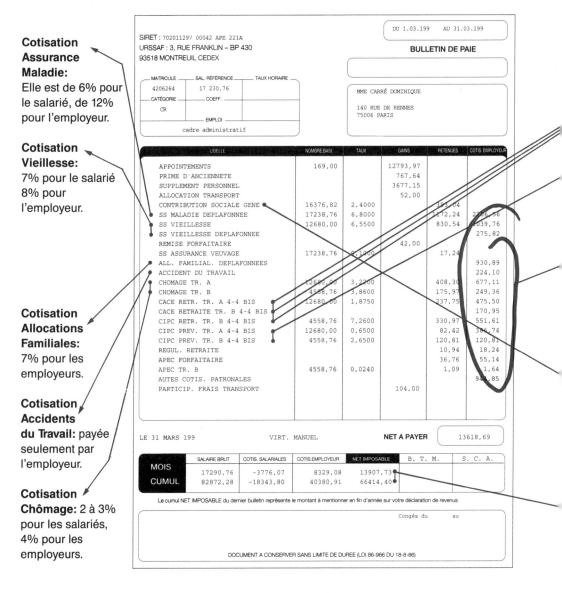

SIRET : 702011297 00042 APE 221A
URSSAF : 3, RUE FRANKLIN – BP 430
93518 MONTREUIL CEDEX

DU 1.03.199   AU 31.03.199

BULLETIN DE PAIE

MATRICULE	SAL. RÉFÉRENCE	TAUX HORAIRE
4206264	17 230,76	

CATÉGORIE	COEFF.
CR	

EMPLOI
cadre administratif

MME CARRÉ DOMINIQUE

140 RUE DE RENNES
75006 PARIS

LIBELLE	NOMBRE-BASE	TAUX	GAINS	RETENUES	COTIS. EMPLOYEUR
APPOINTEMENTS	169,00		12793,97		
PRIME D'ANCIENNETE			767,64		
SUPPLEMENT PERSONNEL			3677,15		
ALLOCATION TRANSPORT			52,00		
CONTRIBUTION SOCIALE GENE	16376,82	2,4000		393,04	
SS MALADIE DEPLAFONNEE	17238,76	6,8000		1172,24	2206,56
SS VIEILLESSE	12680,00	6,5500		830,54	1039,76
SS VIEILLESSE DEPLAFONNEE					275,82
REMISE FORFAITAIRE				42,00	
SS ASSURANCE VEUVAGE	17238,76	0,1000		17,24	
ALL. FAMILIAL. DEPLAFONNEES					930,89
ACCIDENT DU TRAVAIL					224,10
CHOMAGE TR. A	12680,00	3,2200		408,30	677,11
CHOMAGE TR. B	4558,76	3,8600		175,97	249,36
CACE RETR. TR. A 4-4 BIS	12680,00	1,8750		237,75	475,50
CACE RETRAITE TR. B 4-4 BIS					170,95
CIPC RETR. TR. B 4-4 BIS	4558,76	7,2600		330,97	551,61
CIPC PREV. TR. A 4-4 BIS	12680,00	0,6500		82,42	366,74
CIPC PREV. TR. B 4-4 BIS	4558,76	2,6500		120,81	120,81
REGUL. RETRAITE				10,94	18,24
APEC FORFAITAIRE				36,76	55,14
APEC TR. B	4558,76	0,0240		1,09	1,64
AUTES COTIS. PATRONALES					941,85
PARTICIP. FRAIS TRANSPORT			104,00		

LE 31 MARS 199   VIRT. MANUEL   **NET A PAYER**   13618,69

	SALAIRE BRUT	COTIS. SALARIALES	COTIS.EMPLOYEUR	NET IMPOSABLE	B. T. M.	S. C. A.
MOIS	17290,76	-3776,07	8329,08	13907,73		
CUMUL	82872,28	-18343,80	40380,91	66414,40		

Le cumul NET IMPOSABLE du dernier bulletin représente le montant à mentionner en fin d'année sur votre déclaration de revenus

Congés du   au

DOCUMENT A CONSERVER SANS LIMITE DE DUREE (LOI 86-966 DU 18-8-86)

■ *D'après l'Événement du Jeudi n° 320, décembre 1990*

Retraites complémentaires, obligatoires.

Mutuelle: pour une meilleure couverture sociale.

Cotisation patronale : 45% du salaire brut.

Contribution sociale Généralisée: 2,4% du salaire brut.

salaire net avant impôts.

En vous aidant des faits ci-dessous, expliquez pourquoi:
- la cotisation assurance maladie augmente constamment,
- la cotisation vieillesse augmente aussi,
- l'employeur paie la cotisation accidents du travail en fonction du nombre d'accidents arrivés,
- la cotisation chômage va bientôt augmenter,
- désormais les cotisations patronales apparaissent en détail sur le bulletin de paie du salarié.

Il y a de plus en plus de personnes âgées.

L'État veut que les salariés se rendent compte de ce qu'ils coûtent à leur entreprise.

La retraite des personnes âgées est payée par les actifs.

L'État encourage les patrons à privilégier la sécurité.

Les dépenses maladie sont de plus en plus grandes.

Le chômage va augmenter dans les prochaines années.

Comparez le bulletin de paie français avec celui de votre pays. (Prenez comme exemple votre bulletin de paie ou celui d'un/e ami/e).

Entrez dans la vie des affaires

Module 4

Votre cadre de travail:
Découvrez votre bureau

J'AI ACCEPTÉ LA MODERNISATION A CONDITION DE GARDER MA LAMPE DE BUREAU!

Thèmes:	– Les bâtiments de l'entreprise
	– Les repères de l'entreprise
	– La situation géographique
	– Séminaires
	– Expositions, salons
	– Transports
Actes de parole:	– Demander et indiquer le chemin
	– Localiser: demander et indiquer la distance
Correspondance:	– Circulaire: Organisation de réunions
Structures:	– Il faut + infinitif
	– L'impératif
	– Les prépositions de lieu

1 Qu'est-ce que c'est?

– une usine:
– un escalier:
– un ascenseur:
– un vestiaire:
– la réception:
– l'infirmerie:
– l'entretien:
– l'entrepôt:
– la cour d'expédition:
– un tableau d'affichage:
– un distributeur de boissons:

2 *à la, à l', au*

Où allez-vous? → Allez-vous **au** parking?

→ usine
→ vestiaire
→ accueil

→ réception
→ entrepôt
→ rez-de-chaussée

→ coin du couloir
→ distributeur de boissons
→ premier étage

3 *Où se trouve...?*

Associez le bâtiment et sa situation. Vous vous trouvez à l'entrée.

a La réception:
b L'administration:
c L'usine:
d Le centre de formation:
e L'infirmerie:
f Le restaurant:
g L'entrepôt:

1 – entre le centre de formation et l'administration
2 – à gauche de l'entrée
3 – en face de la réception
4 – à côté du restaurant
5 – à droite
6 – au fond à droite
7 – tout droit, devant l'entrée

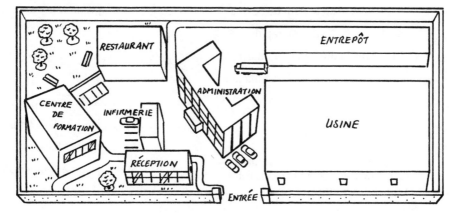

4 Le groupe HEC organise des séminaires pour cadres et dirigeants d'entreprise.
Voici le plan d'accès:

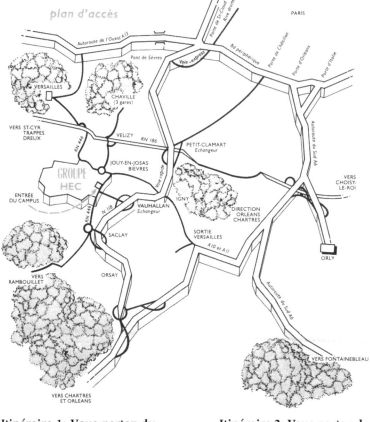

plan d'accès

Itinéraire 1: Vous partez du Pont de Sèvres.

Complétez avec les verbes suivants:
prenez, traversez, allez, trouverez, tournez, sortez.

. . . . le Pont de Sèvres.

. . . . la voie rapide

N 118 dans la direction de Chartres.

. . . . jusqu'à Vauhallan.

Là, ... de la voie
rapide.

. . . . à droite.

Vous vous . . . . sur la
R.N. 446. L'entrée du campus est
à quelques minutes.

Itinéraire 2: Vous partez de la Porte d'Orléans.

Complétez avec:
passe par, sortez, allez, vers, prenez (2x), continuez.

. . . . . . l'autoroute A 6 . . . .
Lyon.

. . . . par la bretelle Orléans
Chartres.

. . . . à Versailles.

. . . . la route D 117 qui

. . . . Igny et Bièvres.

. . . . jusqu'à Jouy-en-Josas.

5 Écoutez la cassette et complétez le tableau suivant:

SÉMINAIRE
Participants
Date
Lieu
Inscription

6 *Vrai ou faux?*

– Le tableau d'affichage se trouve au rez-de-chaussée, à droite de l'ascenseur.
– Le distributeur de boissons se trouve à côté de l'escalier.
– Le bureau de Mme Mathieu est dans le bâtiment administratif.
– Pour arriver à l'usine, il faut traverser la cour et l'entrepôt.

7 Indiquez sur la carte l'itinéraire Nice-Daluis.

Plan de la région Nice/Digne/Barcelonnette

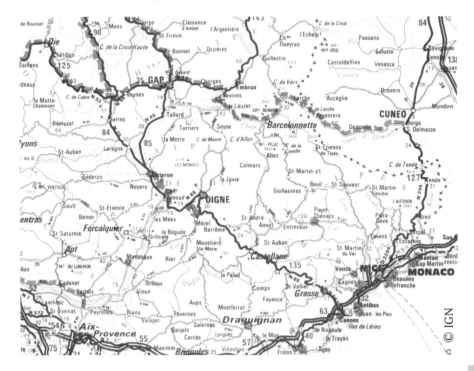

© IGN

Je peux vous renseigner?

1. – On m'a dit que l'entreprise organise un séminaire pour les nouveaux employés. Vous êtes au courant?
   – Oui. Je vous conseille d'y participer.
   – Savez-vous quand il aura lieu?
   – Probablement la première semaine d'octobre. Mais il y a une note sur le tableau d'affichage. Allez donc voir.
   – Le tableau d'affichage? Où se trouve-t-il?
   – Au rez-de-chaussée. Quand vous sortez de l'ascenseur, prenez à gauche. Vous verrez, il est au fond du couloir.
   – J'y vais tout de suite.
   – Puisque vous allez au rez-de-chaussée, pouvez-vous me rapporter une boisson fraîche, s'il vous plaît? . . . Vous savez où se trouve le distributeur de boissons? . . . Quand vous sortez de l'ascenseur, allez vers la cantine; après l'escalier, tournez à droite. Le distributeur est au coin du couloir.
   – Ah oui, je vois où il se trouve . . . Bon, j'y vais tout de suite. Je dois aussi aller dans le bureau de Mme Mathieu. À tout à l'heure!

2. – Pardon, Monsieur. Je cherche le bureau de Mme Mathieu. Pouvez-vous me dire où il se trouve?
   – Ce n'est pas dans ce bâtiment. Ici, c'est l'administration. Il faut aller dans l'usine . . . Prenez ce couloir à gauche. Vous arriverez dans la cour. En face, vous verrez le magasin. Entrez; traversez-le, ainsi que l'entrepôt. Allez tout droit jusqu'à la sortie. L'entrée de l'usine se trouve en face. Et le bureau de Mme Mathieu est au 1er étage.

3. – Voici un jus d'orange.
   – Merci beaucoup. Vous avez les renseignements concernant le séminaire?
   – Oui, je dois m'inscrire le plus tôt possible. Le séminaire a lieu à Daluis. C'est loin de Nice?
   – C'est à une heure environ, dans la direction du Mont Mounier.
   – Par où faut-il passer pour y aller?
   – Il faut prendre la route de Digne qui passe par St-Martin-du-Var. Vous allez jusqu'à Entrevaux, puis vous tournez à droite. Ensuite, prenez la route de Barcelonette. Daluis est le 1er village.

exploitation

Voici comment demander votre chemin:

– Pardon Monsieur/Madame. Je cherche le bureau de M. Rochefort. Pouvez-vous me dire où il se trouve?
– Au fond du couloir, à gauche.

– À quel étage se trouve la salle de réunion?
– Il y en a deux: l'une est au rez-de-chaussée, l'autre au deuxième étage.

– Comment faire pour aller au siège social?
– Prenez un taxi.

Allez	tout droit / jusqu'à l'ascenseur / vers la sortie
Entrez	dans la cour / dans le bâtiment
Prenez	l'escalier / l'ascenseur / à droite
Tournez	à gauche / à droite
Continuez	tout droit / jusqu'au fond du couloir
Traversez	la réception / la cour
Sortez	du bâtiment / de l'entreprise
Montez	au troisième étage
Descendez	au rez-de-chaussée / au sous-sol
Vous verrez	la réception en face de vous
Vous vous trouverez	à côté du parking / de la cantine

8 | *Jeu à deux*

Vous faites un stage dans une entreprise que vous ne connaissez pas encore très bien. Demandez à votre collègue de vous renseigner dans les situations ci-dessous. Prenez alternativement le rôle du stagiaire qui se renseigne et du collègue qui répond.

a Vous voulez:
  – envoyer une télécopie
  – des enveloppes
  – déjeuner
  – boire un café
  – une aspirine
  – faire réparer une armoire
  – participer à un séminaire
  – demander une promotion

b Vous voulez aller dans le bureau de:
  – Mme Latour: service des achats
  – M. Rochefort, comptable
  – Mme Mathieu: service du personnel
  – M. Raynal, dessinateur
  – Mlle Loubet, infirmière
  – Mme Vial, directrice

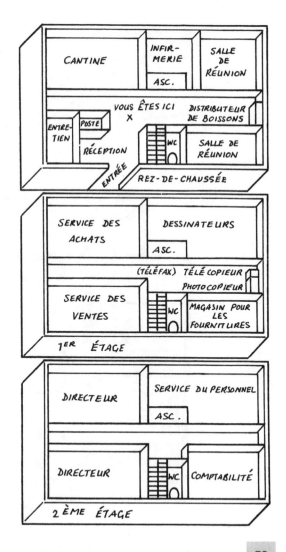

DANS UNE GARE

Peut-être vous sentez-vous un peu perdu quand vous débarquez dans une grande gare ? Vous remarquerez vite que finalement, dans toutes les gares, on trouve les mêmes services :

● le service "INFORMATION-RESERVATION" où vous irez demander des renseignements et retenir vos places à l'avance ;

● les "GUICHETS" où vous achèterez votre billet ;

● les "BAGAGES DEPART" où vous irez faire enregistrer votre vélo, vos grosses valises, etc., jusqu'à votre gare de destination ;

● les "BAGAGES ARRIVEE" où vous reprendrez vos bagages enregistrés en échange de votre bulletin de bagages ;

● les "CONSIGNES" où vous pouvez vous débarrasser de vos bagages pour aller vous promener quelques heures. (Ce sont de plus en plus souvent des "armoires-consignes automatiques" où vous enfermez vous-même vos bagages après avoir introduit des pièces de monnaie.)

Vous remarquerez de plus en plus que les différents services des grandes gares sont signalés par des dessins appelés "pictogrammes". Vous trouverez ces dessins non seulement dans toutes les grandes gares de France, mais aussi, à quelques différences près, à l'étranger. Alors, avec un peu d'attention, vous vous repérerez très vite dans n'importe quelle grande gare d'Europe.

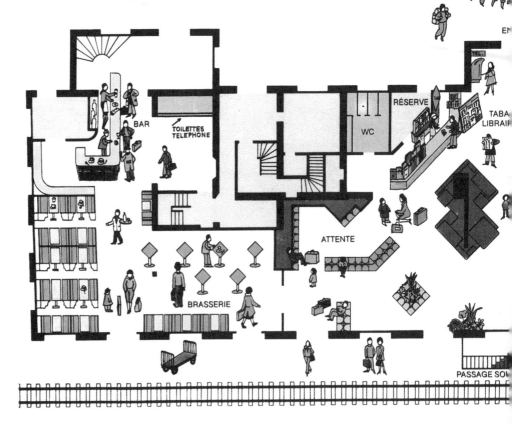

Information Réservation	Boîte aux lettres	Bureau des objets trouvés	Train autos-couchettes	Facilités pour handicapés	Salle d'attente	Buffet (restaurant)
Consigne des bagages	Chariot porte-bagages	Consigne automatique	Enregistrement des bagages	Point de rencontre	Fumeurs	Non fumeurs
Composteur	Bar	Eau potable	Eau non potable	Toilettes	Premiers soins	Téléphone public

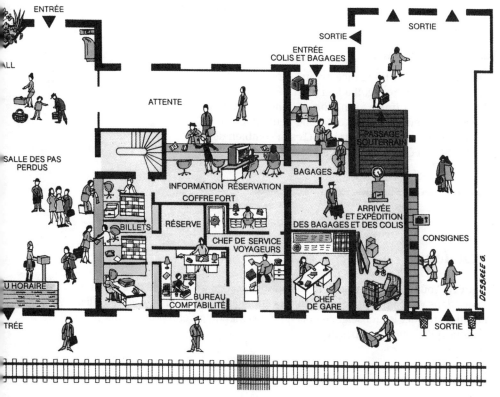

ENTRÉE

SORTIE SORTIE

ENTRÉE COLIS ET BAGAGES

ATTENTE

PASSAGE SOUTERRAIN

BAGAGES

INFORMATION RÉSERVATION

COFFRE FORT

SALLE DES PAS PERDUS

ARRIVÉE ET EXPÉDITION DES BAGAGES ET DES COLIS

BILLETS RÉSERVE

CONSIGNES

CHEF DE SERVICE VOYAGEURS

U HORAIRE

BUREAU COMPTABILITÉ

CHEF DE GARE

TRÉE

SORTIE

DÉSIRÉE G.

1 Vous êtes à la gare pour préparer votre prochain voyage. Où vous adressez-vous pour savoir quel train prendre, s'il reste encore des places, etc.?

2 Vous avez déposé ce matin vos bagages à la consigne. Vous arrivez à la gare en avance. Votre train part dans une heure. Que faites-vous? Où allez-vous?

3 Vous voulez laisser votre valise à la consigne. Malheureusement, vous n'avez pas de monnaie. Que faites-vous?

4 Vous venez chercher vos bagages à la consigne. Vous vous apercevez que vous avez perdu la clé de votre casier. Que faites-vous?

5 Vous venez de rater votre train. Que faites-vous?

6 Vous descendez du train et vous voulez trouver un hôtel près de la gare. Où demandez-vous des renseignements?

ATTENTION OPEN

THE INSIDE OF THIS TICKET CONTAINS YOUR CODE NECESSARY FOR THE RECOVERY OF YOUR LUGGAGE. **THIS CODE IS CONFIDENTIAL.** PLEASE KEEP THIS TICKET IN A SAFE PLACE.

ATTENTION OUVRIR

CE TICKET CONTIENT A L'INTÉRIEUR VOTRE CODE NÉCESSAIRE POUR LE RETRAIT DE VOS BAGAGES. **CE CODE EST CONFIDENTIEL.** CONSERVEZ CE TICKET EN SÉCURITÉ.

Voici comment localiser:

– Où a lieu le stage? En France ou au Maroc?
– Au Maroc. Cette année, il a lieu à Tanger.
– Est-ce que le centre de formation est loin? / C'est loin?
– Il est à une heure d'ici. / C'est à une heure d'ici.
– Il est à combien de kilomètres? / C'est à combien de km?
– Il est à 50 km environ. / C'est à 50 km.

10 | *Jeu à deux*

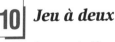

Joueur A: Vous êtes responsable de la coordination du programme d'activités sociales dans votre entreprise et ses filiales étrangères. Téléphonez à votre collègue pour lui demander les renseignements qui vous manquent et répondez aux questions qu'il / elle vous posera.

»

Programme des activités sociales:

Janvier:	Séminaire d'information pour les nouveaux employés
Lieu:	Daluis
	France (Provence) - (Daluis-Nice: 1 heure)
Mars:	. . . .
	. . . .
D'avril à octobre:	Maison de vacances à la disposition des employés et de leurs familles
Lieu:	Douarnenez
	Bretagne (Quimper: 30 minutes)
. . . . :	Négociations salariales
	. . . .
	. . . .
Juin:	Rencontre franco-allemande
Lieu:	Obernai
	France (Alsace) - (Strasbourg: 30 minutes)
Octobre:	. . . .
	. . . .

Les indications pour le **Joueur B** se trouvent à la fin du livre.

11 | *Le séminaire*

Complétez cette conversation:

– L'entreprise organise un séminaire.

– . . . . ?

– Le thème de ce séminaire? «Notre entreprise, son histoire, son image.»   – Où a-t-il lieu?

– . . . . ?   – Qui peut y participer?

– Les nouveaux employés.

– . . . . ?   – Combien de temps dure-t-il?

– Les dates sont affichées sur le tableau.

– . . . . ?   – Quel en est le thème?

– Deux jours.

– . . . . ?   – Quand faut-il s'inscrire?

– Dans un hôtel à Daluis.

– . . . . ?   – Quand a-t-il lieu?

– Le plus tôt possible.

12 | Faites un dialogue à partir de ces renseignements:

STAGE DE FORMATION	
Thème	Stratégies de vente
Participants	Employés des services: vente, marketing
Date	en juin
Durée	une journée
Lieu	dans l'entreprise
Inscriptions	date limite: le 30 avril

13 | *Circulaires*

Rien ne va plus! Des mots et des expressions ont été effacés . . .

a   Complétez la circulaire suivante:

Institut des Affaires   . . . .

3 Place des Anglais   . . . .

14 311 Caen   . . . .

Objet: Séminaire   . . . .

Pièce jointe: Programme

Madame, Monsieur,

Nous avons . . . . vous annoncer qu'un séminaire

. . . . à notre Institut, le 21 avril . . . . . .

8h . . . . 18 heures à l'attention du personnel administratif.

Nous vous adressons . . . . le programme.

Les personnes intéressées devront . . . . au secrétariat avant le 15 mars.

Vous . . . . à l'avance de bien vouloir respecter ce
délai, nous . . . . d'agréer, Madame, Monsieur, nos
salutations distinguées.   *P. Hulot*

b *Lettre à rédiger*

Votre entreprise exposera au SICOB, Parc des Expositions, Paris-Villepinte,
du 23 au 28 Avril, Stand: Hall n ° 4, Allée C.
Vous envoyez un bon pour une entrée gratuite d'un jour à vos meilleurs clients.
Écrivez un petit mot d'accompagnement.

14 Marne-la-Vallée, Porte de Paris.

. . . . . . 15 minutes
. . . . . . Notre-Dame,
. . . . . . l'autoroute A4
qui raccorde la ville
. . . . . . périphériques
parisiens et . . . . . .
voies sur berges, ...
20 minutes du Châtelet
. . . . . . le R.E.R., et
bientôt avec le T.G.V. pour
aller plus loin, Marne-la-
Vallée bénéficie d'un réseau
de communication d'une
qualité exceptionnelle.
Si plus de mille entreprises
installées constituent incon-
testablement un pôle ter-
tiaire plein d'avenir, la qualité de l'environnement n'a
pas été oubliée.
. . . . . . Marne-la-Vallée,
il fait bon vivre, parcourir
les forêts . . . . . . Croissy
et . . . . . . Ferrières, les
parcs . . . . . . Noisiel et
du Maubuée, visiter les
châteaux . . . . . . Guer-
mantes et . . . . . .
Champs-sur-Marne, assister
aux spectacles organisés
. . . . . . les Centres
Culturels, pratiquer activement le sport et bientôt
découvrir le parc Euro
Disneyland.

Établissements Publics
d'Aménagement de la Ville
Nouvelle de Marne-la-Vallée
Tél.: 64 62 44 44

MARNE-LA-VALLÉE.
LES PORTES DE LA RÉUSSITE.

15 | *Atelier de composition*

Publicitaires, au travail!

À partir des renseignements suivants, rédigez une publicité pour la ville de Cergy-Pontoise.

CERGY-PONTOISE

Un carrefour

Paris: 30 km (20 mn par le RER).
Aéroport de Roissy: 45 mn.
Autoroute de l'ouest: 5 mn.
À la croisée d'axes routiers, ferroviaires et fluviaux.

Pôle technologique

Nouvelle vocation technologique et commerciale.
Des zones industrielles et tertiaires nouvelles, la plupart des secteurs économiques représentés.

Une ville nouvelle

Agglomération: 50 000 habitants,
Sports, culture, loisirs, université.
Situation: bord de l'Oise, proximité des forêts de Pontoise.

16 | *Une commune dynamique*

a   Vous devez élaborer une publicité pour attirer des entreprises dans votre ville.
Décrivez: – ses sites intéressants ou touristiques,
           – sa situation géographique,
           – ses avantages économiques.
Rédigez un texte à faire paraître sur une page de journal hebdomadaire.

b   Des hommes d'affaires étrangers désirent visiter votre ville en un après-midi.
Organisez cette visite.

Loin de l'agitation parisienne:

Comment attirer les cadres en «province» . . .

Dijon: superbe, perle de la Bourgogne, une heure et demie de Paris par le TGV, dix
5 trains par jour, le ski pas loin de là. À peine sorti de fac, Didier Liviot y fonde l'agence de publicité Synergence. Succès immédiat et développement au rythme de 50% l'an. Jusqu'au moment où, avec un effectif de
10 30 personnes, il lui faut restructurer l'agence, engager une dizaine de personnes, recruter un directeur de la création. Il passe des annonces dans «Stratégies», le journal de la profession. Douze annonces au total, sans succès. Le salaire est le 15 même qu'à Paris, mais le poste est à Dijon: il ne reçoit que quatre réponses. Il appelle des demandeurs d'emploi: pas plus de succès. Finalement, il passe son annonce dans la presse britannique. Bonne idée: Il 20 trouve Ralph Hutchings, douze ans de métier dans une agence de Londres. «Il a débarqué à Dijon avec femme et enfants, et s'est acheté une belle maison». Didier Liviot avait besoin d'un chef de création 25 junior. C'est encore un Anglais qui a pris le poste. «Le snobisme prétend que notre métier ne peut s'exercer correctement qu'à Paris», déplore Liviot qui a pris sa revanche en se «décentralisant à Paris» pour assurer 30 son développement. Puisqu'il n'a pas pu attirer à Dijon les cinq cadres qu'il cherchait, il a racheté une petite agence parisienne. «Finalement, sur les trente personnes à Dijon, trois seulement ont été 35 recrutées de façon classique.»

■ *D'après le Nouvel Observateur, 7-13 février 1991*

1. l'agitation (f.) **:** *ici* la foule, le bruit, le stress de la capitale **3. superbe :** très beau **6. la fac** (fam.) **:** la faculté , l'université **6. fonder une entreprise :** créer **7. immédiat :** *ici* qui a lieu tout de suite **28. exercer un métier :** travailler **29. la revanche :** une action pour gagner ce qu'on a perdu une première fois **32. attirer qqn :** *ici* faire venir

17 Complétez ce prospectus publicitaire:

a **VENEZ TRAVAILLER À DIJON**

Capitale de la . . . .

Distance de Paris: . . . .

Moyens d'accès: – Autoroutes

– . . . .

Salaire moyen: . . . .

b Complétez la fiche d'identité de cette entreprise:

SYNERGENCE	
Adresse (Ville)	
Activité	
Fondateur	
Effectif	

FILIALE	
Adresse (ville)	
Effectif	

5

Votre planning:

Organisez votre emploi du temps

Thèmes:	– Le calendrier
	– L'heure
	– Le rendez-vous
	– Le téléphone
	– Foires/salons
	– Renseignements commerciaux
Actes de parole:	– Prendre contact par téléphone
	– S'excuser
	– Prendre rendez-vous
Correspondance:	– Confirmation/Déplacement de rendez-vous
Structures:	– Le conditionnel de politesse
	– Les prépositions de temps

Au téléphone, lesquelles de ces expressions employez-vous quand:

a vous vous présentez,
b vous êtes d'accord avec une proposition de votre interlocuteur/-trice,
c vous voulez fixer un rendez-vous avec quelqu'un,
d vous demandez à votre interlocuteur/-trice d'attendre un instant.

Ne quittez pas!   Est-ce que vous pouvez venir le 18?

Êtes-vous libre mercredi?   Oui, ça va!

Mme Schmidt à l'appareil.   Restez en ligne, s.v.p.!

Entendu!   Est-ce que vendredi vous convient?

Patientez un instant, s.v.p.!   Très bien!

compréhension

2 *Le rendez-vous*

Écoutez la cassette et remplissez les fiches téléphoniques suivantes:

1 | **FICHE TÉLÉPHONIQUE**

Nom: . . . .   ☐ a appelé

Tél.: . . . .   ☐ rappellera

désire parler à: . . . .   ☐ le rappeler

Message: . . . .

. . . .

2 | **FICHE TÉLÉPHONIQUE**

Nom: . . . .   ☐ a appelé

Tél.: . . . .   ☐ rappellera

désire parler à: . . . .   ☐ le rappeler

Message:. . . . .

. . . .

3 FICHE TÉLÉPHONIQUE

Nom: . . . .   ☐ a appelé

Tél.: . . . .   ☐ rappellera

désire parler à: . . . .   ☐ le rappeler

Message: . . . .

. . . .

. . . .

4 FICHE TÉLÉPHONIQUE

Nom: . . . .   ☐ a appelé

Tél.: . . . .   ☐ rappellera

désire parler à: . . . .   ☐ le rappeler

Message:. . . . .

. . . .

. . . .

Allô! Je voudrais prendre rendez-vous

1. – Allô? Je voudrais parler à M. Forestier, s'il vous plaît.
   – Oui, qui est à l'appareil?
   – Mme Bardier.
   – Un instant, s'il vous plaît . . . Je regrette mais ça sonne occupé. Vous patientez ou vous laissez un message?
   – Non, ça ne fait rien. Je rappellerai.
   – Très bien.
   – Au revoir.

2. – M. Forestier?
   – Lui-même.
   – Bonjour Monsieur. Mme Bardier à l'appareil. Je vous téléphone à propos du prochain séminaire. J'aimerais y participer.
   – Alors, il faut venir me voir. Nous en parlerons et je vous dirai si vous pouvez vous inscrire.
   – Très bien.
   – Prenez rendez-vous avec ma secrétaire. Ne quittez pas, je vous la passe.

3. – Mme Bardier? . . . Vous êtes toujours en ligne?
   – Oui, je suis là.
   – Êtes-vous libre mercredi après-midi?
   – Oui.
   – Pouvez-vous venir à 2 heures?
   – Oui, d'accord.
   – Je note donc votre rendez-vous, mercredi à 2 heures. Pouvez-vous me rappeler votre numéro de téléphone, s'il vous plaît?
   – C'est le 43 08 35 24.
   – Le 43 08 35 24. Je vous remercie. Au revoir.
   – Au revoir, Mademoiselle.

4. – Allô? Pourrais-je parler à Mme Bardier, s'il vous plaît?
   – Oui, c'est elle-même.
   – La secrétaire de M. Forestier à l'appareil. M. Forestier s'excuse mais il doit s'absenter mercredi. Il vous demande de bien vouloir déplacer le rendez-vous.
   – Bien sûr.
   – Il propose de vous rencontrer mardi à 11 heures. Est-ce que cela vous convient?
   – Oui, ça va. Entendu pour mardi.

exploitation

La date:

– Pouvez-vous venir demain, **mardi 23 juin?**
– J'ai rendez-vous **le 12 juillet.**
– Le magasin est fermé **du 3 au 17 août.**
– M. Duval sera absent **le 1er septembre.**

3 Dans les situations suivantes, quel salon visiter et à quelles dates?

– Vous voulez vous informer sur les robots à l'usine.
– Votre chef veut acheter un télécopieur.
– Vous travaillez pour une chaîne d'hôtels.
– Votre entreprise a l'intention de moderniser ses bureaux.
– Votre entreprise fabrique des appareils à usage médical.

SEPEL - BP 87 - 69683 CHASSIEU CEDEX - FRANCE - Tél. 72.22.33.44 - Télex SEPEL 375 425 F - Télécopie 72.22.32.70
PARIS - 136, bd Haussmann - 75008 PARIS - Tél. 16 (1) 45.62.68.50 - Télex 650 751 - Télécopie 16 (1) 45.63.96.03

Planning des vacances: Vous êtes chef de bureau. Organisez le planning des vacances d'été pour vos deux employés et vous-même.

Prévisions:

- Foire internationale: 3 – 10 juillet
  S'y rendront: un/e employé/e et vous-même
- Séminaire: 7 – 21 septembre
  Participants: vos deux employés
- Vacances: 4 semaines consécutives dans la période:
  1er juillet – 30 septembre

ATTENTION: Il doit toujours y avoir quelqu'un au bureau, et la période où il n'y a qu'une seule personne ne doit pas dépasser une semaine.

J'AI L'IMPRESSION QUE DURAND ATTEND CE WEEK-END PASCAL AVEC IMPATIENCE!

AVRIL		MAI		JUIN	
		1 D Fête du Travail 18e sem.		1 M	
1 V		2 L		2 J	
2 S		3 M		3 V	
3 D Pâques 14e sem.		4 M		4 S	
4 L		5 J		5 D 23e sem.	
5 M		6 V		6 L	
6 M		7 S		7 M	
7 J		8 D Anniversaire 1945 19e sem.		8 M	
8 V		9 L		9 J	
9 S		10 M		10 V	
10 D 15e sem.		11 M		11 S	
11 L		12 J Ascension		12 D 24e sem.	
12 M		13 V		13 L	
13 M		14 S		14 M	
14 J		15 D 20e sem.		15 M	
15 V		16 L		16 J	
16 S		17 M		17 V	
17 D 16e sem.		18 M		18 S	
18 L		19 J		19 D 25e sem.	
19 M		20 V		20 L	
20 M		21 S		21 M	
21 J		22 D Pentecôte 21e sem.		22 M	
22 V		23 L		23 J	
23 S		24 M		24 V	
24 D 17e sem.		25 M		25 S	
25 L		26 J		26 D 26e sem.	
26 M		27 V		27 L	
27 M		28 S		28 M	
28 J		29 D 22e sem.		29 M	
29 V		30 L		30 J	
30 S		31 M			

JUILLET		AOÛT		SEPTEMBRE	
				1 J	
1 V		1 L 31e sem.		2 V	
2 S		2 M		3 S	
3 D 27e sem.		3 M		4 D 36e sem.	
4 L		4 J		5 L	
5 M		5 V		6 M	
6 M		6 S		7 M	
7 J		7 D 32e sem.		8 J	
8 V		8 L		9 V	
9 S		9 M		10 S	
10 D 28e sem.		10 M		11 D 37e sem.	
11 L		11 J		12 L	
12 M		12 V		13 M	
13 M		13 S		14 M	
14 J Fête Nationale		14 D		15 J	
15 V		15 L Assomption 33e sem.		16 V	
16 S		16 M		17 S	
17 D 29e sem.		17 M		18 D 38e sem.	
18 L		18 J		19 L	
19 M		19 V		20 M	
20 M		20 S		21 M	
21 J		21 D 34e sem.		22 J	
22 V		22 L		23 V	
23 S		23 M		24 S	
24 D 30e sem.		24 M		25 D 39e sem.	
25 L		25 J		26 L	
26 M		26 V		27 M	
27 M		27 S		28 M	
28 J		28 D 35e sem.		29 J	
29 V		29 L		30 V	
30 S		30 M			
31 D		31 M			

Voici comment prendre rendez-vous:

– Je voudrais prendre rendez-vous avec M. Grillard.
– Pouvez-vous venir mercredi?
– Oui, c'est possible.
– À huit heures et demie, cela vous convient-il?
– Entendu.

– Est-ce que je pourrais vous rencontrer lundi?
– Malheureusement, j'ai déjà un rendez-vous. Je suis désolé/e.
– Quel jour êtes-vous libre?
– Jeudi. Ça vous va?
– Oui, d'accord pour jeudi.

5 | Complétez les dialogues suivants:

1 – Est-ce que je pourrais vous
     rencontrer la semaine prochaine?

– . . . . ?

– Oui, à quelle heure?

– . . . . ?

– Entendu pour mardi à 9 heures.

2 – Je voudrais prendre rendez-vous
     avec M. Boyer.

– . . . . ?

– Malheureusement, lundi je ne
  suis pas libre.

– . . . . ?

– Jeudi.

– . . . . ?

– À 10 heures et demie.

– . . . .

– Mme Lévêque.

3 – J'ai rendez-vous avec Mme Villard,
     le 18. Malheureusement je dois partir
     en voyage d'affaires. . . . .

– . . . . ?

– Oui, quand êtes-vous libre?

– Le 25, à la même heure.

– . . . . ?

– Mlle Princet.

– . . . . ?

– Le 42 67 38 84.

– . . . .

6 | *Jeu à deux*

Téléphonez à votre partenaire pour prendre rendez-vous avec son chef.
Prévoyez une durée de deux heures pour cette rencontre.

Joueur A: Voici l'agenda de votre chef.

LUNDI	MARDI	MERCREDI	JEUDI	VENDREDI
9h–10h Courrier	9h15–11h15 Écrire rapport	9h30–11h30 Visite de M. Vanier	9h–10h Courrier	9h–10h Courrier
13h–16h Réunion/chef du personnel	14h–15h Rendez-vous/ stagiaires	14h –? Mme Vial	12h–14h Déjeuner/ Directeur	

Les indications pour le **Joueur B** se trouvent à la fin du livre.

7 | *Correspondance: Rendez-vous*

a   Quelle étourderie! Vous venez de déchirer cette lettre. <u>Grâce à ces morceaux, récrivez-la.</u>

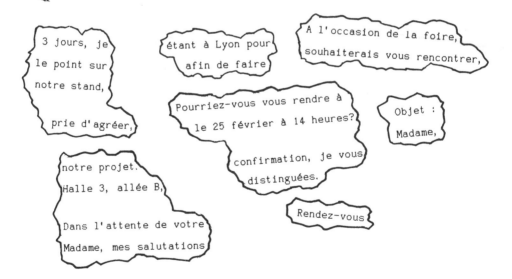

b   <u>Répondez négativement à la lettre ci-dessus.</u>
Remerciez votre correspondant. Malheureusement, vous n'êtes pas libre ce jour-là (déplacement). Vous regrettez vivement ce contretemps et vous proposez une solution.

Voici comment prendre contact par téléphone:

– Je voudrais parler à M. Forestier, s'il vous plaît.
– Oui, qui est à l'appareil?
– Mme Bardier.
– Ne quittez pas. Je vous le passe.

– Pouvez-vous me passer Mme Cartier, s'il vous plaît.
– Oui . . . . Je regrette mais elle est en communication. Voulez-vous
  laisser un message?
– Oui, pouvez-vous lui demander de me rappeler au 47 28 64 39.
– Entendu. C'est de la part de qui?
– Mme Julien.
– Très bien.
– Je vous remercie. Au revoir.
– Au revoir.

– Pourrais-je parler à M. Leconte, s'il vous plaît?
– Oui, lui-même.

– Mlle Marchall?
– Vous faites erreur.
  Quel numéro demandez-vous?
– Le 17 22 64 72.
– Vous vous êtes trompé. Ici, c'est le 18 28 64 72.
– Excusez-moi.

– Puis-je parler à Mme Dujardin?
– Un instant, s'il vous plaît . . . . . . ça sonne occupé. Voulez-vous patienter?
– Oui, j'attends.
– . . . . . . Allô? Vous êtes en ligne?
– Oui, Mme Dujardin?
– Elle-même.

8 Complétez les dialogues suivants:

1 – Société Perrin, bonjour.

– Bonjour, je voudrais parler à Mme Mercier, s'il vous plaît.

– . . . .

– M. Cartier.

– . . . .

– Allô? Mme Mercier?

– . . . .

– Bonjour madame. M. Cartier à l'appareil.

2 – Pourrais-je parler à M. Dutertre, s'il vous plaît?

– . . . .

– Le 16 78 84 49.

– . . . . Ici, c'est le 16 68 84 49.

– Excusez-moi.

3 – Je suis désolé, M. Dutertre n'est pas là.

– . . . .

– Bien sûr . . . .

– Mlle Bertaud. Dites-lui qu'il y a une erreur sur notre catalogue. Nous ne faisons

plus l'article Réf. 145.

– . . . .

4 – Je regrette, Mme Picard est en communication.

– . . . .

– À quel numéro?

– Au 49 87 72 56.

– . . . .

– Mme Jacquot.

– . . . .

9 | *Jeu à deux: Au téléphone*

L'entreprise GASPARD distribue des fournitures pour le bureau. Donnez
à chaque article sa référence grâce au tableau suivant:

article	Réf.
chemise	263
bloc-notes	602
cahier	303
carnet	032
ciseaux	418
enveloppes	572

Réf. . . .

Réf. . . .

Réf. . . .

Réf. . . .

Réf. . . .

Réf. . . .

Répondez au téléphone ou appelez, selon votre rôle.

Joueur A

Situation 1: Voici vos coordonnées: M. Dupuy
Service des achats
Cie LATOUR
Vous voulez parler à Mme Gilet de la Cie GASPARD pour avoir des
informations sur le matériel de bureau vendu par GASPARD.

Situation 2: Vous répondez au téléphone. Prenez note du message.

Situation 3: Vous voulez parler à M. Vial pour une affaire urgente: vous voulez
commander 1 000 articles réf. n° . . . . . . Vous voulez connaître le prix pour une
telle quantité et les délais de livraison.

Situation 4: Répondez au téléphone. Aidez votre correspondant.

Les indications pour le **Joueur B** se trouvent à la fin du livre.

Mémento pratique de la secrétaire

9 h 00	Non, il n'est pas encore là	11 h 30	Si, il est revenu mais il a dû repartir
9 h 15	Il ne va pas tarder	12 h 00	Non, il est allé déjeuner
9 h 30	Il vient juste de commencer une réunion	13 h 45	Il va bientôt arriver
10 h 00	Rappelez dans quelques minutes, il est en ligne	14 h 30	Je n'arrive pas à le joindre, il est dans les services
10 h 30	Il a dû s'absenter	15 h 30	Il est en rendez-vous
11 h 00	Je ne comprends pas, il n'est toujours pas revenu	16 h 15	Laissez-moi votre message
		18 h 00	Je vous conseille de rappeler demain matin

3. tarder à faire qqch : faire qqch en retard   **9. s'absenter :** être absent   **16. joindre qqn :** parler à qqn au téléphone.

Les télécommunications et l'entreprise

Télécopie

La télécopie permet de transmettre ou de recevoir sur un terminal (télécopieur), à partir d'une simple ligne téléphonique, sans aucune installation particulière, des documents manuscrits, graphiques ou dactylographiés de format A4 maximum (210 x 297 mm). [10]
La transmission d'une page A4 s'effectue en une ou deux minutes. [15]

Numéro vert

Le Numéro vert permet à l'entreprise abonnée d'offrir à ses correspondants la possibilité de l'appeler gratuitement, elle-même prenant à sa charge le [20] coût de la communication.
Ce nouveau mode de communication est destiné à faciliter les multiples contacts nécessaires [25] au développement de l'entreprise. On attribue à l'abonné un numéro à 8 chiffres commençant toujours par 05.

La réunion-téléphone [30]

Vos réunions se multiplient avec vos partenaires éloignés (réunions de concertation, de suivi, d'information). Gagnez du temps avec la réunion-télé- [35] phone: de n'importe quel poste téléphonique, vous dialoguerez avec vos correspondants sans vous déplacer (de 3 à 20 personnes). [40]

Téladresses

Avec Téladresses, les sociétés commerciales, services publics et associations à but humanitaire ont accès, pour leurs ac- [45] tions de marketing direct, à:
- des fichiers nationaux avec plus de 19 millions d'adresses d'abonnés au téléphone, dont 2,2 millions d'entreprises et 1,6 [50] million de détenteurs de Minitels (juin 1987);
– des adresses fiables, mises à jour quotidiennement.

Carte Télécom

55 Grâce à la carte Télécom vous pouvez faire imputer automatiquement sur votre compte des communications téléphoniques
60 ou télex passées par vous ou vos représentants à partir de n'importe quel poste ou cabine téléphonique en France (à l'exception des TOM).
65 Les avantages de la carte Télécom: téléphoner de partout, n'importe où, sans paiement immédiat.

Minitel

70 Le Minitel est un petit terminal de fonctionnement simple qui se branche sur la ligne téléphonique. Il se compose d'un écran et d'un clavier et permet de communiquer avec de nombreux
75 services (informations, renseignements, dialogues, etc.)

■ *D'après l'annuaire téléphonique des P. et T.*

3. **télécopie :** un fax   9. **manuscrite/e :** écrit/e à la main   10. **dactylographié/e:** tapé/e à la machine   18. **le/la correspondant/e :** le/la partenaire au téléphone   21. **prendre qqch à sa charge :** payer qqch   25. **multiples :** nombreux/-euses   27. **attribuer qqch à qqn :** donner qqch à qqn   31. **se multiplier :** se développer   33. **la concertation :** le travail en commun   39. **se déplacer :** changer de lieu, voyager   45. **avoir accès à qqch :** bénéficier de qqch   47. **le fichier :** la liste de renseignements   51. **le/la détenteur/-trice de qqch :** le/la propriétaire de qqch   53. **fiable :** sûr/e   53. **mettre qqch à jour :** actualiser qqch, le rendre actuel   57. **imputer qqch :** *ici* payer   67. **immédiat/e :** qui a lieu tout de suite   72. **se brancher sur qqch :** *ici* mettre en communication par un fil électrique

---

10 Avez-vous compris les services rendus par Télécom? Testez-vous! **Vrai** ou **Faux**?

Vrai/Faux

☐☐ – Un téléphone n'est pas nécessaire pour envoyer une télécopie.

☐☐ – Avec la carte Télécom, les employés en déplacement ne payent pas leurs communications téléphoniques avec l'entreprise.

☐☐ – Si vous désirez organiser une réunion-téléphone, il vous suffit d'appeler chaque participant à partir d'un téléphone spécial.

☐☐ – Le Minitel donne accès gratuitement à plus de 2 500 services professionnels.

☐☐ – Si vous appelez un numéro vert, vous ne payez pas la communication.

☐☐ – Télécom offre un service de fichiers pour les opérations de marketing.

---

11 Problèmes au téléphone

Dans quel cas entendez-vous ceci:

1 «Par suite d'encombrement, votre appel ne peut aboutir. Veuillez rappeler ultérieurement.»

2 «Vous êtes bien au 42 23 23 30. Je suis absent pour le moment. Laissez votre message après le bip sonore.»

3 «Le numéro que vous avez demandé n'est pas en service actuellement. Nous regrettons de ne pouvoir donner suite à votre appel.»

4 «Allô . . . Allô? Je n'entends rien! Il y a de la friture sur la ligne!»

a Faux numéro

b Mauvaise liaison

c Trop d'appels: lignes bloquées

d Répondeur automatique

Vous êtes en déplacement:

Préparez vos voyages

Thèmes:	– Voyages d'affaires: hôtel et transports
	– Faire une réservation
	– Faire une annulation
	– Conditions de vente: validité du billet
	– Modes de paiement
	– Repas d'affaires
Actes de parole:	– Demander et donner des renseignements
	– Exprimer un désir
	– Exprimer la possibilité/l'impossibilité
	– Faire des réclamations
	– S'excuser
Correspondance:	– Organisation de voyages (télécopie, circulaire, lettre)

1 Pouvez-vous compléter?

rencontrer	**une rencontre**	réserver	. . . .
partir	. . . .	arriver	. . . .
ouvrir	. . . .	retourner	. . . .
recevoir	. . . .	confirmer	. . . .
abonner	. . . .	signer	. . . .

2 Associez les éléments qui signifient la même chose:

1 c'est ça   **a** entendu
2 bien sûr   **b** c'est exact
3 tout de suite   **c** au fait
4 je vous en prie   **d** immédiatement
5 à propos   **e** il n'y a pas de quoi

3 Écoutez la cassette puis cochez les réponses correctes:

Suzanne doit: ☐ faire les réservations d'hôtel
  ☐ acheter un billet d'avion pour Libreville
  ☐ partir le 15 pour Libreville
  ☐ rencontrer M. Bongo

Son chef veut: ☐ partir à Libreville le 14 avril
  ☐ rencontrer M. Bongo au salon de Libreville

4 Vous êtes l'employé/e de l'agence de voyages. Remplissez le formulaire à envoyer au client pour qu'il confirme son voyage.

AGENCE DE VOYAGES AIRTOUR

Formulaire de réservation

Entreprise: Nom: Date:
Adresse: Service:
Abonnement:

Destination	Date	Heure départ	Heure arrivée	Vol
Retour		Heure départ	Heure arrivée	

Réservation d'hôtel
Hôtel: . . . .   du . . . .   au . . . .   Nombre de nuits: . . . .

Pour confirmation, signature du client: . . . .

Réservations

1. – Suzanne, je vais à Libreville pour une semaine. Pouvez-vous vous occuper de mon voyage, s'il vous plaît ?
– Bien sûr. Quand partez-vous ?
– Je dois être là-bas le 15 pour l'ouverture du salon. À propos, prenez rendez-vous avec M. Bongo. Je veux le rencontrer avant de partir.
– Je vais le faire tout de suite.
– Très bien...

2. – Agence de voyages Airtour, bonjour.
– Bonjour. Je reçois à l'instant votre formulaire de réservation. Or, il y a erreur sur la date de départ.
– Pouvez-vous me rappeler votre nom, s'il vous plaît ?

– Il s'agit de l'entreprise Maillol. Je suis la secrétaire de Mme Delors.
– Ne quittez pas, je cherche la copie... Vous avez un abonnement ?
– Oui, c'est l'abonnement n° 245.
– Voilà, j'ai trouvé ! La réservation est au nom de Mme Delors, service des ven-tes, entreprise Maillol.
– C'est ça. Vous m'avez donné un billet d'avion pour Libreville pour le 15 avril.
– Oui, à quelle date voulez-vous partir ?
– Le 14.
– Ah... le vol UTA est complet. Voyons si avec Lufthansa... En classe économique, il y a de la place.
– D'accord.
– Alors, c'est le vol H 347 qui part de Paris à 8 h 20 et qui arrive à Libreville à 16 h 50. Le retour est pour le 20 ?
– C'est exact.
– Pour le retour, vous prenez le vol H 362 qui part de Libreville à 12h15 et qui arrive à Paris à 21h35. Pour l'hôtel, je réserve une chambre du quatorze au vingt avril, c'est-à-dire pour six nuits à l'Intercontinental...
– Très bien.
– J'envoie un télex à l'hôtel et je vous fais parvenir le formulaire corrigé. Toutes nos excuses pour cette erreur.
– Je vous en prie.

Classe affaires

5 | *Jeu à deux: organisez votre voyage*

Dans une agence de voyages à Biarritz. Prenez les rôles de l'employé et du client dans les situations ci-dessous. Changez de rôles pour la deuxième situation.

Situation 1:

Vous devez aller à Genève pour une réunion d'affaires qui durera une journée entière. Renseignez-vous sur les horaires et faites votre réservation.

Situation 2:

Vous devez aller à Londres pour une réunion d'affaires qui durera une journée entière. Renseignez-vous sur les horaires et faites votre réservation.

Horaires des vols:

Départ: Biarritz	Arrivée: Genève	Via	Jours	Cies
09 h 00	13 h 20	O*/CDG*	1 2 3 4 5 - -	IT/AF
12 h 55	14 h 40		- - - - - - 7	FU
13 h 50	19 h 15	O/CDG	1 2 3 4 5 - -	IT/SR
	Londres			
07 h 20	10 h 40	O/CDG	- - - - - - 7	IT/AF
09 h 00	12 h 20	O/CDG	1 2 3 4 5 - -	IT/AF
13 h 50	17 h 15	O/CDG	1 2 3 4 5 - -	IT/BA
14 h 50	17 h 30		- - - - - 6 -	FU
17 h 15	20 h 45	O/CDG	- 2 3 4 5 6 7	IT/BA

Départ: Genève	Arrivée: Biarritz	Via	Jours	Cies
08 h 15	12 h 55	CDG/O	1 2 3 4 5 - -	SR/IT
10 h 45	12 h 25		- - - - - - 7	FU
14 h 15	20 h 50	CDG/O	1 2 3 4 5 6 7	AF/IT
Londres				
07 h 25	12 h 55	CDG/O	1 2 3 4 5 - -	AF/IT
08 h 00	08 h 50		- - - - - 6 -	FU
11 h 15	16 h 30	CDG/O	- 2 3 4 5 6 7	BA/IT
15 h 30	20 h 50	CDG/O	1 2 3 4 5 6 7	AF/IT

O*: Aéroport Paris-Orly
CDG*: Aéroport Paris-Charles-de-Gaulle

6 *Réservations, annulations*

Complétez avec les mots suivants:
solde, annulation, rembourse, acompte, prolonger, forfaitaire, règlement, supplément

– Dans certains cas, une inscription n'est valable que lorsqu'elle est accompagnée d'une somme d'argent qui sera déduite du montant total. Cette somme est appelée un . . . . ou des arrhes.

– Le restant, c'est-à-dire le . . . . est payé ultérieurement.

– Un prix global pour voyage et hôtel, par exemple, est un prix . . . .

– Il est possible de séjourner plus longtemps, c'est-à-dire de . . . . votre séjour à condition de payer un . . . .

– Le . . . . peut se faire par chèque postal ou bancaire.

– Vous vous êtes inscrit/e à un séminaire mais vous ne pouvez pas y participer. Vous faites une . . . .

– Dans certains cas, on vous rend la somme que vous avez payée, c'est-à-dire on vous . . . .

7 *Jeu à deux: inscription, annulation*

Lisez le texte puis prenez alternativement le rôle de l'employé/e et du/de la client/e.

CONDITIONS PARTICULIÈRES AU SERVICE «TRAIN + HÔTELS» (extrait)	
L'inscription à l'un de nos voyages implique l'adhésion à nos conditions. Toute inscription doit être accompagnée d'un paiement de 150 F par personne. Le solde devra être réglé lorsqu'on vous donnera votre carnet de voyages au plus tard 4 semaines avant la date du début de séjour sous peine d'annulation automatique. Modification: aucune retenue ne sera effectuée en cas de report du voyage, dans la mesure où il est demandé et accordé au moins 3 jours avant la date de départ initiale. Réclamation: toute réclamation doit être formulée par écrit dans le mois suivant la dernière nuit de séjour.	Annulation: – Aucune retenue ne sera effectuée (mis à part les frais de dossier de 50 F par client) si l'annulation est faite au mois 5 jours avant le départ. – 100 F de retenue par client si l'annulation est faite entre 4 et 3 jours avant le départ. – Avant ce délai, aucune somme ne pourra être remboursée pour tout voyage non effectué ou interrompu du fait du voyageur pour quelque cause que ce soit. Organisateur: Compagnie de tourisme Frantour (Groupe SNCF). Garant: APSAV, 4 rue Villaret Joyeuse – 75017 Paris. Compagnie d'assurance Responsabilité civile: CONCORDE 5, rue de Londres - 75456 PARIS CEDEX 09.

Situation 1: Vous voulez faire une inscription à l'hôtel aux dates de votre choix. Faut-il payer un acompte? Quand faut-il régler le solde?

Situation 2: Vous êtes malade. Vous ne serez pas en mesure de voyager dans 3 jours. Or, vous avez fait une inscription. Vous demandez à décaler le voyage d'un mois.

Situation 3: Vous désirez annuler votre voyage qui devait commencer dans 4 jours.

Situation 4: Vous êtes tombé/e malade pendant le voyage et avez dû rentrer plus tôt que prévu. Pouvez-vous être remboursé/e?

8 | *Réservation d'hôtel et confirmation par télécopie*

NOVOTEL 453 678 F

30/9/91

VINCO 216 089 F

Veuillez réserver chambre individuelle, salle de bains du 7/11 au 9/11 pour M. Boyer.
Heure d'arrivée prévue: 22 heures.
Confirmation s.v.p.
Salutations

NOVOTEL 453 678 F
VINCO 216 089 F

9 | *Correspondance*

Comme suite à la lettre que Provaleur vous a envoyée (voir p. 88), faites une réservation pour le voyage à Athènes au nom de:
  – M. et Mme Leroux
    Entreprise: Vinco S.A./Paris.

Voici les détails que vous donnerez dans cette lettre:
  – Lieu de départ: Paris
  – Dates: du 14 au 16 mars
  – Type de chambre
  – Paiement par chèque postal (joint): montant et date.

PROVALEUR

organisateur de voyages professionnels

VOUS PROPOSE

Votre correspondant:

```
           PROVALEUR
    67 rue de Sèze - 69006 LYON
Tél (16) 78.24.23.23 - Tlx : 340960
```

Foire d'ATHÈNES
Du 14 au 17 Mars 19..

Départs quotidiens de PARIS - Voyage de 2 jours - 3 400 F

1er jour :

```
09 H 00  Envol à destination d'Athènes
13 H 15  Arrivée à Athènes
         JOURNEE LIBRE
         Logement
```

2^e jour :

```
         Petit-déjeuner à l'hôtel
         JOURNEE LIBRE
19 H 00  Envol à destination de PARIS
22 H 45  Arrivée à PARIS Charles-de-Gaulle.
```

Départ de LYON et des principales villes de provinces : NOUS CONSULTER

Possibilité de prolonger votre séjour = + 500 F par journée supplémentaire

Supplément chambre individuelle : 200 F par nuit et par personne

Supplément chambre double à usage individuel : 300 F par nuit et par personne

Pour toute inscription, nous retourner le coupon-réponse ci-dessous accompagné d'un acompte de 700 F par personne, le solde étant versé un mois avant le départ.

Conditions générales de vente adressées sur simple demande.

****

Paris-Athènes - DU 14 au 17 MARS 19..

RAISON SOCIALE...

ADRESSE........................... CODE POSTAL .... TEL ....

NOM(S) .... SOIT .... PERSONNE(S)

Désire(nt) participer au voyage à destination d'Athènes du..... au ..... Mars 19..

Au départ de ....

En chambre individuelle ( )   En chambre double ( )

Vous adresse(nt) un acompte de 700 F x   Personne(s)

Par chèque bancaire ( )   Par chèque postal ( )

A .... LE .... SIGNATURE ....

87, rue de Sèze - 69006 LYON - Tél. (16) 78.24.23.23 - Télex PUTTOUR 340 960
18, rue Marbeuf - 75008 PARIS - Tél. (1) 47.23.01.02 - Télex PUTTOUR 612 567
45, Rockfeller Plaza, Suite 2000 - NEW YORK, N.Y. 10111 - Tél. (212) 333.4550 - Télex 4951833

Siège social Voyages PUTHET S.A. 69006 LYON LICENCE 520 SA capital 550 000 F RC LYON B 305 462 324

Voici comment réclamer:

– Il y a erreur sur la date / sur le nombre de nuits.
– Vous vous êtes trompé.
– Je regrette de vous dire qu'il y a erreur/de constater que . . .
– Je vous prie de corriger cette erreur/de rectifier la facture.
– Le montant de la facture ne correspondant pas au total que nous avions
   calculé, . . .
– Vous avez écrit le 16 au lieu du 17 (février).

Et voici comment s'excuser:

– Toutes mes excuses pour cette erreur.
– Excusez-moi.
– Je vous demande pardon.
– Je regrette vivement cette erreur.
– Je vais réparer cette erreur.
– Nous allons procéder à la rectification nécessaire.

Réponse:

– Je vous en prie.
– N'en parlons plus, c'était un malentendu.
– Il n'y a pas de mal.
– Tout est arrangé.

10 *Jeu à deux: Réclamations*

ATHÈNES

(voir page 88)
Prenez alternativement le rôle de l'employé/e et du/de la client/e.

Situation 1: Vous avez fait une inscription pour un voyage de deux jours pour une personne. Or, vous avez reçu une facture dont le montant s'élève à 3 900 F!

Situation 2: Vous avez réservé pour trois personnes, comme suit:
– un voyage de deux jours pour deux personnes,
– un voyage de trois jours pour une personne.
Or, la facture s'élève à 12 500 F.

Situation 3: Vous avez fait une réservation pour un voyage de deux jours pour trois personnes. Le solde à payer est de 10 200 F.

Situation 4: Aujourd'hui, le 20/2, vous n'avez toujours reçu ni confirmation ni facture pour votre réservation faite le 13/2.
Pourquoi?

11 | *Correspondance*

La photocopieuse devrait être nettoyée! . . . Complétez ces lettres avec les mots suivants:

au lieu d', accusons réception, correspond, regrettons, rectifiée (2x), **ci-joint, inattention, erreur, vivement, courant.**

Vinco S.A.   Provaleur
26 rue Legendre   18 rue Marbeuf
75002 Paris   75008 Paris

                                                Paris, le...

Monsieur,

Nous . . . . de votre facture du 12/2 pour le
voyage de M. et Mme Leroux à Athènes du 14 au 16 mars.

Nous . . . . de constater que le montant de la facture
ne . . . . pas au total que nous avions calculé. Vous
avez facturé deux jours supplémentaires par personne . . . .
. . . . un seul.

Nous vous demandons de bien vouloir corriger cette . . . .
et de nous retourner la facture . . . .

Nous vous prions d'agréer, Monsieur, nos salutations distinguées.

Y. Dubreuil

Madame,

Nous nous excusons . . . . de l'erreur qui s'est glissée
dans notre facture du 12 . . . . et nous vous prions de
trouver, ... , une facture . . . .

Regrettant cette . . . . de notre part, nous vous prions
d'agréer, Madame, l'assurance de nos sentiments dévoués.

Riquet

Le petit déjeuner d'affaires

Dans l'agenda surchargé, une dernière période restait libre: au saut du lit, l'heure du petit déjeuner, l'esprit endormi, on ne pouvait être là pour personne. De l'histoire ancienne! Désormais, entre 7h30 et 10 heures, les petits déjeuners dits «d'affaires» ou «de travail» remplissent les salles à manger des palaces parisiens.

Tête-à-tête confidentiels, tables rondes ou salons privés équipés de rétroprojecteurs, Ritz, Plaza et Méridien multiplient formules et services pour fidéliser cette clientèle. Industriels ou financiers, cadres ou chefs d'entreprises, tout le monde est d'accord: «Le petit déjeuner d'affaires, c'est la convivialité rentable, permettant de rencontrer les clients sur un terrain neutre, hors de leur contexte professionnel. Et sans le téléphone. Avant le stress du bureau, ils sont plus disponibles.» Gain de temps aussi: «Alors qu'un déjeuner dure rarement moins de deux heures, là, en soixante minutes maximum, tout doit être dit. On va à l'essentiel.» Le déjeuner d'affaires serait-il mort? Pas vraiment. «On alterne ou on cumule.» Même si le folklore du repas arrosé, avec apéritif, pousse-café et après-midi somnolente tombe en désuétude, «le matin, on expose, on présente, mais c'est au déjeuner qu'on conclut», affirme le responsable des banquets du Plaza.

La mode est lancée. 25 000 couverts l'an passé au Crillon. 100 à 150 tous les jours au George-V où chaque table tourne deux à trois fois. Le marché du petit déjeuner se porte bien.

■ *D'après le Nouvel Observateur, 7-13 septembre 1989*

---

2. surchargé/e : très plein/e   **3. le saut du lit :** le lever   **4. endormi :** pas bien réveillé   **9. le palace :** *ici* hôtel de luxe   **10. confidentiel :** en secret, privé   **12. multiplier qqch :** proposer qqch en grand nombre, développer une offre   **13. fidéliser qqn :** encourager qqn à revenir souvent   **17. la convivialité :** *ici* le plaisir de manger ensemble   **19. le contexte :** *ici* le milieu, l'environnement   **21. disponible :** libre   **22. le gain → gagner**   **27. alterner entre qqch et qqch :** changer à chaque fois   **27. cumuler deux choses :** les faire en même temps   **28. le repas** **arrosé :** où on boit de l'alcool, du bon vin   **29. le pousse-café :** alcool ou liqueur servi/e après le café, à la fin du repas   **29. somnolent/e :** où on s'endort   **30. tomber en désuétude :** être démodé/e, se dit de qqch qu'on fait de moins en moins   **32. conclure qqch :** terminer   **34. lancer une mode :** devenir une mode, une habitude pour beaucoup de gens   **34. le couvert :** *ici* personne qui mange au restaurant   **36. tourner :** *ici* être utilisé/e   **38. bien se porter :** être en bonne santé

---

12 | Complétez le tableau suivant:

PETITS DÉJEUNERS D'AFFAIRES			
Clientèle:	a.		b.
	c.		d.
Horaires:			
Durée:			
Avantages:	1.		
	2.		

13 *Jeu de rôles*

De la classe . . . à la table: Organisez un repas d'affaires!

a **Situation:** Un contrat « intéressant » pour l'entreprise Merlin se prépare. Afin de discuter des termes du contrat, deux journées de travail sont organisées. Les directeurs des entreprises concernées se rencontrent:
– M. Merlin,
– M. Oliveira, le client,
– M. Belmar, le sous-traitant,
– Mme Goupil, représentante de l'entreprise Merlin au Portugal.
La secrétaire de M. Merlin, Mme Leroi, prépare cette rencontre.
Le soir de leur arrivée à Paris, M. Merlin invite ses partenaires au restaurant pour faire connaissance. Les discussions au sujet du contrat n'auront lieu que le lendemain.

b Avant l'arrivée des partenaires de M. Merlin, Mme Leroi est chargée de faire des réservations. Prenez les rôles de Mme Leroi et des employés de l'hôtel Méridien et du restaurant. Jouez les dialogues.

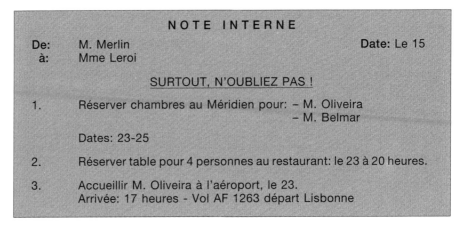

```
               N O T E   I N T E R N E
De:    M. Merlin                          Date: Le 15
à:     Mme Leroi

              SURTOUT, N'OUBLIEZ PAS !

1.     Réserver chambres au Méridien pour: – M. Oliveira
                                           – M. Belmar

       Dates: 23-25

2.     Réserver table pour 4 personnes au restaurant: le 23 à 20 heures.

3.     Accueillir M. Oliveira à l'aéroport, le 23.
       Arrivée: 17 heures - Vol AF 1263 départ Lisbonne
```

c **Le repas**
– Choisissez votre rôle
– Lisez la description de votre personnage et préparez-vous à l'interpréter.
– Ce soir, pas de thèmes professionnels approfondis! Vous faites connaissance.
  (Vous trouverez un menu à la p.96).

Voici des idées pour animer la conversation:

Votre voyage s'est mal passé.

Vous avez eu le temps de faire des achats dans les grands magasins.

Vous connaissez très bien la France.

Vous êtes satisfait de votre hôtel.

Vous y passez souvent vos vacances.

Vous aimez les voyages. Les différences culturelles vous passionnent.

Vous appréciez beaucoup la cuisine française.

Voilà l'occasion d'échanger vos idées sur l'économie et la politique en France, au Portugal, en Europe.

Merlin Composants informatique

Jacques Merlin
Directeur

118 avenue Foch, F 75016 Paris
Tél. 43 86 34 17 Télécopie 43 86 04 70

- Vous accueillez vos invités.
  Mme Goupil, la représentante de
  votre firme, vous présente le
  client, M. Oliveira.
  Présentez M. Belmar.
- Mettez vos invités à l'aise.
  Conseillez-les pour choisir leur
  menu et commandez les vins.
- Animez la conversation.

Merlin Composants informatique

Anne Goupil
Représentante

118 avenue Foch	Rua de Entreparades 52
F 75016 Paris	1200 Lisboa
Tél. 43 86 34 17	Tel. 460 18 82
Fax 43 86 04 07	Fax 460 20 36

- Présentez M. Oliveira, le client, à
  M. Merlin. Faites connaissance avec
  M. Belmar.
- Vous avez le goût des contacts
  humains et vous aimez les voyages.

ELVA**S**

Antoño Oliveira
Director comercial

| Avenida Alváres Carval 112 | Tel. 881 02 64 |
| 1200 Lisboa | Fax 881 04 72 |

- Faites connaissance avec M. Merlin
  et avec M. Belmar.
- Parlez de vous-même et de votre
  entreprise.
- Cherchez à mieux connaître
  M. Belmar: un Français à Taïpé,
  comme c'est curieux!

ANDRÉ BELMAR
Directeur Général

Montage informatique

| Taïpé - B.P. 750 | Tel. 847 635 |
| Taïwan | Fax 843 691 |

- Vous êtes très heureux de revoir
  M. Merlin, un vieil ami et collègue.
  Faites connaissance avec les autres
  invités.
- Parlez de votre vie à Taïpé et de
  votre entreprise que Mme Goupil
  et M. Oliveira ne connaissent pas.

Les suggestions du sommelier

BEAUJOLAIS BLANC 1989
(CAVES DES VIGNERONS DE LIERGUES) 120 F

BANDOL 1982 DOMAINE DE TERREBRUNE
(DELILLE) 220 F

CH. LAROSE TRINTAUDON 1987,
MÉDOC 100 F

L'ENTRÉE DU JOUR
ROSACE D'ARTICHAUT À L'HUILE DE NOIX
SALADE DE SAUMON MARINÉ
À LA CRÈME DE CIBOULETTE

❧

LE PLAT DU JOUR
DOS DE DAURADE RÔTI À L'AIL DOUX
CŒUR DE FILET GRILLÉ, BÉARNAISE

❧

CORNE D'ABONDANCE AUX FRAMBOISES, CRÈME LÉGÈRE
GLACE AU MIEL ET À LA GENTIANE
DOUCEUR AUX DEUX CHOCOLATS

❧

CAFÉ
ET MIGNARDISES

Menu à 290 F

(boissons non comprises)
(taxes 18,6% et service 15% compris)

Documents

Le TGV en France

Grâce au TGV, la France se rétrécit, comme en témoignent ces quelques horaires qui «décoiffent»...

● Dès maintenant:
Paris-Lyon: 2h;
Paris-Grenoble: 3h10;
Paris-Nice: 6h58.
Paris-Rennes: 2h05;
Paris-Bordeaux: 2h58;
Paris-La Rochelle: 3h;
Paris-Bayonne: 4h33.

Les premières lignes:
Paris-Lille: 1h (en 1993).
Depuis 1994, le TGV contourne Paris. On pourra bientôt aller de: Lyon à Rennes en 4h08; Lille à Lyon en 3h10; Lille à Bordeaux en 4h23; Lille à Marseille en 5h33; Lille à Montpellier en 5h33 également.

et en Europe

Vers les années 2000-2010, Paris se trouvera au centre d'un réseau de lignes de trains à grande vitesse, raccordant les capitales et grandes villes européennes. En voici un aperçu:
Paris-Londres: 2h30;
Paris-Cologne: 3h;
Paris-Francfort: 3h;
Paris-Hambourg: 6h30;
Paris-Berlin: 7h30;
Paris-Madrid: 8h;
Paris-Vienne: 8h20;
Paris-Rome: 8h30;
Paris-Stockholm: 12h;
Paris-Lisbonne: 14h.

---

3. (se) rétrécir : devenir plus petit **3. témoigner de qqch :** montrer, prouver qqch **5. décoiffer** (fam.) : étonner **17. contourner qqch :** passer autour de qqch sans le toucher **27. le réseau :** *ici* l'ensemble des lignes de chemin de fer **28. raccorder qqch à qqch :** relier qqch à qqch/mettre en communication **31. un aperçu :** un résumé

Air Inter pas si cher...

«La France présente avec Air Inter la première Compagnie européenne pour le transport aérien intérieur, performance reconnue par tous les professionnels du transport aérien.

Une politique constante de bas tarif et de desserte dense adaptée à la vie économique est à l'origine de ce résultat.

Savez-vous que les lignes domestiques allemandes sont en moyenne 36,5% plus chères que les lignes d'Air Inter pour les tarifs de base, et 43,5% plus chères pour les tarifs réduits; les tarifs intérieurs britanniques sont, quant à eux, plus chers en moyenne que ceux d'Air Inter de 17,5% pour la tarification de base et de 32% pour les tarifs réduits. Quelques exemples concrets de tarifs pan-européens comparés à ceux d'Air Inter (à distances similaires):

● Un billet Paris-Genève (409 km) vaut au tarif de base (Y) 1175 F. Un Paris-Grenoble Air Inter (434 km) 630 F. Les tarifs vacances (aller-retour) sont respectivement 965 F et 450 F. Les tarifs les plus bas (aller-retour) 610 F et 420 F.

● Un Paris-Milan (643 km) vaut au tarif de base (Y) 1695 F. Un Paris-Marseille Air Inter (626 km) 735 F. Les tarifs vacances (aller-retour) sont respectivement 1715 F et 660 F, les tarifs les plus bas (aller-retour) 1230 F et 530 F.

L'idée reçue du <Paris-Nice la ligne la plus chère du monde> est fausse. Merci de bien vouloir en informer les lecteurs.»

Jeanne BURTON, directrice de la communication d'Air Inter

■ *D'après Affaires Économiques, septembre 1989*

---

10. la desserte dense : de nombreuses villes sont reliées par le réseau **15. domestique :** intérieur **16. en moyenne :** le chiffre qui tient le milieu entre deux autres **29. comparer qqch à qqch :** mettre en rapport deux choses **30. similaire :** identique, égal/e **50. l'idée** (f.) **reçue :** le préjugé, le cliché

De votre porte à votre avion

Prendre un avion à Orly ou à Roissy lorsqu'on vient de Reims relève du parcours
5 du combattant. Au programme: taxi, train et encore taxi, voire hôtel pour attraper certains vols du matin! Pour éviter cette
10 équipée onéreuse et désagréable, Alain Delaunay a créé «Ligne directe» en novembre 1988. Il assure sept jours sur sept, en Renault
15 Espace, une ligne entre Reims et les aéroports parisiens. «Nous n'attendons pas d'être complets pour partir, affirme Alain Delau-
20 nay; nous aidons nos clients à l'enregistrement de leurs bagages, et surtout nous revenons les chercher à leur retour. Nous attendons même si l'avion a du 25 retard.» Pour 220 francs, une navette vous emmène de votre porte jusqu'à l'aéroport de votre choix. Cette jeune société a pour clients 30 BSN, Schlumberger, EDF et la plupart des maisons de champagne. Ligne directe a dû réaliser un chiffre d'affaires de 1 million de 35 francs en 1989. Alain Delaunay envisage désormais d'exporter son activité dans d'autres villes. D'ici un ou deux ans, il prévoit 40 de vendre des contrats de savoir-faire sous forme de franchises participatives.

■ *A pour Affaires Économiques N° 1, septembre 89*

4. relever de qqch : être la même chose que   **4. le parcours du combattant :** chemin avec beaucoup d'obstacles   **7. voire :** éventuellement   **8. attraper qqch :** prendre   **9. éviter qqch :** chercher à ne pas rencontrer qqch   **10. une équipée :** une aventure   **10. onéreux/-euse :** cher/ère   **18. complet :** plein   **27. la navette :** *ici* le véhicule qui assure régulièrement le transport entre deux points   **27. emmener qqn de-à :** *ici* transporter qqn d'un lieu à un autre   **37. envisager qqch :** projeter qqch, prévoir qqch   **41. la franchise :** (voir p. 132)

Comparaison des tarifs aériens européens:

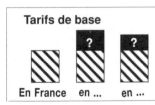

Vous avez lu ces trois articles. Pouvez-vous compléter les tableaux suivants?

Exemples de tarifs aériens européens:

Tarifs	Y			Y
Départ				
Destination	Genève			Marseille
Nombre de km		434 km	643 km	
Prix		965 F		

De votre porte à votre avion

Entreprise Ligne Directe
Date de création : ....
Adresse : ....
Activité : ....
Directeur : ....
Clients : ....
Description du service
Navette entre : ....
Jours : ....
Heures : ....
Prix : ....

De la théorie à la pratique

Vous devez rencontrer un collègue français à Bordeaux. Vous prenez l'avion et vous arrivez à l'aéroport de Roissy, au nord de Paris. Comment allez-vous continuer votre voyage? Par avion ou en TGV? Comparez ces deux moyens de transport (prix, vitesse, confort, services, etc.) et faites votre choix.

AIR INTER

Vous arrivez à l'aéroport de Roissy–Charles de Gaulle et votre avion pour Bordeaux part de l'aéroport d'Orly, au sud de Paris.
Prix du billet Paris-Bordeaux, aller simple:
plein tarif: 735 F
tarif réduit: 515 F

PARIS–BORDEAUX 60 mn

Départ	Arrivée	Jours	N° Vol
0705W	0805	1 2 3 4 5	IT 571 A
0725 B	0840	6	IT 017 J
0845W	0945	1 2 3 4 5 6 7	IT 671 V
0855B	1010	1 2 3 4 5	IT 117 J
1215B	1325	1 2 3 4 5 7	IT 217 V
1320W	1420	1 2 3 4 5 6 7	IT 771 V
1445B	1555	6	IT 317 V
1530B	1645	1 2 3 4 5	IT 417 J
1600W	1700	1 2 3 4 5 6 7	IT 971 A
1720W	1820	1 2 3 4 5 6 7	IT 081 V
1755W	1855	2 3 4 5	IT 181 V
1915W	2015	1 2 3 4 5 7	IT 281 A
2020W	2120	1 2 3 4 5 6 7	IT 481 A
2120W	2220	1 2 3 4 5 7	IT 581 V
2140B	2250	1 2 3 4 5 7	IT 517 V
2230G	2340	2	UT 831 J
2300G	2359	2	UT 831 J

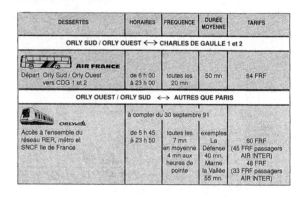

DESSERTES	HORAIRES	FREQUENCE	DURÉE MOYENNE	TARIFS
ORLY SUD / ORLY OUEST ←→ CHARLES DE GAULLE 1 et 2				
AIR FRANCE Départ Orly Sud / Orly Ouest vers CDG 1 et 2	de 6 h 00 à 23 h 00	toutes les 20 mn	50 mn	64 FRF
ORLY OUEST / ORLY SUD ←→ AUTRES QUE PARIS				
ORLYVAL Accès à l'ensemble du réseau RER, métro et SNCF Ile de France	à compter du 30 septembre 91 de 5 h 45 à 23 h 50 toutes les 7 mn en moyenne 4 mn aux heures de pointe	exemples La Défense 40 mn. Marne la Vallée 55 mn.	60 FRF (45 FRF passagers AIR INTER) 48 FRF (33 FRF passagers AIR INTER)	

LE TGV

PARIS ▶ BORDEAUX ▶ TOULOUSE

RESA 300 □ 1 ■ Pour connaître le prix correspondant à la couleur de votre RESA 300, □ 2 ■ consultez le tableau "Prix des Relations" p. 64 et 65. □ TGV ne circulant pas ce jour-là.

Possibilités de correspondances : à Angoulême pour Saintes et Royan, à Libourne pour Bergerac, à Bordeaux pour Mont-de-Marsan. Renseignez-vous avant votre départ.

N° du TGV		8401	8405	8507 8509	8407	8409	8515	8419	8421 8521	8423	8423	8527	8433	8537	8441	8543 6545	8549	8453	8557	8559	8565	8471	8469	8477	8481	8489	8597	8499
Particularités																											(1)	(2)
Restauration																											*	*
Paris-Montparnasse 1-2	D	6.50	7.10	7.55	8.15	8.30	10.00	10.45	11.50	11.55	11.55	12.45	13.55	14.00	15.25	15.55	17.00	17.15	17.40	17.45	18.30	18.50	18.50	19.30	20.00	21.30	23.15	23.55
Saint-Pierre-des-Corps	A			8.51	9.11			11.41					14.51		16.21			18.11					19.46				0.10	0.51
Châtellerault	A				9.40								15.21					18.41				20.16						
Poitiers	A		8.40		9.58	9.58		12.22		13.23	13.23	14.13	15.38		17.01			18.58				20.18	20.33		21.28	22.58	0.56	1.31
Angoulême	A		9.27		10.45	10.45		13.08		14.11	14.11	15.00	16.25		17.47			19.49	19.52			21.04	21.19		22.15	23.45	2.02	2.17
Libourne	A				11.26	11.26		13.48							18.28							21.45	22.01					
Bordeaux	A	9.48	10.24	11.08	11.46	11.46	12.58	14.08	14.48		15.07	15.57	17.22	16.58	18.48	18.53	19.58		20.48	20.45	21.28	22.06	22.22	22.28	23.12	0.42	3.22	3.13
Agen	A		a		a	a		a				a		b		b	b	21.03		b	b		a	a				
Montauban	A		a		a	a		a				a		b				21.42					a	a				
Toulouse	A		a		a	a		a				a		b				22.10					a	a				

Prix du billet Paris-Bordeaux, aller simple, plein tarif,   en 1ère classe: 404 F,
en 2ème classe: 269 F

CHARLES DE GAULLE ↔ PARIS					
AIR FRANCE					
Départ CDG 1 et 2 vers - Arc de Triomphe/Étoile	de 6 h 00 à 23 h 00	toutes les 15 mn	40 mn	1 personne 38 FRF 3 personnes 90 FRF 4 personnes 115 FRF
- Porte Maillot	de 6 h 00 à 23 h 00	toutes les 20 mn	40 mn	enfant - 4 ans accompagné : gratuit
Départ CDG 2 vers Montparnasse	de 7 h 00 à 19 h 30			1 personne 62 FRF 2 personnes 140 FRF 3 personnes 165 FRF
ROISSY RAIL Train SNCF + ADP Navette Aéroports De Paris					
Départ CDG 1 et 2 vers - Gare du Nord - Châtelet les Halles - Luxembourg - Denfert-Rochereau	de 5 h 00 à 23 h 59	toutes les 15 mn	35 mn pour Gare du Nord	29 FRF
BUS RATP 350					
Départ CDG 1 et 2 vers - Gare du Nord - Gare de l'Est	de 6 h 00 à 23 h 51	toutes les 15 mn heures de pointe. toutes les 30 mn heures creuses.	50 mn	19,80 FRF 6 tickets
BUS RATP 351					
Départ CDG 1 et 2 vers - Place de la Nation	de 6 h 13 à 21 h 15	toutes les 30 mn	55 mn	19,80 FRF 6 tickets

■ LE TÉLÉPHONE

Dans le TGV Atlantique, vous pouvez passer des coups de fil privés et professionnels
5 partout en Europe, dans les DOM-TOM et même au Canada, en Amérique du Nord et au Japon. Dans chaque rame, sont installés trois
10 publiphones faisant appel à la technique du radiotéléphone, «Radiocom 2000».
Une cabine se trouve en première classe, une autre en
15 seconde classe et la dernière au Bar.
À 300 km/h, vous établissez votre communication en utilisant votre carte Pastel ou vo-
20 tre télécarte habituelle, (50 ou 120 unités).
Si celle-ci arrive en fin de crédit, vous avez la possibilité d'en acheter une nouvelle au
25 Bar.

■ LE SALON

Cet espace situé à l'extrémité de la voiture permet à des groupes (jusqu'à huit
5 personnes) de voyager ensemble en toute tranquillité.
Huit fauteuils recouverts de tissu gris ligné harmonieusement choisi, sont disposés
10 en demi-ovale.
Vous êtes séparés du reste de la voiture Coach par une porte coulissante opaque.
Installé en zone non-
15 fumeurs, cet espace à la fois convivial et pratique se prête bien à vos besoins d'hommes d'affaires désireux de travailler pendant le voyage.
20 À cet effet, des tablettes individuelles amovibles peuvent être installées à votre demande, pour que vous puissiez confortablement pren-
25 dre des notes.

3. **passer un coup de fil** (fam.) : téléphoner   9. **la rame** : le train
10. **le publiphone** : la cabine téléphonique   10. **faire appel à qqch** : utiliser qqch   22. **arriver en fin de crédit** : ne plus être valable

2. **à l'extrémité de** : au bout de, à la fin de   8. **le tissu ligné** : dont le motif est fait avec des lignes
9. **être disposé/e** : être placé/e
13. **la porte coulissante** : une porte qui s'ouvre en glissant sur le côté   13. **opaque** : qui ne laisse pas passer la lumière   16. **convivial** : *ici* qui facilite les rapports entre les personnes   16. **se prêter à qqch** : correspondre à qqch, s'adapter à qqch   18. **désireux/-euse** : qui désire   20. **à cet effet** : pour cela, dans ce but   21. **amovible** : que l'on peut changer de place

Parlons chiffres

DOSSIER 3

7

Module

Les besoins des consommateurs:

Faites votre étude de marché!

Thèmes:	– Études de marché
	– Consommateurs: groupes et positions
	– Répartition du budget des ménages
	– Pays en chiffres
Actes de parole:	– S'adresser à un public
	– Présenter des démarches
	– Présenter des chiffres:
	• exprimer l'ordre de grandeur
	• exprimer l'approximation
	• exprimer l'équivalence
Correspondance:	– Rapport de situation

1 Complétez avec un des verbes suivants:

décrire, distinguer, mettre en évidence, examiner, citer, donner priorité, illustrer.

– Pouvez-vous . . . . le nouveau produit en détail?

– Je vais . . . . ce dossier, puis je vous dirai ce que j'en pense.

– Ne confondons pas les problèmes. Il est nécessaire de . . . .

l'aspect financier de l'aspect technique.

– Pour . . . . ces tendances, voici des chiffres.

– Je . . . . Giscard d'Estaing qui a dit: «La vie n'est pas rose; ce sont les

lunettes qui le sont.»

– Ces recherches . . . . une attitude nouvelle:

le souci de la santé.

– Limitons nos dépenses publicitaires: . . . .

aux produits qui en ont le plus besoin.

2 Remplissez le bon de commande suivant pour une livraison de:

– 100 litres d'eau d'Évian: 4 F/litre.   – 50 litres de tonic: 11 F/litre.
– 150 litres de Perrier: 8 F/litre.   – 20 litres d'Orangina: 12 F/litre.
– 20 litres de jus d'orange: 12 F/litre.

BON DE COMMANDE			
	Quantité	**Prix unitaire**	**Total**
Eaux plates			
Eaux gazeuses			
Boissons pétillantes			
Jus de fruits			
PRIX TOTAL:			

3 Écoutez la cassette puis complétez les documents suivants:

Note de Service

De: M. Robert   Date: 9/10
À: Service Marketing
Objet: Prochaine réunion Marketing

Mme Lacroix vous parlera de:

1. . . . .

2. . . . .

3. . . . .

CONSOMMATEURS

○   enfants

○   sportifs

○   écologistes

○   familles

○   jeunes femmes

○   chômeurs

Indiquez les pourcentages des personnes qui consomment:

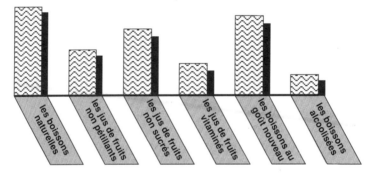

les boissons naturelles — les jus de fruits non pétillants — les jus de fruits non sucrés — les jus de fruits vitaminés — les boissons au goût nouveau — les boissons alcoolisées

L'étude du marché des boissons fruitées

– Mme Lacroix va vous présenter les résultats de l'étude du marché. Mme Lacroix, je vous donne la parole.

– Mesdames, Messieurs, bonjour. Nous avons réalisé, comme vous nous l'avez demandé, des recherches sur les boissons fruitées non alcoolisées. Tout d'abord, je vous parlerai des consommateurs de ces boissons. Ensuite, je me tiendrai à votre disposition pour répondre à vos questions. Et finalement, après une pause, nous nous retrouverons pour examiner les firmes concurrentes sur le marché français.

Commençons, si vous le voulez bien, par les consommateurs.
Nous en avons distingué trois types:

• Premièrement, les familles avec enfants qui forment, bien entendu, la majorité des consommateurs.

• Deuxièmement, les sportifs, groupe nouveau et en pleine expansion.

• Troisièmement, les personnes soucieuses de leur santé et de leur ligne.

Ces deux derniers groupes prennent de plus en plus d'importance. Vous savez bien que la qualité de la vie, et en particulier la santé, sont des thèmes très actuels.

Pour illustrer cette remarque, je vais vous citer des chiffres . . . . Nous avons fait une enquête auprès de 2 000 personnes pour connaître leurs goûts et leurs désirs. Voici les résultats:

80 % d'entre elles donnent la priorité aux boissons naturelles,

33 % choisissent des jus de fruits non pétillants,

52 % pensent que les jus de fruits sans sucre sont meilleurs pour la santé,

24 % souhaitent boire des jus de fruits vitaminés,

74 % désirent consommer des boissons non alcoolisées au goût nouveau,

11 % préfèrent les boissons alcoolisées.

Ces chiffres mettent bien en évidence une demande très nette pour les produits naturels et sains.

Avant d'aborder mon deuxième point, je serais heureuse de répondre à vos questions....

exploitation

Voici comment présenter votre démarche:

– Tout d'abord/Premièrement/En 1er lieu/Pour commencer, je vous décrirai . . . .
– Ensuite/Deuxièmement/En 2ème lieu/Après/Pour continuer, nous parlerons de ....
– Finalement/Troisièmement/Pour finir/Pour terminer, nous examinerons . . . .

4 | Vous faites une étude de marché. Dans quel ordre réalisez-vous ces tâches?

(D'abord/ensuite / . . . .)

a – Faire l'enquête
b – Préparer le questionnaire
c – Rédiger un rapport de synthèse
d – Analyser les résultats
e – Choisir le groupe de consommateurs à interroger

5 | *Situation*

On vous charge d'organiser une campagne publicitaire pour votre entreprise qui lance sur le marché: – une crème à bronzer
– un shampooing.

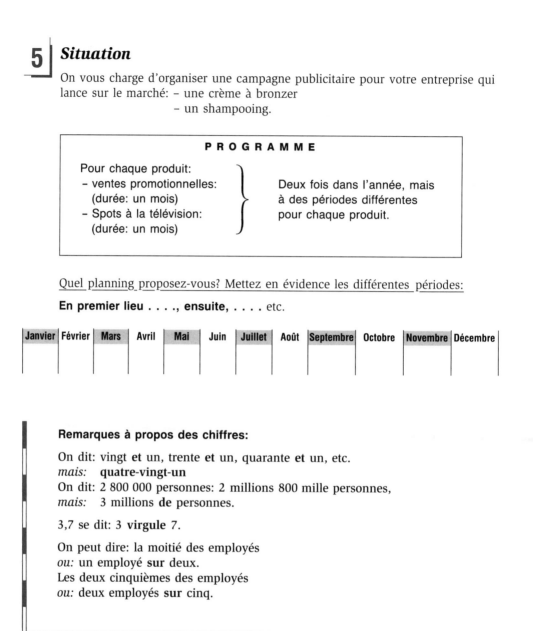

PROGRAMME

Pour chaque produit:
– ventes promotionnelles:
(durée: un mois)
– Spots à la télévision:
(durée: un mois)

} Deux fois dans l'année, mais à des périodes différentes pour chaque produit.

Quel planning proposez-vous? Mettez en évidence les différentes périodes:

En premier lieu . . . ., ensuite, ... etc.

| Janvier | Février | Mars | Avril | Mai | Juin | Juillet | Août | Septembre | Octobre | Novembre | Décembre |

Remarques à propos des chiffres:

On dit: vingt **et** un, trente **et** un, quarante **et** un, etc.
mais: **quatre-vingt-un**
On dit: 2 800 000 personnes: 2 millions 800 mille personnes,
mais: 3 millions **de** personnes.

3,7 se dit: 3 **virgule** 7.

On peut dire: la moitié des employés
ou: un employé **sur** deux.
Les deux cinquièmes des employés
ou: deux employés **sur** cinq.

6 | *Pays en chiffres*

a Calculez la population totale des cinq pays membres de l'espace économique européen (E.E.E.), leur P.I.B. total, le total des exportations vers la C.E.E., le total des importations provenant de la C.E.E., et le total des échanges avec la France.

b Comparez ces chiffres avec les chiffres de l'ensemble de la C.E.E.

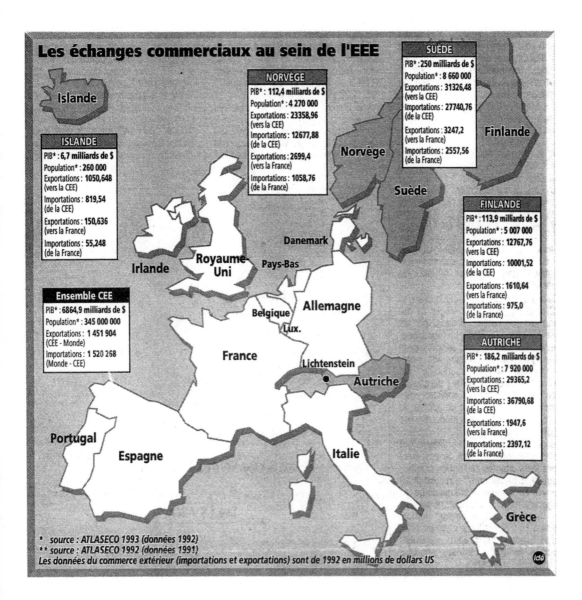

Les échanges commerciaux au sein de l'EEE

Islande

NORVÈGE
PIB* : 112,4 milliards de $
Population* : 4 270 000
Exportations : 23358,96
(vers la CEE)
Importations : 12677,88
(de la CEE)
Exportations : 2699,4
(vers la France)
Importations : 1058,76
(de la France)

SUÈDE
PIB* : 250 milliards de $
Population* : 8 660 000
Exportations : 31326,48
(vers la CEE)
Importations : 27740,76
(de la CEE)
Exportations : 3247,2
(vers la France)
Importations : 2557,56
(de la France)

Finlande

ISLANDE
PIB* : 6,7 milliards de $
Population* : 260 000
Exportations : 1050,648
(vers la CEE)
Importations : 819,54
(de la CEE)
Exportations : 150,636
(vers la France)
Importations : 55,248
(de la France)

Norvège

Suède

FINLANDE
PIB* : 113,9 milliards de $
Population* : 5 007 000
Exportations : 12767,76
(vers la CEE)
Importations : 10001,52
(de la CEE)
Exportations : 1610,64
(vers la France)
Importations : 975,0
(de la France)

Danemark

Royaume-Uni

Irlande

Pays-Bas

Allemagne

Belgique

Lux.

Ensemble CEE
PIB* : 6864,9 milliards de $
Population* : 345 000 000
Exportations : 1 451 904
(CEE - Monde)
Importations : 1 520 268
(Monde - CEE)

France

Lichtenstein

Autriche

AUTRICHE
PIB* : 186,2 milliards de $
Population* : 7 920 000
Exportations : 29365,2
(vers la CEE)
Importations : 36790,68
(de la CEE)
Exportations : 1947,6
(vers la France)
Importations : 2397,12
(de la France)

Portugal

Espagne

Italie

Grèce

* source : ATLASECO 1993 (données 1992)
** source : ATLASECO 1992 (données 1991)
Les données du commerce extérieur (importations et exportations) sont de 1992 en millions de dollars US

Voici comment exprimer le nombre ou l'ordre de grandeur:

80%	c'est-à-dire	la majorité / la plupart
50%	soit	la moitié
55%	autrement dit	un peu plus de la moitié
30%	en d'autres termes	un peu moins du tiers
26%		environ le quart / à peu près le quart
10%		une minorité

7 Reportez-vous au texte p. 105 afin de répondre à ces questions.

Combien d'entre eux . . . .   – donnent la priorité aux boissons naturelles?
80%, c'est-à-dire . . . . ?   – choisissent des jus de fruits non pétillants?
                                  – pensent que les jus de fruits sans sucre sont
                                    meilleurs pour la santé?
                                  – souhaitent boire des jus de fruits vitaminés?
                                  – désirent consommer des boissons non alcoolisées
                                    au goût nouveau?
                                  – préfèrent les boissons alcoolisées?

8 *Sondage*

Dans laquelle de ces monnaies auriez-vous le plus confiance? Voici les
réponses des Français:

	Les Français	Vous
Le deutsche Mark	20%	...
Le franc français	34%	...
La livre sterling	8%	...
La lire italienne	0%	...
Le franc suisse	12%	...
L'écu européen	24%	...

Commentez ce sondage en insistant sur les chiffres.
Commencez:
– 34% des Français, **soit le tiers** de la population, privilégient le franc français.
– 20% des Français, **autrement dit**...

Voici comment présenter la position:

Les boissons naturelles **arrivent**	**en tête,**
	en 1ère position,
	au 1er rang,

suivies par les boissons au «goût nouveau».

En 3ème position	
Au 3ème rang	se trouvent les boissons sans sucre.

Les jus de fruits non pétillants **se placent au 4ème rang.**
En dernière position, nous avons les jus de fruits pétillants.

9 Commentez ce tableau sur les dépenses budgétaires des ménages des pays suivants. Quel poste arrive en 1re position? Par quoi est-il suivi? etc.

LES dépenses des autres en %	Belgique	Dane-mark	Espagne	États-Unis	France	Italie	Japon	Royaume-Uni
• Produits alimentaires, boissons et tabac	19.1	21.3	22.0	13.1	19.4	21.7	20.4	21.1
• Habillement (y compris chaussures)	7.5	5.5	9	6.6	6.5	9.6	6.4	6.2
• Logement, chauffage, éclairage	16.7	27.4	12.6	19.3	18.8	14.3	19.2	19.5
• Meubles, matériel ménager, articles de ménage et d'entretien	10.9	6.5	6.6	5.6	8.1	8.8	6.1	6.9
• Services médicaux et santé	11	1.9	3.6	15.3	9.2	6.3	10.8	1.3
• Transports et communication	12.9	16.3	15.7	14.5	16.8	12.9	10.2	17.7
• Loisirs, spectacles, enseignement et culture	6.5	10	6.5	10	7.3	9.1	10.2	9.5
• Autres biens et services*	15.4	11.1	24	15.6	13.9	17.3	16.7	17.8

* Dépenses dans les restaurants, cafés, et hôtels, voyages touristiques.

■ *Source: Eurostat, structure de la consommation des ménages, 1989, in Francoscopie 1993.*

– Où dépense-t-on le plus pour le logement?
– Où dépense-t-on le plus pour le transport?
– Où dépense-t-on le plus pour les loisirs?
   etc.

10 *Rapport de synthèse: Un créneau pour un nouveau jeu?*

Voici les résultats d'une enquête sur les Français/es et leurs loisirs:

Activités:	Pourcentage des personnes qui ont cité cette activité
Aller au restaurant	25%
Recevoir / Être reçu	63%
Regarder la télévision	82%
Lire un journal / une revue régulièrement	79%
Écouter la radio	74%
Lire un livre par mois	31%
Sortir le soir	48%
Danser	29%
Aller au cinéma	19%
Visiter un château / un musée	40%
Visiter un salon / une foire	55%
Participer à une association	17%
Jouer à des jeux de société	18%

■ *D'après l'Insee, données sociales 1990*

a Regroupez ces activités selon les critères suivants:

Pratique individuelle	Pratique en groupe	Pratique chez soi	Pratique à l'extérieur	Culture	Autre

b Rédigez un rapport sur ces activités en indiquant l'ordre de préférence des Français/es.
Commencez: Selon l'étude que nous venons de réaliser, ... arrive en tête. Cette activité est suivie par . . . . etc..

c D'après votre rapport sur les loisirs des Français/es, y a-t-il un créneau pour un nouveau jeu? Si oui, lequel?
Pour conclure votre rapport, proposez un type de jeu qui vous semble pouvoir être vendu en très grand nombre. Justifiez vos arguments.

réalités

CONSOMMATION: LA NOUVELLE DONNE

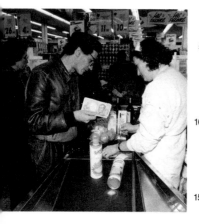

L'Europe des années 1990, qui deviendra celle des solitaires et des monoménages avec un développement du célibat, va créer de nouvelles donnes de consommation.

Pour le BIPE (Bureau d'informations et de prévisions économiques) les monoménages sont «un marché porteur» et ont un effet «dynamisant» sur certains secteurs comme le logement, l'équipement du foyer ou l'automobile.

L'Europe veut du temps libre: les couples «biactifs», pauvres en temps mais riches en argent, souhaitent faire le maximum d'achats avec un minimum de déplacements et se montrent sensibles à une plus grande flexibilité des horaires d'ouverture des magasins, en particulier le dimanche.

Le changement profond des habitudes de consommation a pour conséquence le déclin de certaines valeurs – alimentation, équipement du logement et habillement – et la hausse d'autres – logement, transports, télécommunications et loisirs.

2. la « nouvelle donne » : *ici* les nouvelles données **5. le monoménage :** *ici* personne ou famille qui consomme **12. le marché porteur :** un marché en plein développement **29. le déclin :** la baisse

■ *D'après l'Action économique, 20 juin 1989*

11

1 Lisez le texte, puis remplissez le tableau suivant:

Groupes de consommateurs	Définitions	Besoins
Monoménages		
Couples biactifs		

2 Quels autres groupes de consommateurs peut-on distinguer?
Quels sont leurs besoins?

3 D'après cet article, quelles sont les tendances de la consommation?
Classez les secteurs ci-dessous.

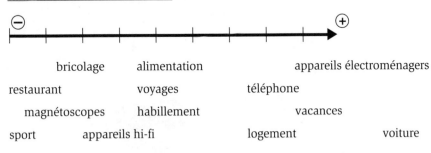

bricolage   alimentation   appareils électroménagers

restaurant   voyages   téléphone

magnétoscopes   habillement   vacances

sport   appareils hi-fi   logement   voiture

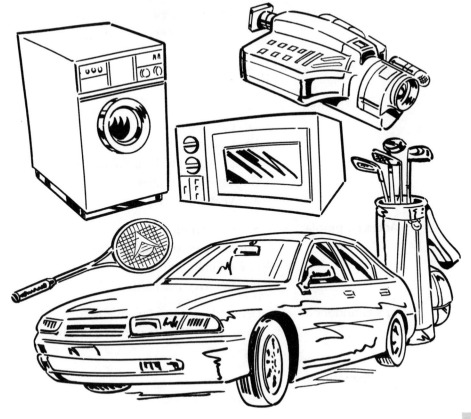

Analysons le marché:
L'évolution des ventes

NOUS ENTRAINONS, AINSI, NOTRE PERSONNEL A REBONDIR PARTOUT DANS LE MONDE !

Thèmes:	– La concurrence
	– Les parts du marché
	– Les tendances
	– Croissance / productivité industrielle
	– Créateurs d'entreprise
	– Nouveaux marchés
Actes de parole:	– S'adresser à un auditoire
	– Donner la parole à quelqu'un
	– Lire un graphique
	– Illustrer avec des chiffres
Correspondance:	– Demande de renseignements: possibilités d'implantation à l'étranger
	– Réponse
Structures:	– L'imparfait
	– Le passé composé

1 Complétez avec les mots suivants:

devise, part, gamme, nette, se partagent, détiennent.

– Le marché est entre les mains de trois concurrents. Ils . . . . le marché.

– Leurs ventes représentent respectivement 20, 30 et 50% du marché.

Ils . . . . respectivement 20, 30, et 50% du marché.

– Une firme étrangère lance un nouveau produit. D'après ses études, elle obtiendra

une . . . . de 25% de ce marché.

– Son produit répond à une demande très . . . . des consommateurs.

– C'est un produit nouveau qui ne fait pas partie de la . . . . offerte par

les concurrents.

– «Écouter le client»: Voilà la . . . . de cette compagnie.

2 Associez le mot à sa définition:

– une tendance   **a**   2 fois plus
– une évolution   **b**   apparaître
– émerger   **c**   3 fois plus
– tripler   **d**   une transformation progressive
– doubler   **e**   une orientation

3 Complétez avec les verbes suivants en les conjuguant si nécessaire:

aborder, constater, traiter, attirer l'attention, prouver.

Ce texte . . . . de stratégies commerciales. D'une manière générale,

l'auteur . . . . que les ventes peuvent être optimisées.

Pour débuter, il . . . . le sujet en prenant un exemple. De cette

manière, il . . . . sur les avantages des méthodes de vente et il

nous convainc vraiment, en nous . . . . leur efficacité.

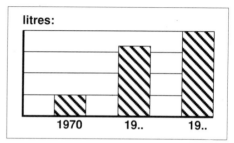

litres:

1970   19..   19..

4 Écoutez la cassette et complétez les tableaux suivants:

a **Consommation annuelle moyenne de boissons fruitées par personne:**

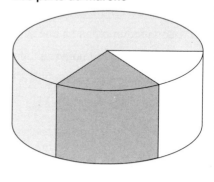

Les parts du marché

b Indiquez les parts et pourcentages de Bango, Gina, Fruity.

c Indiquez les pourcentages.

Gamme de produits offerte par:	Fruity	Bango	Gina
Jus de fruits naturels	. . . .	. . . .	. . . .
Jus de fruits pétillants	. . . .	. . . .	. . . .
Jus de fruits sans sucre	. . . .	. . . .	. . . .
Jus de fruits vitaminés	. . . .	. . . .	. . . .
Boissons au goût nouveau	. . . .	. . . .	. . . .

 # Deux points essentiels

Mesdames, Messieurs . . . . . . Je vous ai parlé des consommateurs. Restent deux points à traiter: la consommation et la concurrence. J'aimerais donc aborder maintenant le thème suivant: l'évolution de la consommation de boissons fruitées en France. Voici un schéma . . . . Ce schéma représente la consommation annuelle moyenne par personne. Comme vous le voyez: en 1970, un Français consommait 10 litres de boissons fruitées. En 1989, il en buvait 32 litres. En 1994, 40 litres.
J'attire votre attention sur ces chiffres. De 1970 à 1989, la consommation a triplé. Et de 1989 à 1994, c'est-à-dire en deux ans, elle a augmenté de 30%. On peut constater, par contre, pour les mêmes périodes, une diminution de la consommation de bière, boisson qui, comme tout le monde sait, fait grossir. Ces tendances prouvent bien l'émergence d'un nouveau style de vie qui a pour devise «santé et jeunesse».

Venons-en à notre dernier point: la concurrence. Trois grandes marques se partagent le marché: Fruity arrive en 1ère position, puis viennent Bango et Gina au 2ème et 3ème rang. Fruity détient 56,5% du marché, Bango et Gina respectivement 29,5 % et 11,5 %. Une marque britannique arrive en dernière position avec une part de 2,5 % du marché.

Fruity offre deux produits: les jus de fruits «naturels» qui représentent 60% de ses ventes et les jus de fruits pétillants, le reste.

Bango commercialise trois produits: les jus de fruits naturels, soit 42% de ses ventes, les jus de fruits pétillants, soit 25%, les jus de fruits vitaminés, 33%.

Quant à Gina, cette entreprise est spécialisée dans les jus de fruits «naturels» ordinaires (12%), sans sucre (42%) et vitaminés (46%).

exploitation

Voici comment lire un graphique

En 1970, un Français **buvait** 10 litres de jus de fruits par an.
En 1989, la consommation annuelle **était de** 32 litres par personne.
En 1994, la consommation annuelle **atteignait** 40 litres par personne.

5 À vous! Lisez les graphiques suivants:

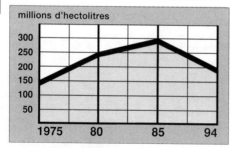

**Volume des ventes de boissons
fruitées pétillantes**

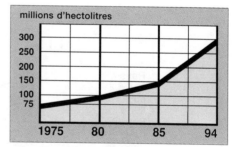

**Volume des ventes de
jus de fruits naturels**

De 1970 à 1989, la consommation **a augmenté de** 300%.
De 1980 à 1987, la consommation de bière **a stagné**.
De 1987 à 1994, la consommation de bière **a diminué de** 7%.

De 1970 à 1989, la consommation de boissons fruitées **a augmenté de** 300%.
Elle **est passée de** 10 à 32 litres par personne.

6

À vous! Lisez les graphiques suivants:

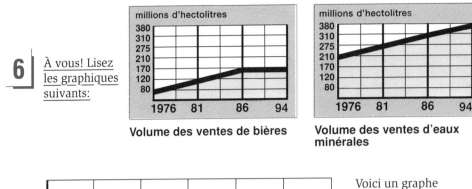

millions d'hectolitres

Volume des ventes de bières

millions d'hectolitres

Volume des ventes d'eaux minérales

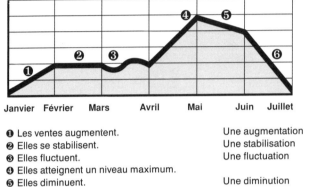

Janvier Février Mars Avril Mai Juin Juillet

Voici un graphe montrant l'évolution des ventes de cigarettes. Commentez-le.

❶ Les ventes augmentent.
❷ Elles se stabilisent.
❸ Elles fluctuent.
❹ Elles atteignent un niveau maximum.
❺ Elles diminuent.
❻ Elles chutent.

Une augmentation
Une stabilisation
Une fluctuation

Une diminution
Une chute

7

Citroën en Europe

Commentez l'évolution des ventes de Citroën dans ces quelques pays.

PRINCIPAUX MARCHÉS CITROËN				
(Nombre de véhicules vendus)				
Pays	**1965**	**1975**	**1984**	**1993**
FRANCE	309 136	271 667	224 056	179 220
R.F.A.	13 700	50 097	37 744	59 102
ESPAGNE	37 659	54 606	37 416	66 097
PAYS-BAS	14 643	28 328	22 139	20 453
BELGIQUE	21 999	29 996	21 813	20 397
SUISSE	5 528	11 398	9 689	6 620

8

Jeu à deux

Un des étudiants décrit les courbes du graphique A, l'autre les dessine. Changez de rôle pour le graphique B. Le graphique B se trouve à la fin du livre. Ne regardez pas le graphique que votre partenaire vous dicte!

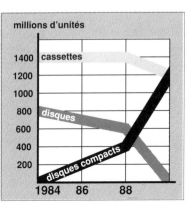

millions d'unités

cassettes
disques
disques compacts

1984 86 88

Graphique A: Volume des ventes de cassettes, disques et disques compacts.

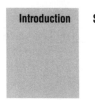

9 | *La France aujourd' hui – Une société postindustrielle*

Complétez avec:

atteint, passant de, augmentation, diminution (2x), augmente de, diminuent de, passe de... à, occupe, soit.

Le phénomène touche l'ensemble du monde occidental développé. Il est particulièrement spectaculaire en France où une désindustrialisation rapide succède à une industrialisation très lente.

Entre 1906 et 1968, la proportion de la population active employée par l'industrie . . . . 6,5 %, ... 32,5 % à 39 %. Un point culminant est alors . . . .
Une . . . . suit. Entre 1968 et 1986, le nombre des actifs industriels . . . . 39 % . . . 30,6 % de la population employée. En 18 ans, les effectifs du secteur secondaire . . . . 20 %.

POPULATION ACTIVE DANS L'INDUSTRIE

en % de la population active totale, BTP inclus

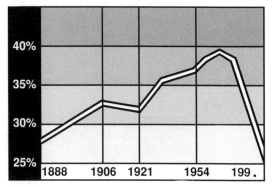

L' . . . . des activités de services est parallèle à la . . . . de celles de l'industrie. En 1986, le secteur tertiaire . . . . 62,2 % de la population active, ... deux fois plus que l'industrie.

■ *D'après l'Expansion, 21 octobre 1988*

10 | *Comment s'adresser à un public*

Voici des expressions utilisées dans les discours. Dans quels buts?
Classez-les dans le tableau suivant:

Introduction	Séquence	Attirer l'attention	Donner la parole	Conclusion

a Comme vous pouvez le voir sur ce tableau . . .
b Ensuite
c Je serais heureux/-se de répondre à vos questions.
d À présent, considérons . . .
e Bref, pour conclure . . .
f Je voudrais aborder avec vous le sujet . . . . .

g Venons-en à notre dernier point.
h Le graphique fait apparaître clairement que . . .
i Le but de cet exposé est de . . .
j J'attire votre attention sur la courbe.
k Ce qu'il faut retenir, . . .
l Je vous donne la parole, . . .
m La conclusion de tout cela est que . . .
n Les chiffres mettent en évidence que . . .

11 | *Comment présenter des chiffres ou des graphiques*

a Complétez les expressions à l'aide des éléments de la colonne de droite.

Je vais vous	en évidence . . .
Pour illustrer	apparaître clairement . . .
Ces chiffres mettent	votre attention sur la courbe.
Le graphique fait	cette remarque, voici des chiffres.
J'attire	citer quelques chiffres.

b Rédigez un discours sur l'évolution de la consommation des ménages français à l'aide du tableau suivant:

CONSOMMATION NATIONALE (en % du budget)					
	1959	**1970**	**1980**	**1988**	**2000** (estimations)
Alimentation	36,0	26,0	21,4	19,8	16,5
Habillement	9,3	9,6	7,3	6,8	5,1
Logement	9,3	15,3	17,5	18,9	19,0
Équipement du logement	11,2	10,2	9,5	8,2	8,7
Santé	6,6	7,1	7,7	9,3	16,4
Transports et télécommunications	9,3	13,4	16,6	16,9	15,7
Loisirs et culture	5,4	6,9	7,3	7,5	8,6
Divers	12,7	11,5	12,7	12,6	10,0
	100,0	100,0	100,0	100,0	100,0

■ *Source:* INSEE, *d' après Francoscopie 1991, Larousse*

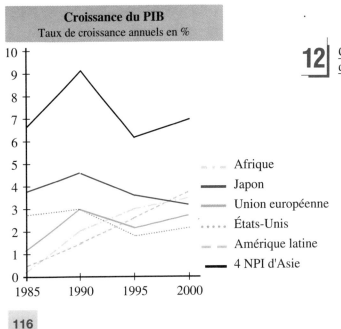

Croissance du PIB
Taux de croissance annuels en %

- - - Afrique
—— Japon
—— Union européenne
····· États-Unis
- - Amérique latine
—— 4 NPI d'Asie

12 | Commentez ce graphique à l'aide des expressions de l'exercice n° 11.

Les créateurs d'entreprise, des prédestinés

Créer son entreprise, c'est bien. Durer, c'est mieux. L'enquête menée par l'Agence nationale pour la créa-
5 tion d'entreprises (ANCE) auprès de 1 200 so-
ciétés nées entre début 1980 et fin 1987 cerne une catégorie particulièrement intéressante de créateurs: ceux
qui réussissent.

Le portrait-robot est assez précis: cadre ou indépen-
10 dant (56 %), fils d'indépendants (57 %), formation supérieure (48 %), âgé de 30 ans ou plus (74 %), expérience
professionnelle de plus de cinq ans dans une entreprise
de moins de cinquante salariés (70 %), il crée dans une
activité très proche de son ancien métier, choisit son lieu
15 d'implantation en fonction de sa famille, est aidé par son
entourage et, juridiquement, opte pour la société plutôt
que pour l'entreprise individuelle.

Il existe deux espèces de créateurs: les explorateurs et
les reproducteurs. Les explorateurs découvrent un
20 monde nouveau pour eux, ils manquent d'une «culture
quasi parentale» qui va bien au-delà d'une aide admi-
nistrative ou technique. Les explorateurs représentent
les deux tiers des aides sollicitées alors qu'ils ne créent
que 40 % des entreprises et 20 % des emplois.

25 Les reproducteurs sont ceux qui ont déjà un «acquis
social»; ils connaissent l'entreprise, ils n'ont pas un
besoin vital des aides publiques mais d'un soutien financier. Enfin, leur utilité sociale est incontestable: Ils créent
chacun, en moyenne, plus de dix emplois! S.G.

■ *D'après l'Expansion, 16 décembre 1988*

2. le / la prédestiné/e : personne dont le destin est fixé à l'avance
3. durer : continuer à exister
6. cerner qqch : étudier qqch
9. le portrait-robot : le cas typique **16. un entourage :** *ici* la famille, les connaissances
16. opter pour qqch : choisir qqch **23. solliciter qqch de qqn :** demander qqch à qqn
25. un acquis : ce qu'on possède → **acquérir 27. vital/e :** essen-tiel/le, très important/e **27. le soutien :** l'aide (f.) → **soutenir qqn =** aider qqn **28. incontestable :** certain/e, démontré/e

13 | Complétez les tableaux ci-dessous:

PORTRAIT-ROBOT DU CRÉATEUR D'ENTREPRISE QUI A RÉUSSI:	%
Profession antérieure:	
Profession des parents:	
Âge:	
Expérience professionnelle:	
Type d'entreprise créée:	

Types de créateurs	Type d'aide demandée	% d'entreprises créées	% d'emplois créés
Explorateurs			
Reproducteurs			

Comment les petites Françaises rachètent l'Europe

Les entreprises françaises ont racheté l'an passé une centaine de sociétés allemandes. Jusqu'alors, on ne comptait que 1 100 implantations françaises en Allemagne, contre 2 000 allemandes chez nous. Mais l'environnement a changé: il y a 10 ans, pour un Allemand, vendre son entreprise était impensable. Aujourd'hui, les offres se multiplient. C'est que là-bas aussi, les grands groupes se recentrent, et les dirigeants qui ont créé leur entreprise juste après la guerre arrivent à l'âge de la retraite. Officiellement, 1 424 entreprises allemandes ont changé de main en 1989 et le chiffre a été aussi élevé en 1990.

Un tiers de ces entreprises a été acquis par des entreprises étrangères. Les investisseurs français arrivent en quatrième position (c'est aussi leur classement pour les M&A* au niveau mondial), juste après les Américains, les Anglais et les Suisses.

L'acquisition de Klefisch en mars dernier avait pour objet de consolider la Mancelle de Fonderie, installée à Arnage, près du Mans, qui contrôle 95 % du marché français des montages de fours thermiques.

En 1987, ses dirigeants, Marc Genot et Wilfried Le Naour, font une analyse européenne de la profession: le marché, qui représente environ 600 millions de francs, est réparti entre une dizaine de concurrents, dont un Anglais et trois Allemands de taille comparable à la Mancelle. Un par un, ils les contactent. Rudolf Klefisch, qui possède et dirige toujours, à 82 ans, d'une manière très paternaliste la «Rolls Royce» allemande du secteur, refuse de vendre comme les autres. Les deux Français n'abandonnent pas. C'est seulement deux ans plus tard qu'une filiale du Crédit lyonnais trouvera une ouverture.

À 84 ans, Rudolf Klefisch s'est enfin décidé à vendre. Mais un Anglais et des Allemands souhaiteraient aussi racheter l'entreprise. Paradoxalement, seul le premier est dangereux. Car s'il choisit un de ses compatriotes, Rudolf Klefisch court le risque de voir son nom disparaître. Il ne veut pas confier son entreprise à ses concurrents de toujours. Les négociations durent 6 mois. Les deux Français gagnent. Ils ont su expliquer les synergies et les complémentarités géographiques qu'ils veulent développer, à l'échelle européenne, entre les deux marques. Il faut rassurer un homme qui pense d'abord à la continuité de son entreprise: outre-Rhin, les Français ont mauvaise réputation depuis que Thomson a découpé l'une de ses filiales allemandes; maintenant on pense qu'ils veulent jouer au Monopoly industriel.

L'aventure de la Mancelle de Fonderie, bien qu'exemplaire, n'est plus un cas isolé. Il n'est pas nécessaire de «peser» un milliard de francs pour attaquer l'Allemagne.

Pour connaître les opportunités du marché allemand, il faut passer par un intermédiaire. En Allemagne, celui-ci exige des honoraires très élevés, mais le Poste d'Expansion économique français de Francfort a pris une initiative intéressante pour faciliter l'accès des P.M.E. françaises au marché des fusions et acquisitions: pour un forfait de 4 000 francs, après avoir défini avec vous la meilleure stratégie d'approche du marché allemand et le profil de la cible idéale, il envoie votre demande à une cinquantaine de spécialistes en rapprochements (banques et conseils) et centralise leurs réponses. Si l'une d'elles vous intéresse, il vous met en contact avec le bureau concerné. Ce service «d'intermédiaires en intermédiaires» peut vous éviter d'engager de vraies mais inutiles dépenses. Après, c'est à vous de jouer!

* mot anglais: **Mergers & Acquisitions**

■ *D'après L'Entreprise n° 58, juillet-août 1990*

5. une implantation : une installation **9. impensable :** qu'on ne peut pas penser **17. acquis/e → acquérir :** *ici* acheter → **une acquisition :** *ici* un achat **24. consolider :** rendre plus solide, plus fort **25. la fonderie :** l'usine où on fond des métaux (le métal) → **fondre :** rendre liquide **27. le four :** appareil où on produit des températures élevées **31. réparti → répartir :** partager **39. abandonner :** laisser **46. le/la compatriote :** qqn qui vient du même pays **48. confier :** *ici* donner **49. la** négociation : une discussion pour arriver à un accord **53. à l'échelle** (f.) **:** *ici* au niveau **54. rassurer :** rendre la confiance/donner un sentiment de sécurité **56. la réputation :** l'idée que les autres ont de qqn **63. attaquer :** *ici* s'installer **65. un intermédiaire :** celui qui met en rapport deux personnes **67. élevé/e :** *ici* cher/ère **69. un accès :** l'entrée **71. le forfait** une somme fixe **75. les spécialistes en rapprochements → rapprocher :** *ici* mettre en rapport deux personnes/organismes

14 | *Comment les petites Françaises rachètent l'Europe*

Faites un résumé de cet article.

a **Pour vous aider, voici des expressions que vous pourrez employer:**

Dans l'introduction:

– Cet article traite de . . .
– Les chiffres montrent (que) . . .
– La cause de ces changements réside dans . . .

Pour analyser et donner des exemples:

– Prenons un cas particulier pour illustrer . . .
– La situation se présente de la manière suivante: . . .
– À présent, venons-en à . . .
– Bref, . . .
– Ce qui apparaît clairement est que . . .
– . . . (ceci) . . . souligne l'importance que/de . . .

Conclusion:

– Pour terminer, j'attirerai votre attention sur . . .
– Ce qu'il faut retenir, c'est . . .

b Un partenaire français vous demande des renseignements sur les possibilités d'implanter sa P.M.E. dans votre pays. Répondez à sa lettre.

Ets. Delavoix   . . . .
135 Avenue de la République   . . . .
F – 45260 Marolles   . . . .

                                        Marolles, le 18 mai 199 . .

Cher Monsieur,

J'ai l'intention d'étendre mes activités dans votre pays où je souhaiterais mettre en place une unité de production. Sachant que vous avez de nombreux contacts professionnels dans les régions frontalières, je m'adresse à vous pour vous demander conseil.

Tous renseignements que vous aurez l'amabilité de me fournir me seront d'une grande aide. Je vous en remercie d'avance.

En attendant le plaisir de vous lire, je vous prie d'agréer, cher Monsieur, l'assurance de mes sentiments les meilleurs.

P. Delavoix

9
Module

Les perspectives du marché:
La publicité pour conquérir le marché

Thèmes:	– Le lancement d'un produit
	– Le conditionnement du produit
	– La distribution
	– La publicité
	– La fixation du prix de vente
Actes de parole:	– Donner son opinion
	– Demander l'opinion de quelqu'un
	– Exprimer son accord / son désaccord
Correspondance:	– Faire connaître un produit à l'étranger
Structures:	– Le discours indirect (au présent)

1 Complétez avec les mots suivants:

cible, promotionnelle, créneau, spots, conditionnement, échantillons, annonces, lancer.

– On appelle une place disponible sur le marché un . . . .

– Le client potentiel est une . . . . . .

– Pour faire connaître un produit, on peut:

   a) distribuer gratuitement de petites quantités de ce produit qui s'appellent

   des . . . .

   b) vendre le produit à un prix réduit. C'est ce qu'on appelle une vente

   . . . .

   c) faire passer des . . . . dans la presse.

   d) faire passer des . . . . à la télévision.

– . . . . un produit sur le marché consiste à le faire connaître par

des moyens publicitaires.

– La présentation d'un produit pour la vente et son emballage s'appellent le

. . . .

2 *Pas de publicité sans étude de marché!*

Trouvez la définition.

Reliez ces mots avec leur définition en vous aidant des exemples:

c'est donc:

Le GROUPE-CIBLE, c'est par exemple:	– les sportifs – les jeunes – les femmes	les arguments de vente
Le POSITIONNEMENT, c'est par exemple:	– le haut de gamme – le bas de gamme	le produit par rapport à la concurrence
Les SUPPORTS, c'est par exemple:	– la télévision – la radio – le bouche à oreille	un groupe de consommateurs
Les SLOGANS, c'est par exemple:	– «lave plus blanc» – «le plaisir du voyage»	les moyens de diffusion de la campagne publicitaire

3 Faites le schéma d'un circuit de distribution.
Voici les maillons du réseau:

Producteur

Représentant

Consommateur

Grossiste

Détaillant

compréhension

4 Écoutez la cassette et cochez les réponses correctes:

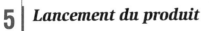

N O U V E A U P R O J E T	

Le créneau prévu:
- ☐ boissons saines
- ☐ boissons au goût nouveau
- ☐ autres

Les cibles envisagées:
- ☐ ouvriers   ☐ retraités
- ☐ employés   ☐ cadres
- ☐ étudiants   ☐ chômeurs
- ☐ autres

Le conditionnement prévu:
- ☐ bouteille en verre
- ☐ bouteille en plastique
- ☐ boîte

5 *Lancement du produit*

	Stratégie A	Stratégie B
Spots à la télévision	☐	☐
Annonces à la radio	☐	☐
Publicités dans les journaux	☐	☐
Ventes promotionnelles	☐	☐
Distribution d'échantillons	☐	☐
Visite des représentants chez les commerçants	☐	☐
Bonne distribution chez les détaillants	☐	☐

Où en est le projet?

1. – Où en est le projet?
   – Mme Lacroix dit qu'il y a un créneau pour les boissons au goût nouveau . . .
     Nous avons donc le feu vert!
   – Parfait. Il faudra régler la question du conditionnement:
     bouteille en verre, en plastique, boîte? Qu'en pensez–vous?
   – Ça, ça dépend de la cible que nous visons. Or vous savez que nous visons les catégo-
     ries socio-professionnelles aisées. Le verre donne une impression de qualité . . .
     Mais la boîte me semble parfaitement adaptée aux besoins des sportifs . . . Je vais
     à l'agence cet après-midi. Si vous voulez, je demande à M. Archambaud ce qu'il
     nous conseille.
   – C'est ça . . . Tenez-moi au courant.
   – Vous pouvez compter sur moi. Je vous ferai aussi savoir s'il a des renseignements en
     ce qui concerne les quantités prévues. De toute manière, je lui demanderai de vous
     envoyer le rapport détaillé de ses recherches.
   – Je vous en remercie.

2. – M. Boyer, bonjour.
   – Bonjour, monsieur.
   – Je suis content de vous rencontrer. Je voulais vous
     voir au sujet du lancement du nouveau produit.
   – De quoi s'agit-il?
   – J'ai bien réfléchi . . . Je pense que les ventes pro-
     motionnelles dans les magasins ne suffiront pas
     pour faire connaître notre boisson.
   – Comment ça? Nous nous sommes mis d'accord
     sur un projet!
   – C'est vrai. Mais aujourd'hui, la situation a
     changé. J'ai appris que Gina va lancer une cam-
     pagne publicitaire.
   – Ah! Les concurrents! Nous, nous sommes connus.
     Notre réputation n'est plus à faire!
   – Vous avez raison, cependant, quelques spots à la
     télévision et quelques annonces dans la presse . . .
   – Je ne suis pas d'accord. Cela ferait grimper les
     prix. Notre produit correspond à un besoin des
     consommateurs. De plus, pour un produit de
     consommation courante, ce qui est important,
     c'est la distribution.
   – Naturellement . . .
   – Ce sont les commerçants qu'il faut toucher. Vous
     avez tort de vous inquiéter. Nos représentants
     rendront visite aux commerçants et se chargeront
     de la distribution.

Voici comment répéter ce qui a été dit:

«Il y a un créneau».	→	Il dit **qu'**il y a un créneau.
«Qu'est-ce qu'il nous conseille?»	→	Je demande **ce qu'**il nous conseille.
«Est-ce qu'il a des renseignements sur les quantités prévues?»	→	Je voudrais savoir **s'**il a des renseignements sur . . . .
«Envoyez-moi le rapport détaillé.»	→	Je lui demande **de** m'envoyer le rapport détaillé.

6 | *Jeu à deux*

Enquête auprès des cafetiers pour le lancement de la nouvelle boisson VITAFRUIT:

Vitalité . . . . **VITAFRUIT** . . . . *Vitalité*

Boisson naturelle aux fruits enrichie de vitamines répondant à la demande:
des petits et des grands
des sportifs et des oisifs
des assoiffés et des gourmands!

Un produit «Solfruit» dont la réputation n'est plus à faire,
Oscar à l'exportation pour sa boisson Citronella.

Joueur A: Vous êtes chargé/e de faire une enquête auprès des cafetiers. Interrogez le **Joueur B**.

Vous lui demandez:
– ce qu'il vend le plus.
– s'il vend la boisson Citronella.
– si ses clients la trouvent bonne.
– s'il accepte de faire connaître la boisson VITAFRUIT à ses clients.
   (Si oui: de leur faire goûter gratuitement VITAFRUIT.)
– de leur distribuer des questionnaires.
– ce qu'il pense lui-même de cette boisson.
– s'il pense qu'elle correspond à un besoin des consommateurs.
– s'il envisage de la vendre. (Si oui: combien il pense en vendre par semaine.)
– quel groupe de consommateurs est visé d'après lui avec cette boisson.
– à quels besoins les qualités de la boisson correspondent.
– si la campagne publicitaire lui paraît bien faite.

Joueur B: Prenez le rôle du cafetier et répondez aux questions.

7 | *Description de deux types de clientèle*

Vous êtes chargé/e de faire une enquête permettant de définir les différentes catégories de clientèle. À l'aide de l'article suivant, préparez votre questionnaire et expliquez ce que vous demanderez aux consommateurs.

Deux catégories de clientèle: les «décalés» et les «rigoristes»

Parmi les catégories de clientèle, on peut en distinguer deux:

5 - Les «décalés» représentent 20% de la population. 28% sont des jeunes de 16-25 ans. 40% d'entre eux habitent les grandes villes. Ils sont diplômés, aiment les nouveautés, dépensent beaucoup, souhaitent se faire remarquer. Le high tech, les loisirs, les disques, le cinéma, les livres, les

10 vacances, les objets griffés, le design les intéressent vivement.

Dans un magasin, ils recherchent le vendeur «branché» qui sait ne pas les importuner, mais leur proposer des séries spéciales ou limitées qu'ils montreront avec fierté à

15 leurs camarades. Leur souci: comment s'identifier à un modèle non conformiste sans risque de tomber dans le conformisme . . . de l'anti-conformisme.

- Les «rigoristes» qui représentent 6 à 7% des jeunes de 15 à 30 ans. Partisans d'un retour à la discipline et au

20 mariage, ils recherchent auprès des commerçants conseils et contacts personnalisés. Leurs principaux centres d'intérêt: les placements, l'électronique haut de gamme, l'investissement dans la maison, la mode chère.

Il semble bien qu'à moyen terme un courant conserva-

25 teur doive l'emporter sur la recherche de la satisfaction immédiate et du futile, chez les consommateurs de tous les âges.

■ *D'après Le Moci – Le Moniteur du Commerce international – , 1988*

2. être décalé/e de qqch : ne pas suivre un modèle, une mode
2. le/la rigoriste : personne qui aime la rigueur, le sérieux
8. dépenser : employer de l'argent   **10. un objet griffé :** un objet d'une marque célèbre   **12. branché/e** (fam.) : qqn qui connaît et suit la mode   **13. importuner qqn :** gêner, déranger qqn   **19. être partisan de qqch :** être pour qqch   **22. le placement → placer :** *ici* employer de l'argent pour en gagner plus ; exemple : acheter des actions boursières   **26. futile :** superficiel/le, peu important/e

QUESTIONNAIRE:

Âge:
– Quel âge avez-vous?
→ Je leur demanderai quel âge ils ont.

Adresse:
– Où . . . . . . ?
→ Je leur demanderai . . . .

Formation:
– Quelle . . . . . . ?
→ Je voudrais savoir . . . . .

Goûts:
– Est-ce que vous . . . . . ?
→ Je . . . . .

Intérêts:
– Qu'est-ce que/qui vous . . . . ?
→ Je . . . .

Attitude face aux nouveautés:
– . . . . . . ?
→ Je . . . .

Question: À votre avis, dans quels types de magasins cette enquête du Moci a-t-elle été faite? Donnez des exemples précis.

Voici comment demander l'avis de quelqu'un:

– Qu'est-ce que vous en pensez?
– Qu'est-ce que vous dites de cela?
– Comment trouvez-vous cette stratégie?
– Quelle est votre opinion?

Voici comment donner votre opinion:

– À mon avis / selon moi / d'après moi / personnellement / pour ma part / en ce qui me concerne

Voici comment exprimer votre accord:

– Bien entendu / bien sûr / c'est vrai / naturellement
– Je suis d'accord / vous avez raison / je suis pour

Voici comment exprimer votre désaccord:

– Je ne suis pas d'accord / je suis contre / c'est faux
– Vous avez tort

8 *Projet: lancement d'une montre*

Réunion: M. Blondel rappellera les caractéristiques de cette montre et Mme Laval, responsable du marketing, en présentera la clientèle potentielle. Ensuite, les participants donneront leur avis sur les questions abordées.

BLOC-NOTES	NOTE DE SERVICE
Caractéristiques de la montre: – mécanisme simple – bonne qualité – coûts de fabrication peu élevés – design: forme excentrique	de: Service Marketing Date: . . . . à: la direction Clientèle potentielle: – le client aimant la vie moderne – mais attaché aux valeurs tradition- nelles – appréciant la qualité

Sont présents à la réunion: – la direction,

– les responsables de ce nouveau projet.

À l'ordre du jour seront discutés:

1 Les prix:
– Faut-il «casser les prix», c'est-à-dire fixer les prix au-dessous de ceux des concurrents?
– Faut-il respecter le prix psychologique? (Un prix trop bas dévalue le produit aux yeux du consommateur.)

2 La publicité:
– Doit-elle s'adresser uniquement à la clientèle potentielle?
– Est-ce une bonne idée de choisir une publicité comparative, c'est-à-dire contre les concurrents?

3 La production:
– Est-il nécessaire de produire au-dessus des quantités prévues?
– Faut-il diminuer les quantités de nos autres produits?

9 Complétez le tableau pour cette montre.
Définissez maintenant ses caractéristiques de façon plus précise.

Étude de marché:

Tableau récapitulatif

Le produit:

Nom: . . . .

Utilisation: . . . .

Caractéristiques: forme: . . . .

couleur: . . . .

emballage: . . . .

qualités: . . . .

prix: . . . .

Le marché:

Segmentation: . . . .

Groupe-cible: . . . .

Concurrents sur ce créneau: . . . .

Positionnement du produit: . . . .

Publicité prévue pour le produit:

Supports: . . . .

. . . .

Slogans: . . . .

. . . .

Le nouveau langage de la publicité

L'avarice, l'orgueil, la colère, la paresse, la gourmandise et sur-5 tout le sexe sont de très bons arguments de vente. Mais, déjà, les «créatifs» parient sur un retour de va-10 leurs plus «morales».

Fini le temps des réclames «rêves et bons sentiments». La pub, aujourd'hui, 15 c'est «la transgression de l'interdit», comme diraient les psy.

L'orgueil est flatté dans de nombreux spots. Dans les pubs pour automobiles, 20 par exemple, qui encouragent très souvent le sens de l'élitisme et du privilège.

Curiosité typiquement française, l'immoralité s'attaque particulièrement au rayon alimentaire. Les créatifs font de 25 l'avarice un principe. La règle est de ne jamais partager ses bonbons: «Un Lutti de donné, c'est un Lutti de perdu», enseigne un petit garçon sur les affiches du métro parisien. Et mieux vaut tuer son voisin que 30 partager son camembert: Un récent spot T.V. pour le fromage «Caprice des dieux» montre un couple qui éjecte d'un télé-

phérique tous les autres passagers. Le slogan: «Un fromage si doux, si tendre qu'on ne veut le partager qu'à deux». 35

La paresse, c'est le réflexe de base sur lequel les publicitaires s'appuient pour vendre l'ensemble de l'électroménager.

Le sexe: Il faudrait une encyclopédie pour rendre compte de l'omniprésence 40 dans la pub d'un «Deus Sexus». Le sexe est dans tout!

La colère est exploitée par Findus qui montre à l'affiche un gamin râleur avec pour slogan: «Plus croustillant ou je 45 boude». Tant pis pour les mamans.

«La publicité se moque aujourd'hui de l'ensemble des valeurs traditionnelles, estime Blanche Grüng, auteur du premier ouvrage sur les slogans publicitaires («Les 50 mots de la publicité», Éditions Plus du C.N.R.S.). Les limites des tabous sont chaque jour reculées.»

Les créatifs ne vont-ils pas trop loin dans leur cynisme? La plupart d'entre eux expli- 55 quent ce choix de la manière suivante: La forte concurrence entre agences de publicité rend l'effort de différenciation de plus en plus difficile. À quoi s'ajoute une constante: le goût de l'interdit, du fruit 60 défendu, reste le meilleur moyen pour faire acheter.

■ *D'après Le Point n° 931, 23 juillet 1990*

2. l'avarice (f.) → **un avare :** celui qui aime l'argent et ne veut pas le dépenser **2. l'orgueil** (m.) **:** très bonne opinion de soi-même **3. la paresse :** défaut qui pousse à ne rien faire **8. parier sur qqch :** penser que qqch va arriver, en être sûr **12. la réclame :** la publicité **15. la transgression** → **transgresser qqch :** faire qqch qui est interdit **18. flatter qqn :** faire des compliments à qqn **24. le rayon :** *ici* partie d'un magasin où se trouve un même genre de marchandises **27. enseigner qqch :** *ici* informer sur qqch **32. éjecter qqn** ou **qqch :** jeter en dehors **33. le/la passager/-ère :** le/la voyageur/-euse **37. s'appuyer sur qqch :** se servir de qqch **38. l'électroménager** (m.) **:** ensemble des appareils électriques utilisés à la maison **40. rendre compte de qqch :** rapporter ce qu'on a observé **43. exploiter :** *ici* utiliser **44. râleur/-euse** → **râler** (fam.) **:** se plaindre **46. bouder :** montrer du mécontentement **47. se moquer de qqn/qqch :** critiquer qqn/qqch en s'amusant **53. reculer :** aller en arrière **60. le fruit défendu :** objet interdit qu'on veut cependant avoir

Le grand méchant look.

10 **Questions:**

1 Dans la branche de la publicité, qu'est-ce qu'un «créatif»?
2 À partir de quels sentiments et de quels défauts les slogans publicitaires sont-ils créés?
3 Regardez l'affiche publicitaire reproduite ici et dites à quel sentiment ou à quel défaut fait appel cette publicité (paresse, gourmandise, etc.).
4 Citez des publicités que vous connaissez et qui fonctionnent selon les principes expliqués dans ce texte.

11 *Lancement d'une montre, 2ème étape*

Feu vert pour le projet de montre discuté précédemment!

Étape suivante: la publicité

a Concevez très précisément la campagne publicitaire la mieux adaptée: **presse, télévision, radio?**

Dans quel ordre faudra-t-il réaliser ces travaux?
– création de l'annonce
– présentation à la clientèle
– conception de la campagne publicitaire
– réalisation de l'annonce
N'oubliez pas d'expliquer ces travaux!

b Compte tenu de la campagne publicitaire choisie (presse, télévision, cinéma, etc.), créez la publicité pour cette montre en fonction de ses caractéristiques et de la clientèle visée.
Décrivez la situation et/ou l'image et rédigez les slogans.

Afin de vous aider, voici quelques thèmes de réflexion:
– Quel effet voulez-vous produire sur le consommateur?
– Par quel moyen le toucherez-vous?
– Comment l'inciterez-vous à acheter?
Utiliserez-vous les techniques évoquées dans le texte «Le nouveau langage de la publicité»?

c Écrivez à une agence de publicité en France: décrivez rapidement votre produit et son positionnement sur le marché dans votre pays. Vous pensez qu'il y a une clientèle potentielle en France pour cette montre (ou un autre produit de votre choix).
Demandez conseil à l'agence.

Une campagne publicitaire pour la laine

«Suis-je bien dedans?», se demande un Italien avant d'acheter un vêtement. «Est-ce
5 mon style?», s'interroge un Français. «Est-il bien fait?», demande un Allemand. «Combien coûte-t-il?», questionne un Anglais. Il n'est pas facile de créer une campagne paneuropéenne à partir de ces réactions!

10 C'est poutant ce que la Woolmark vient de faire avec l'agence française CLM/BBDO. Objectif: unifier l'image publicitaire de l'IWS (International Wool Secretariat).

Il vaut la peine de faire des efforts: L'Eu-
15 rope de l'Ouest est le premier marché consommateur de laine dans le monde (537 300 tonnes: 29%), devant l'U.R.S.S., la Chine, les États-Unis et le Japon. Mais il a baissé de 12% depuis les années 70.

Après enquête sur les habitudes de con- 20 sommation dans les seize pays européens (335 millions d'habitants), la Woolmark a défini sa stratégie internationale basée sur une cible: les 20-35 ans de catégorie socio-professionnelle aisée. «Les jeunes adultes 25 européens présentent des ressemblances par-delà leurs racines et leurs frontières», explique Marie-Laure Nouel, directrice de la communication. Bref, l'objectif + 5% dépend d'eux. 30

Aujourd'hui, dans une société moins intellectuelle, plus sensorielle, l'expression de soi passe par le look et le vêtement. Si le message se fondait sur le statut social en 1960, et sur l'écologie en 1970, il s'appuie 35 maintenant sur l'émotion personnelle: «La laine vous exprime».

Il s'agit de présenter la laine comme une «option de connaisseur», de faire redécouvrir ses qualités de fibre naturelle, 40 vivante, sa flexibilité, sa chaleur, sa fraîcheur.

Résultat: trois visuels émotionnels, des scènes amoureuses pour une éducation... textile! Avec, en plus, une note d'humour: 45 «Avec la laine cool wool, vous pouvez laisser monter votre température un peu.» En publicité, l'amour n'a pas fini de faire vendre des produits!

■ *D'après le Figaro, 15 février 1989*

26. la ressemblance → **ressembler :** avoir le même aspect ≠ la différence **32. sensoriel/le :** qui concerne les cinq sens **34. se fonder sur qqch :** être basé/e sur qqch **39. le/la connaisseur/-euse :** le/la spécialiste **40. la fibre :** petit fil qui compose la laine

---

12 1 Donnez un titre plus original à ce texte et rédigez une introduction et une conclusion.

2 D'après vous, quelles sont les conséquences de l'ouverture du marché européen sur:
– la gamme des produits que l'on veut vendre dans toute l'Europe,
– la publicité?

3 À votre avis, quelles qualités doit avoir un «manager européen»?

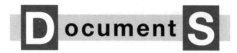
1 Le marché européen

BONDUELLE
L'EUROPÉEN DU LÉGUME

«Nos clients de la grande distribution sont en train, cet automne, de s'européaniser à grande vitesse.» L'allemand Aldi est déjà à Croix, dans le Nord, et cherche d'autres emplacements. Paridoc et son homologue belge Gib Group ont créé, en septembre, une centrale d'achats commune pour toute l'Europe. La moitié des hypermarchés espagnols (quarante-neuf sur quatre-vingt-dix) sont la propriété des Français Carrefour, Auchan et Promodès. L'Europe des achats est déjà née. Les concurrents de Bonduelle, comme M. Jean-François Bauer, P.D.G. de Saupiquet (marque Cassegrain), cantonnés à l'Hexagone, sont menacés de ne plus diriger demain que de simples affaires «régionales». «Ils risquent le pire», estime M. Bonduelle.

L'Europe, Bonduelle connaît depuis long-temps. «Nos camions exportent depuis 1969 en Allemagne... dont nous sommes aujourd'hui malgré notre absence d'implantation industrielle, le premier conserveur, avec 25 % du marché.» Encouragé par ce premier succès, le groupe s'est ensuite attaqué aux marchés belge et néerlandais.

Le Nord à peine conquis, voilà déjà Bonduelle engagé sur deux autres fronts. En Espagne, à Milagro, dans la vallée de l'Èbre, entre Pampelune et Saragosse, il reprenait, en 1986, une petite usine de surgelés.

Dernier champ de bataille avec la grande distribution: la France. Cette fois, Bonduelle y lutte non plus avec sa marque, mais sur le terrain des entreprises de «remplissage», ces industries acculées à fabriquer sous marques de distributeurs l'essentiel de leur production. «En France, en conserves, elles représentent 60 % d'un marché de 923 000 tonnes: nous ne pouvions pas nous en désintéresser», explique le P.D.G. Alors, fidèle à sa méthode – le rachat d'entreprises au bord du dépôt de bilan – il a fait son marché, en 1987. En association avec un autre conserveur, la société Philipon, il a créé une structure spécialisée dans le «remplissage»: Conserveurs Associés.

Bonduelle a-t-il atteint son objectif? Le groupe prévoit un chiffre d'affaires de 3,2 milliards en 1988, et se taille désormais, avec 550 000 tonnes de conserves et 150 000 de surgelés, 20 % du marché européen du légume transformé.

■ *D'après le Nouvel Économiste N° 667, 04 novembre 1988*

Les premiers groupes de distribution alimentaire en Europe en 1988
(en milliards de francs)

Tengelmann (RFA)	118,7
Leclerc (F)	74
Metro (RFA)	67,1
Aldi (RFA)	66,7
Carrefour (F)	64,8
Intermarché (F)	58
Gateway (GB)	55,5
Sainsbury's (GB)	54,1
Asko (RFA)	49,3
Ahold (Hol.)	46,5
Promodès (F)	46,2
Auchan (F)	46
Tesco (GB)	44,5
Coop (RFA)	40,8
Casino (F)	35,5
Delhalze (B)	34
Argyll (GB)	29,5

■ *Le Figaro, 19 février 1990*

27. être cantonné/e à : être limité/e à **28. être menacé/e de qqch :** craindre qqch/avoir peur de qqch **48. conquis/e → conquérir :** gagner **56. les surgelés :** produits alimentaires conservés par le froid à très basse température **63. le remplissage :** l'action de remplir/rendre plein **64. être acculé/e à faire qqch :** être obligé/e de faire qqch **76. le dépôt de bilan :** la fermeture de l'entreprise **84. atteindre qqch :** *ici* réaliser

Questions:

1 Décrivez la stratégie européenne et la stratégie française de Bonduelle.
2 Connaissez-vous des entreprises de votre pays qui, comme Bonduelle, sont présentes dans plusieurs pays étrangers?

La franchise

Qu'est-ce que la «franchise»? Un réseau commercial. Une entreprise, le «franchiseur», qui dispose d'un produit et d'une marque, s'associe à un «franchisé» qui apporte les locaux et s'occupe de la vente. Exemples de marques françaises distribuées en franchise: Yves Rocher, Phyldar, Yves Saint Laurent, Natalys.

L'Europe de la franchise, ce sont 1 650 franchiseurs pour 90 000 franchisés et un chiffre d'affaires de 230 milliards de F. Dans cet ensemble, la France occupe la première place, avec 30% du nombre de franchises, suivie par la Grande-Bretagne (21%), la république fédérale d'Allemagne (16%) et les Pays-Bas (14%). Première en Europe, la franchise française se situe au quatrième rang mondial, après les États-Unis, le Canada et le Japon. Le Centre d'étude du commerce et de la distribution recense aujourd'hui 534 franchiseurs, contre 456 l'année dernière (soit + 17%). Le nombre des franchisés s'établit à 24 916, contre 22 068, soit une augmentation de 12%.

■ *D'après le Moci N° 799, 18 janvier 1988*

1 <u>La franchise dans le monde:</u>

1ère place: . . . .

. . . . : La France.

2 Complétez ces tableaux:

La franchise en Europe:

France?
G-Bretagne?
Allemagne?
Pays-Bas?
Autres?

La franchise en France:

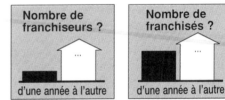

Les magasins de la nature:
la «Bio» attractive

«Une boutique, c'est un cirque, un podium». Ce doit être gai, respirer la santé.
5 Quand il parle des magasins dont il est le franchiseur, M. Jacques-Luc Parrot évoque la lumière, le vert vif, les sols et les murs blancs des boutiques dont il a confié l'architecture intérieure à Laurent Zoppi, qui a
10 conçu pour lui «de beaux magasins rentables».

Dans ces boutiques, on vend des produits issus de l'agriculture biologique.

Au rayon «épicerie», le franchiseur a décidé d'ajouter un rayon «tisanes» et un
15 rayon «cosmétologie» où, suivant la mode, il propose aussi bien du carotène pour activer le bronzage que des gélules à l'ananas contre les kilos superflus.

Le premier magasin franchisé à l'étran-
20 ger a été ouvert à Knokke-le-Zoute, en Belgique, il y a cinq ans, puis un point de vente a été créé à Genève. Récemment, un contrat a été signé pour des implantations

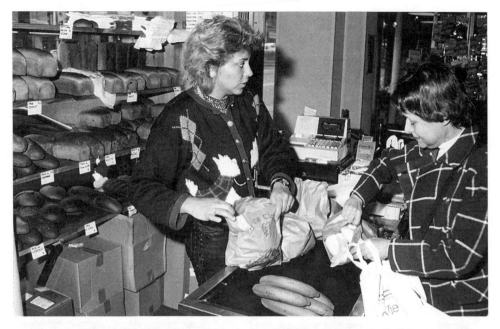

25 au Cameroun (2 magasins), au Gabon (1),
au Nigeria (1) et au Sénégal (1), certains
pays d'Afrique étant gagnés à leur tour par
le mouvement «bio». Des discussions sont
en cours pour des implantations au Ca-
30 nada, en Irlande et en Espagne. Objectifs
du franchiseur: 180 magasins dans les quatre ans, contre une soixantaine actuellement.

Vis-à-vis de ses franchisés, M. Jacques-
35 Luc Parrot joue le rôle des grossistes, leur
fournissant marmelade d'Irlande, sirop

d'érable, choucroute d'Alsace ou pudding
britannique, en fonction des goûts et habitudes alimentaires des consommateurs
locaux. Certains produits sont issus du 40
terroir et vendus dans les seules boutiques
de proximité: tel est le cas pour les volailles
et les légumes verts.

Le droit d'entrée dans la franchise est de
50 000 F. Les contrats sont prévus pour 45
cinq ans. Une redevance forfaitaire est exi-
gée. Elle est de 1 000 F par mois.

■ *D'après Le Moci N° 799, 18 janvier 1988*

6. évoquer qqch : parler de qqch **8. confier qqch à qqn :** *ici* laisser qqch à qqn **10. concevoir qqch :** étudier, réaliser un projet **13. être issu/e de qqch :** venir de qqch **14. le rayon :** *ici* partie d'un magasin où se trouve un même genre d'articles **15. la tisane :** boisson à base de plantes **18. le bronzage** → **bronzer :** prendre une couleur brune **18. la gélule :** une pilule **19. superflu/e :** *ici* en trop **24. une implantation :** une installation **27. être gagné/e par qqch :** être touché/e,

concerné/e par **35. le grossiste :** commerçant qui vend seulement en grande quantité à des commerçants **36. fournir qqch à qqn :** livrer, vendre qqch à qqn **41. le terroir :** la région locale **42. la proximité :** ce qui se trouve à côté/près **42. la volaille :** l'ensemble des oiseaux (poules, canards...) élevés dans une ferme **46. la redevance :** somme à payer régulièrement **46. forfaitaire** → **le forfait :** une somme fixée d'avance **46. exiger :** demander

Questions:
1 Expliquez le jeu de mots qui se cache derrière le titre «La Bio attractive».
2 Pourquoi est-ce que M. Parrot compare une boutique à un cirque? Quels sont les avantages commerciaux de cette «philosophie»?
3 Pourquoi, à votre avis, cette entreprise a-t-elle autant de succès et se développe-t-elle dans le monde entier?
4 Dans le système mis en place par M. Parrot, quels rapports existent entre le franchiseur et le franchisé?

2 La publicité

La publicité dans les médias:

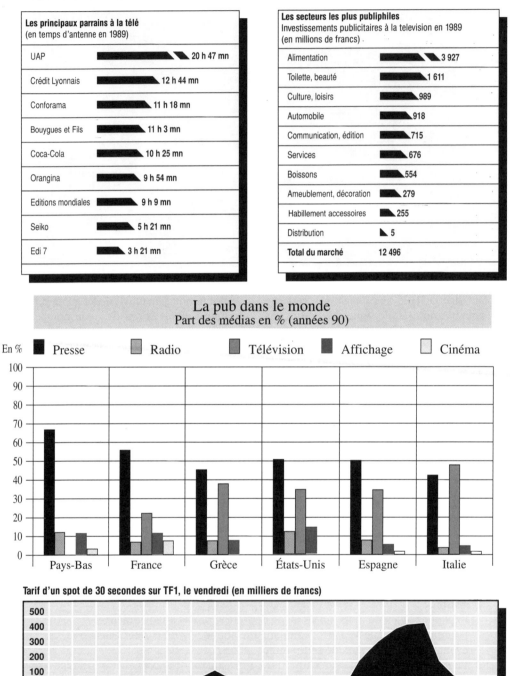

Les principaux parrains à la télé
(en temps d'antenne en 1989)

UAP	20 h 47 mn
Crédit Lyonnais	12 h 44 mn
Conforama	11 h 18 mn
Bouygues et Fils	11 h 3 mn
Coca-Cola	10 h 25 mn
Orangina	9 h 54 mn
Editions mondiales	9 h 9 mn
Seiko	5 h 21 mn
Edi 7	3 h 21 mn

Les secteurs les plus publiphiles
Investissements publicitaires à la television en 1989
(en millions de francs)

Alimentation	3 927
Toilette, beauté	1 611
Culture, loisirs	989
Automobile	918
Communication, édition	715
Services	676
Boissons	554
Ameublement, décoration	279
Habillement accessoires	255
Distribution	5
Total du marché	12 496

La pub dans le monde
Part des médias en % (années 90)

En % ■ Presse ■ Radio ■ Télévision ■ Affichage □ Cinéma

Tarif d'un spot de 30 secondes sur TF1, le vendredi (en milliers de francs)

■ *Expansion n° 386, juillet–septembre 1990*

Du parrainage (ou «sponsoring»)...

C'est plus qu'une vague. Presque un raz-de-marée.
5 Le parrainage – qu'on l'anglicise en «sponsoring» ou l'habille de chic en «partenariat» – déferle sur le petit écran. Les compagnies d'as-
10 surances rivalisent pour nous offrir la météo, et les banques se disputent les cours de Bourse en fin de journaux. Une marque
15 d'apéritif patronne des émissions de golf, et une pâte dentifrice des longs métrages de cinéma.

■ *Le Monde, 11 mars 1988*

... au troc (ou «bartering»)

Après le sponsoring, ou le parrainage, voici le bartering ou le barter. En français
5 courant, cela s'appelle le troc. Le principe est limpide, même si les modalités peuvent varier. Une émission de télévision est fournie à une
10 chaîne de télévision, en échange d'écrans publicitaires.
Très développé aux États-Unis, ce système commence
15 à faire une apparition timide en France. Vous avez même sûrement vu des émissions «bartérisées» à la télévision, sans le savoir!

C'est ainsi que les deux plus 20 grands lessiviers américains fournissent des programmes à TF 1. Unilever lui a cédé les droits du jeu américain très populaire «La roue 25 de la fortune» en échange d'espaces publicitaires pour une valeur de 90 000 F par jour, alors que le groupe Procter et Gamble a troqué 30 deux séries diffusées l'après-midi, «Haine et Passion» et «C'est déjà demain», contre 270 000 F de spots publicitaires quotidiens. 35

■ *Le Monde, 18 novembre 1987*

1. le parrainage : *ici* pour faire parler d'elle, une entreprise aide financièrement une manifestation ou une émission de télévision **3. la vague :** *ici* un mouvement **4. un raz-de-marée :** un soulèvement brusque des eaux de la mer; *ici* un changement important **8. déferler sur qqch :** arriver avec force ou en masse **10. rivaliser :** être concurrent **14. les journaux** (m.) **:** *ici* les journaux télévisés, les informations **17. le long métrage :** un film

1. le troc : échange d'un objet contre un autre, sans donner d'argent **6. limpide :** *ici* clair/e, simple **7. la modalité :** la manière de faire **9. fournir qqch à qqn :** donner qqch à qqn **15. faire une apparition :** *ici* commencer à se développer **24. céder :** laisser **35. quotidien/ne :** par jour

1 *Les mots de la télévision*

Associez à chaque mot sa définition:

1 le petit écran   a ex.: TF1, FR3, Canal +
2 une chaîne   b un programme
3 une émission   c la télévision
4 un long métrage   d un film d'1h 30

2 Chassez l'intrus:

le journal, la météo, un reportage, une compagnie d'assurance, un match sportif

3 Associez à chaque mot sa définition:

– Le parrainage: une émission contre un   une émission patronnée
– Le troc: écran publicitaire   par une marque
– Le partenariat:
– Le bartering:

«Trop de pub tue la pub»

D'après un sondage de l'IFOP, le nombre de «publi-philes» qui suivent avec at-
5 tention les spots est en forte diminution, de 35% à 28% des déclarations. En revan-che, le saut d'une chaîne à l'autre («zapping») a beau-
10 coup augmenté (de 18% à 29%). Mais la vraie surprise vient de la spectaculaire progression des attitudes d'«allergie», qu'il s'agisse de
15 quitter la pièce, de baisser ou de couper le son (41% des déclarations au lieu de 23%).

■ *Le Monde, 22 mars 1988*

2. le sondage : *ici* une enquête
4. suivre qqch à la télévision : regar-
der qqch **7. en revanche :** au
contraire **14. qu'il s'agisse de...**
(subj.) → **il s'agit de :** il est question
de **16. le son :** le bruit

Une pub à la télé:

Qui | quitte la pièce? | **a** Les publiphiles?
| change de chaîne? | **b** Les zappeurs?
| aime les spots? | **c** Les allergiques?
| coupe le son?

Pourcentages de publiphiles: . . . .

Pourcentages de publiphobes:. . . . .

*L*es enjeux de l'entreprise

DOSSIER 4

10
Module

La fiche d'identité:
Décrivez votre firme

Thèmes:	– Entreprises: statut juridique, – Chiffres: effectif, chiffre d'affaires – Culture d'entreprise
Actes de parole:	– Décrire une entreprise
Correspondance:	– Présenter l'histoire et le développement d'une entreprise
Structures:	– Les pronoms relatifs: qui, que, dont – La forme passive

1 Associez les synonymes:

a – la raison sociale   1 – la fondation
b – l'effectif   2 – la fabrication
c – la production   3 – le nom de l'entreprise
d – la création   4 – le personnel

2 À quelles définitions correspondent les mots suivants:

a Une usine:

b Une société à responsabilité limitée:

c Une affaire:

d Une entreprise:

e Une société anonyme:

1 – Type d'entreprise dans laquelle les associés ont une responsabilité financière limitée à leur apport initial.
2 – Organisation de production de biens ou de services à caractère commercial.
3 – Lieu de production.
4 – Type d'entreprise dont le capital est constitué par des actions vendues au public.
5 – Société commerciale.

3 À quels mots correspondent les abréviations suivantes:

Une Cie: 1 – un chiffre d'affaires
Une S.A.R.L.:   2 – une compagnie
Une S.A.:   3 – une société anonyme
Un C.A.:   4 – une société à responsabilité limitée

4 *La fiche d'identité*

Écoutez la cassette, puis complétez la fiche d'identité de l'entreprise.

Raison sociale: . . . .

Date de création: . . . .

Statut juridique: . . . .

Directeurs: . . . .

Effectif: . . . .

Activité: . . . .

Production:

1. . . . . : 7 500 tonnes

2. Concentré de tomates: . . . . tonnes

Chiffre d'affaires total: . . . .

Chiffre d'affaires . . . . : 74 millions de F

Marques/Produits:

Squize: . . . .

Schmeki: . . . .

Part du marché: . . . .

Réputation de l'entreprise: . . . .

«Entrepreneurs»

– Le journal radiophonique des entreprises.

Pour continuer notre journal, un reportage sur une entreprise pleine d'énergie. M. Tessol, qui est directeur de l'entreprise Squize, vous la présente:

– Bonjour. Je m'appelle Jean-Pierre Tessol. Je suis le directeur de l'entreprise que j'ai créée moi-même en 1962. Nous sommes maintenant une S.A.R.L. avec un effectif de 726 personnes. Notre activité couvre la fabrication des conserves de légumes. Quatre chiffres, deux marques. Voilà en résumé la fiche d'identité de l'entreprise.

Quatre chiffres: – Nous produisons 75 000 tonnes de conserves et 46 000 tonnes de concentré de tomates par an.

– Notre chiffre d'affaires est de 300 millions de F dont 74 millions à l'exportation.

Nous avons deux marques:
– Squize, le concentré de tomates,
– Schmeki, les conserves de légumes.

Nous détenons 15 % du marché, malgré la vive concurrence. Grâce à nos investissements dans la recherche, la qualité de nos produits a été améliorée. Les prix de vente ont été maintenus. Résultats: nos conserves sont maintenant massivement choisies par les consommateurs.

Notre entreprise se caractérise par son dynamisme, notre image par le rapport qualité-prix.

exploitation

5 | Lisez cette description d'entreprise puis complétez la fiche d'identité ci-dessous:

Quick Hamburger Restaurant

□ CARTE DE VISITE
Apparue en France en 1980, la société Quick Hamburger est la filiale de deux groupes de distribution: GB Inno BM et Casino. Son chiffre d'affaires évolue très rapidement, de 510 MF en 1986 à 575 MF l'année suivante. Il a dépassé le milliard de francs dès 1988, pour laisser prévoir, pour 1989, un montant de 1,3 MMF. France Quick compte aujourd'hui 130 restaurants sous deux enseignes, Quick et Free Time, et a servi 50 millions de repas en 1989.

□ EFFECTIF
L'effectif global au 31 décembre 1989 représente 3 500 personnes. La proportion de cadres y est de 10 % : ce sont tous des commerciaux.

□ PROVINCE
Nombre d'agences en France: 130, dont 80 en province.

□ INTERNATIONAL
Nombre d'implantations à l'étranger: 40 en Belgique et deux au Luxembourg.

■ *D'après Le Figaro, 19 février 1990*

Raison sociale: . . . .

Date de création: . . . .

Cies mères: . . . .

Activité: . . . .

C.A. (1989): . . . .

Effectif (1989): . . . .

Enseignes: – . . . .
– . . . .

Nombre total
d'agences: . . . .
à Paris: . . . .
en province: . . . .

Implantations
à l'étranger: – . . . .
– . . . .

 A Il lance, le 28 mai 1919, la première voiture européenne construite selon les nouvelles méthodes américaines de production. Pour la première fois en Europe une voiture sort d'usine complète.

B Grâce à l'organisation de la production, le prix de vente du nouveau modèle est un défi à la concurrence. De ce nouveau modèle, André Citroën veut construire 100 exemplaires par jour. On lui dit que c'est impossible. En 1924, il sort pourtant des Usines Citroën 300 voitures chaque jour; 400 en 1926. En 1929, la production annuelle dépasse 100 000 véhicules.

C Quelques années après sa sortie de l'École Polytechnique, en 1900, André Citroën fonde une fabrique d'engrenages en forme de chevrons puis constitue, en 1913, la Société des Engrenages Citroën et la Société des Carburateurs SM.

 D Il prouve qu'il peut conquérir le monde. En 1922 commencent les épopées, toutes placées sous la direction de Georges-Marie Haardt. C'est la première traversée du Sahara en automobiles. En 1924, la «Croisière Noire», première liaison automobile transafricaine, d'Alger à Tananarive. En 1931-1932, la «Croisière Jaune», première traversée automobile du continent asiatique, de la Méditerranée à la Mer de Chine.

E Le 28 juillet 1924, la Société Anonyme André Citroën est officiellement constituée. Elle a pour but la construction en série et la vente de véhicules automobiles.

 F Dans les années qui suivent, Citroën construit une nouvelle usine à Saint-Ouen, d'autres à Clichy et à Levallois, dans la banlieue parisienne. Bientôt l'étranger: Citroën croit en la vocation internationale de l'automobile.

Voici comment enchaîner deux phrases:

– M. Tessol est directeur de l'entreprise.
M. Tessol vous la présente.
M. Tessol, **qui** est directeur de l'entreprise, vous la présente.

– Je suis le directeur de l'entreprise.
Je l'ai créée moi-même.
Je suis le directeur de l'entreprise **que** j'ai créée moi-même.

– Notre chiffre d'affaires est de 300 millions de F.
De ces 300 millions, 74 représentent notre C.A. à l'exportation.
Notre C.A. est de 300 millions de F **dont** 74 millions à l'exportation.

---

7 Complétez le texte avec **qui**, **que (qu')** ou **dont**.

André Citroën fonde une fabrique d'engrenages . . . . devient, en 1913, la Sté des Engrenages Citroën et la Sté des carburateurs SM.
La première voiture . . . . il lance en 1919 est construite selon les méthodes de production à la chaîne . . . . Ford est l'initiateur. Cette rationalisation de la production permet un prix de vente . . . . est un défi à la concurrence.
La réputation . . . . Citroën jouit est le résultat d'une stratégie publicitaire . . . . a démontré, sur le terrain, la qualité des autos Citroën. En 1922, la traversée du Sahara, ... tous les Français ont suivie sur les écrans de cinéma, est un exploit technique! C'est une aventure . . . . a fait rêver et . . . . le souvenir est, aujourd'hui encore, présent à la mémoire de tous.

Vous voulez mettre en relief des éléments importants. Voici comment transformer des phrases:

– Les consommateurs choisissent massivement nos produits.
Nos produits **sont choisis** massivement par les consommateurs.
(Présent: Présent de *être* + participe passé.)

– L'entreprise a investi de grosses sommes dans la recherche.
De grosses sommes **ont été investies** par l'entreprise.
(Passé composé de *être* + participe passé.)

– Nous maintiendrons les prix de vente.
Les prix de vente **seront maintenus**.
(Futur de *être* + participe passé.)

8 Transformez comme dans le modèle:

– Citroën commercialise un nouveau
   modèle de voiture.
   → Un nouveau modèle de voiture **est commercialisé** par Citroën.

– L'entreprise lance un slogan publicitaire.
– Un ingénieur y décrit les innovations techniques.
– Les spécialistes ont découvert ce procédé unique.
– Ils l'ont mis au point et ils l'ont testé.
– L'équipe de publicité organisera une démonstration publique de la voiture dans
   toute la France.
– On invitera le champion de Formule 1.

9 Vous travaillez pour l'entreprise Moulinex. Invité/e à un forum, vous présenterez
votre entreprise.

a   Afin de vous préparer à cette tâche, rédigez le descriptif de Moulinex à
l'aide des «Grandes Dates» ci-dessous:

Les grandes dates de Moulinex

1932   Création de l'entreprise par
           Jean Mantelet
           Fabrication de moulins
           à légumes

1954   Diversification des produits:
           l'électroménager

1969   Transformation en S.A.

1979   Lancement du four à
           micro-ondes

1989   *Effectif total:*
           10 000 personnes
           (2 300 à l'étranger)

Outil industriel: 10 bureaux d'études,
21 usines (13 en France)
Implantations en Europe: Espagne,
Irlande, Italie, Grande-Bretagne,
dans le monde: Égypte, Mexique,
Canada
Chiffre d'affaires en France: 30 %
du C.A. du groupe
en Europe (hors France): 57 % du
C.A. du groupe
Objectifs: conquérir de nouveaux
marchés en Europe, au Moyen-Orient
en Asie et en Australie.

b   Vous recherchez un partenaire
commercial en France. Écrivez-lui
pour lui présenter votre entreprise.

10 Jeu à deux

Digital equipment

Digital Equipment est une compagnie américaine implantée en France. Son style de management est cité en exemple car il remet en question les rapports hiérarchiques observés dans les compagnies françaises traditionnelles.

Joueur A: Connaissez-vous Digital Equipment? Voici des informations sur cette compagnie. Malheureusement, elles sont incomplètes. Renseignez-vous auprès de votre voisin/e et renseignez-le/la, à tour de rôle.

Les indications pour le **Joueur B** se trouvent à la fin du livre.

Le Joueur A commence.

Secteur. – Numéro 2 mondial de l'informatique. Leader mondial de l'informatique de réseaux. Signe particulier: totale compatibilité de tous les modèles de la gamme (VAX). La miniinformatique (30% du CA) reste le point fort du groupe. Stratégie actuelle: . . . .

 Taille. – . . . . personnes dans le monde. En France, 4 000 salariés dont 47% de cadres.

Localisation. – DEC (Digital Equipment Corporation) est présent dans . . . . pays . . . . en Europe. Siège social France: Évry. Treize agences, trente-quatre centres de maintenance, un laboratoire de recherche, un centre européen de haute technologie à . . . .

Santé financière. – Solide! C.A. année fiscale 1987: 4,5 milliards de francs. . . . . de francs de bénéfices avant impôt pour DEC France. Croissance: 1986–1987: 18% par an.

 Salaires. – . . . . à l'embauche. Sans prime, la rémunération est basée sur le mérite. Révision en fonction des performances lors de l'examen annuel «Job Planning and Review».

Ambiance de travail. – Jeunesse (moyenne d'âge: trente-deux ans) et dynamisme. Ambiance: . . . .

KF = kilo-Francs, 170 KF = 170 000 F

■ *D'après Le Figaro, 30 janvier 1989*

Créer une entreprise en France

Entreprise individuelle, SARL, société anonyme : quels statuts choisir ? Chaque type d'entreprise ou de société a ses avantages et ses inconvénients. Si vous vous installez seul, vous avez le choix entre deux structures.

• **L'entreprise individuelle :** c'est la forme d'entreprise la plus simple, la moins onéreuse à créer, la plus facile à gérer. Pas de capital minimal à verser, pas de statuts à rédiger. Il suffit de se faire immatriculer au registre du commerce ou au répertoire des métiers.

L'entreprise individuelle présente deux inconvénients majeurs. Elle ne peut s'adresser qu'aux affaires de petite ou moyenne importance, les perspectives de développement étant limitées. L'exploitant, ensuite, est indéfiniment et solidairement responsable sur ses biens propres des dettes de l'entreprise. S'il vient à faire faillite, ses biens personnels peuvent donc être engagés. C'est pourquoi il est parfois préférable d'adopter le statut d'associé unique d'EURL.

• **L'entreprise unipersonnelle à responsabilité limitée** (EURL) : c'est une forme de SARL mais avec un associé unique dont la responsabilité commerciale est limitée au montant de son apport.

• **Créer à plusieurs : quel type de société ?**

Les types de sociétés possibles, pour une entreprise commerciale, sont très nombreux. Pour créer une société de personnes (société en nom collectif), aucun capital minimal de départ n'est requis. Ces sociétés peuvent donc être constituées avec des apports personnels peu importants, deux associés étant suffisants. Au contraire, les sociétés de capitaux (SARL, société anonyme, société en commandite par actions) exigent une mise de départ plus élevée : deux associés et 50 000 francs de capital au moins pour une SARL, sept associés et 250 000 francs de capital pour une SA, par exemple.

Toutefois, la vraie différence entre sociétés de personnes et sociétés de capitaux est que, dans les premières, tout nouvel associé doit être agréé par les autres membres et s'il ne l'est pas, celui qui veut céder ses parts ne peut pas partir. Dans les sociétés de capitaux, à l'inverse, la cession des parts ou des actions est libre. Ces sociétés sont donc « ouvertes » aux capitaux extérieurs, les sociétés de personnes ne l'étant que peu ou pas du tout.

■ *D'après L'Entreprise, N° 93 juin 1993*

---

3. un statut : une règle établie **6. une structure :** la forme **8. onéreux/-euse :** cher/chère **9. gérer :** administrer **10. verser :** remettre une somme d'argent **11. se faire immatriculer :** se faire inscrire **16. la perspective :** la possibilité **17. indéfiniment :** sans limite **17. solidairement → solidaire :** responsable l'un pour l'autre **19. faire faillite :** être en état de cessation de paiement (une cessation : un arrêt) **20. engagés :** *ici* donnés en garantie **27. un apport :** somme d'argent ou bien apporté par un associé **33. requis :** demandé **38. une mise de départ :** argent mis pour créer l'entreprise **46. être agréé :** être accepté **49. à l'inverse** au contraire **49. la cession → céder :** *ici* donner ou vendre une part/ une action = une part de capital

---

11

1. À quoi correspondent les abréviations suivantes ?

E.U.R.L. Société anonyme
S.A.R.L. Société en commandite par actions
S.N.C. Entreprise unipersonnelle à responsabilité limitée
S.A. Société à responsabilité limitée
S.C.A. Société en nom collectif

2. Vrai ou faux ?

– Une S.A.R.L. est constituée par un ou plusieurs associés.
– La responsabilité d'un entrepreneur individuel est total. En cas de dettes, il doit rembourser avec ses biens personnels.
– Le capital minimum d'une S.A. est de 50 000 F.
– Il faut être au moins sept associés pour créer une S.A.R.L.
– Dans une société de personnes, un associé ne peut pas quitter librement la société.

Les raisons du succès:

Pourquoi votre entreprise a réussi

MAIS NON MAIS NON, MONSIEUR LE DIRECTEUR, ON NE VA PAS SE QUITTER POUR SI PEU !

Thèmes:	– La chronologie d'une entreprise – Les changements: diversification, sous-traitance, automatisation – Analyse des résultats – Méthodes de production
Actes de parole:	– Décrire une situation passée – Comparer: exprimer le contraste, la différence et la similitude – Exprimer la cause
Correspondance:	– Réclamations
Structures:	– Le passé composé – L'imparfait – Les expressions causales

1 Que signifient ces sigles?

P.M.I.:   Petite et Moyenne . . . .

P.M.E.:   . . . .

S.A.:   . . . .

S.A.R.L.: . . . .

2 Trouvez les synonymes ou les définitions correspondant aux mots suivants:

a être chargé/e de
b une équipe
c un/e salarié/e
d développer
e superviser
f la réussite

1 le succès
2 contrôler
3 agrandir
4 une personne qui touche un salaire
5 être responsable de
6 un groupe de personnes travaillant
    ensemble

3 Du verbe au nom:

sous-traiter   ———▷   . . . .

. . . .   ◁———   l'innovation

. . . .   ◁———   la diversification

contrôler   ———▷   . . . .

. . . .   ◁———   la signature

. . . .   ◁———   la preuve

réussir   ———▷   . . . .

4 Écoutez la cassette et complétez le schéma suivant:

Chronologie de l'entreprise: Matières Plastiques Associées

1971:   Fondation
      Activité: . . . .
      Effectif: . . . .
19___: . . . . : Articles sanitaires
19___: Sous-traitance: . . . .
19___: . . . .

Aujourd'hui – Effectif: . . . .

147

Un développement spectaculaire!

– M. Brunel, vous êtes le directeur de la société «Matières Plastiques Associées» . . .
Parlez-nous de votre firme.

– Matières Plastiques Associées est une P.M.I. qui compte aujourd'hui 750 salariés alors
qu'à sa fondation, en 1971, une équipe de 12 personnes y travaillait.

– Le développement a été spectaculaire! Pouvez-vous nous en expliquer les raisons?

– Pour quelles raisons? . . . Principalement à cause de notre souplesse . . . Parce que
nous avons su nous adapter aux demandes spécifiques des clients.

– Au départ, en 1971, vous produisiez des sacs en plastique, n'est-ce pas?

– C'est exact. Mais en 1976, de même qu'en 1979, nous avons diversifié notre production.
En 76, nous nous sommes lancés dans la production d'articles sanitaires, et en 79, dans
la sous-traitance pour l'industrie automobile. Et je peux vous assurer qu'aujourd'hui
comme par le passé, nous sommes prêts à innover!

– Vous venez de mentionner votre activité de sous-traitance pour l'industrie automobile.
N'est-ce pas cette activité qui est la cause principale de votre réussite?

– En effet, c'est grâce à cette sous-traitance que notre réputation s'est faite! Notre premier
client était Citroën.

– Un client dont la notoriété retombe sur vous!

– Sans doute. Mais n'oubliez pas le fait suivant: C'est parce que la qualité de nos produits
n'était plus à prouver que Citroën nous a choisis. Nous investissons de grosses sommes
dans notre service Recherche et Développement. Certaines entreprises cherchent à
vendre n'importe quel produit, tandis que nous, nous cherchons à satisfaire le client en
innovant.

– Ce qui vous a valu un autre contrat, cette fois, avec Peugeot, en 1985!

– Oui, c'est un contrat dont nous sommes fiers!

– Alors, comment voyez-vous l'avenir?

– Avec optimisme . . . Nous nous trouvons bien placés pour affronter la concurrence.
Nos clients sont satisfaits car nous leur offrons d'une part, un produit de qualité, et
d'autre part, un produit répondant à leurs besoins spécifiques.

Décrire des faits passés:

– À sa fondation, en 1971, 12 personnes **travaillaient** dans l'usine.
– En 1971, vous **produisiez** des sacs en plastique.

5 | *L'entreprise hier et aujourd'hui*

M. Tessol décrit l'entreprise à l'époque de sa création. <u>Décrivez-la comme elle est aujourd'hui, grâce aux indications données.</u>

AUTREFOIS	AUJOURD'HUI Pas de changement	Changement	
– Elle s'appelait «les Établissements Tessol».	☐	✗	T.S.M. (S.A.R.L.)
– Nous importions les matières premières d'Australie.	✗	☐	
– Nous choisissions les matières de meilleure qualité.	✗	☐	
– Je conduisais les opérations de l'usine.	✗	☐	
– Les ouvriers s'occupaient de la transformation des matières premières.	✗	☐	
– J'avais un associé.	☐	✗	(3 associés)
– Il envisageait de moderniser l'entreprise.	✗	☐	
– Ses projets étaient de diversifier nos activités.	☐	✗	(Introduire des robots)

<u>Commencez:</u> – Aujourd'hui, l'entreprise s'appelle T.S.M.

Voici comment exprimer le changement:

Notre entreprise compte aujourd'hui 750 salariés | **alors qu'** / **tandis qu'** à sa fondation 12 personnes y travaillaient.

6 | *Jeu à deux*

L'entreprise Martel où vous travailliez il y a 15 ans, s'est développée de façon spectaculaire. Vous rencontrez un/e ami/e qui y est employé/e aujourd'hui. Prenez les rôles des deux ami(e)s et renseignez-vous sur les changements qui ont eu lieu en montrant les différences entre les deux situations.

Voici les informations sur l'entreprise:

	Avant	*Actuellement*
Salariés	600	1 800
Usines	1	3
Directeur commercial	M. Verdoux	M. Verdoux/Mme Belin
Ventes	en France	France & étranger
Recherche & développement	–	1 service
Informatique	un seul ordinateur pour la comptabilité	Pour: comptabilité, production, distribution

Exemple de dialogue:

– Combien de salariés travaillent actuellement dans l'entreprise?
– 1 800.
– C'est incroyable! 1 800 personnes travaillent actuellement dans l'entreprise alors qu'auparavant 600 personnes y travaillaient.

Voici comment exprimer la similitude:

Aujourd'hui | comme
de même que | par le passé, nous sommes prêts à innover.

7 |

Josette a eu une promotion. Expliquez ce qui a changé pour elle et ce qui est resté identique en montrant bien les différences ou la similitude des situations.

	Maintenant	*Avant*
Lieu de travail	Vitré	Suresnes
Employeur	Laboratoires Innota	Laboratoires Innota
Expérience	5 ans	–
Travail	Superviser la production	Analyser les informations
Responsabilités	Chargée d'une équipe de 5 personnes	– (Travail en équipe)
Heures de travail	39 heures par semaine (finit à 17 heures mais emmène des dossiers à consulter chez elle)	39 heures par semaine (8h 15 – 17h)

Commencez: Josette travaille à Vitré **alors qu'**avant elle travail**lait** à Suresnes.

Voici comment demander la cause de quelque chose:

– Pouvez-vous nous expliquer **les raisons** de votre réussite?
– **Pour quelles** raisons avez-vous diversifié votre production?
– **Pourquoi?**
– **Quelle est la cause de** ce problème?

Voici comment répondre:

– **À cause** de notre souplesse.
– **Parce que** nous avons su nous adapter. **Car** nous voulions...
– **La raison pour laquelle** nous avons réussi, c'est...

8 | *Réunion*

Vous travaillez au service vente d'une entreprise automobile. Présentez les résultats de l'année qui vient de s'écouler. Vous devrez aussi répondre aux questions de vos collègues qui vous demanderont pour quelles raisons les résultats sont si variables d'un mois à l'autre, et par rapport à l'année dernière.

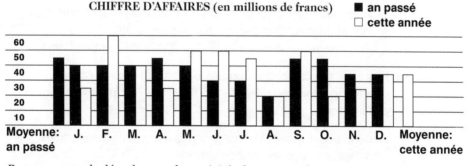

Remarques sur le déroulement des activités de cette année:

Janvier: – Augmentation des prix: 3% en moyenne
Février: – Campagne publicitaire
Mars: – Déroulement normal des activités
Avril: – Problème avec le fournisseur: rupture de stocks
Mai: – Ventes promotionnelles
Juin: – Rabais: 5% sur tout achat d'un modèle de luxe

Juillet: – Rabais: 5% sur tout achat d'un modèle de luxe
Août: – Période creuse: vacances
Septembre: – Embauche de nouveaux vendeurs
Octobre: – Lancement d'un nouveau modèle par un concurrent
Novembre: – Ventes promotionnelles
Décembre: – Période des fêtes

Commencez: – Quel chiffre d'affaires avez-vous réalisé en janvier?
 – . . . .
 – L'année dernière en janvier, le chiffre d'affaires était de . . . .

Utilisez: **Pour quelles raisons . . .? / Parce que . . . / à cause de . . .**

Répondez à la lettre ci-dessous. Expliquez au/à la client/e les causes des retards ou erreurs de livraison en vous aidant des courbes des résultats et des prévisions ci-jointes. Finalement, rassurez votre client/e en ce qui concerne les livraisons futures.

Ét. Deferre
8, rue Lhomond
31 110 Luchon

Brossetout
11, av. Dilliès
06 300 Nice

Luchon, le...

Monsieur,

Nous référant à nos lettres des 13 février, 6 juin et 16 juillet, nous regrettons de vous rappeler que, depuis le début de cette année, vos livraisons sont soit incomplètes, soit en retard:

– Commande n° 112 reçue le 12/2: 1 000 brosses manquantes,
– Commande n° 113 reçue le 10/7 au lieu du 3/6,
– Commande n° 114 reçue le 15/7: 4 000 brosses manquantes.

Nous vous avons choisi comme fournisseur à cause de votre réputation de sérieux. Nous sommes donc extrêmement surpris de ces incidents.

Cependant, la qualité de vos produits nous satisfaisant, nous envisageons les commandes suivantes:

– 5 000 brosses Réf. 314 – (livraison: mi-octobre)
– 8 000 brosses Réf. 316 – (livraison: début décembre).

Êtes-vous en mesure d'exécuter cet ordre aux dates prévues? Un nouveau retard nous mettrait dans une situation très difficile envers nos clients et nous nous verrions dans l'obligation de cesser toutes relations d'affaires avec vous.

Dans l'attente de vous lire, nous vous prions d'agréer, Monsieur, nos salutations distinguées.

J. Deferre

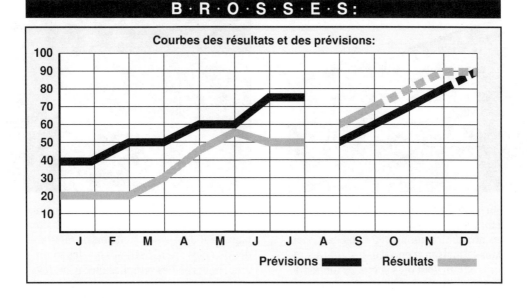

B·R·O·S·S·E·S:

Courbes des résultats et des prévisions:

Prévisions ▰▰▰ Résultats ▰▰▰

Remarques sur le déroulement des activités à l'atelier:

Janvier:	Grève à l'atelier	*Juillet:*	Machines en panne
Février:	Incendie à l'entrepôt	*Août:*	Congés: fermeture annuelle
Mars:	Heures supplémentaires	*Septembre:*	Heures supplémentaires
Avril:	Diminution de la demande	*Octobre:*	Heures supplémentaires
Mai:	Problèmes techniques	*Novembre:*	Grève des transporteurs?
Juin:	Grève du fournisseur	*Décembre:*	Heures supplémentaires

réalités

📖 Le match

La place de la Madeleine est à l'épicerie fine ce que la place Vendôme est à la joaillerie: les deux temples de la gourmandise s'y font face, de chaque côté de l'église.
5 Hédiard, passé depuis 1985 dans le groupe anglais Guinness est le plus ancien puisqu'il fut fondé en 1854, alors que Fauchon n'a été créé qu'en 1886. Le
10 premier dispose de 11 magasins en France (en plus de ses 350 distributeurs), tandis que le second cultive l'exclusivité: un seul magasin, vitrine de prestige pour ses 600 clients-détaillants français et pour l'exportation (30% du chiffre d'affaires), avec 15 pour principal débouché le Japon... Mais malgré ces différences, tous deux ont réalisé le même chiffre d'affaires en 1987: 140 millions de francs.

Symboles de fête, ils réalisent une grande 20 partie de leurs ventes en décembre: 4 000 à 5 000 clients (avec des pointes à 7 000 avant les réveillons) entrent chaque

3. la joaillerie : la bijouterie **10. disposer de qqch :** avoir qqch **12. cultiver qqch :** *ici* développer qqch **13. la vitrine :** les marchandises sont exposées dans une vitrine pour qu'on les voie **16. le débouché :** la clientèle **23. le réveillon :** le nom du repas le soir du 24 et du 31 décembre

Fauchon

Hédiard

jour chez Fauchon... qui débite pendant
25 cette période 2,5 tonnes de foie gras, 5 tonnes de saumon fumé, 980 kilos de caviar.
Dans la maison d'en face, les chiffres re-
cords ont un goût plus sucré: 35 tonnes de
pâtes de fruits, 8 tonnes de chocolats,
30 6 tonnes de marrons glacés.
Mais Noël ne se fête pas sans cadeaux, et
les deux maisons se sont spécialisées dans
le colis gastronomique. Clientèle principale: les entreprises, démarchées par cata-
35 logue, et qui représentent entre 60%
(Fauchon) et 80% (Hédiard) de l'activité

colis-cadeau. On y trouve aussi bien un
modeste coffret avec bouteille de champagne à 160 francs ou huit pots de moutar-
des diverses pour 128 francs que les somp- 40
tueuses corbeilles remplies de caviar, foie
gras, champagne, truffes et grands crus qui
vous entraîneront jusqu'à 20 000 francs.
«Ce que désire le client, avant tout, c'est la
griffe». Tout cela a assuré un joli chiffre 45
d'affaires en 1987: 10 millions de francs
chez Fauchon pour 30 000 colis, 9 millions
chez Hédiard pour 40 000 colis. Que la fête
commence!

■ *D'après l'Expansion, janvier 1989*

24. débiter qqch : *ici* produire qqch **34. démarcher qqn :** faire de la publicité auprès de qqn **42. le grand cru :** un vin célèbre **43. entraîner qqn :** *ici* faire payer qqch à qqn **45. la griffe :** *ici* la marque connue **45. assurer qqch :** *ici* permettre qqch

10 **1** Parmi les mots notés à droite, regroupez ceux qui ont un rapport avec:

l'emballage/ la présentation	le réseau de distribution	les consom- mateurs

un distributeur   un détaillant
un débouché   un coffret
la clientèle   un/e client/e
un magasin   une corbeille
un colis

2 Complétez le tableau suivant:

	HÉDIARD	FAUCHON
Adresse		
Date de création		
Réseau de distribution		
C.A.		
Ventes: Périodes de pointe		
Service spécialisé		
C.A. de ce service		

Le secret des belles usines

1 Fini les cathédrales industrielles!

Trois millions de pots de yaourt sortent chaque jour de Saint-Just. Un record! L'effectif? 290 personnes, dont la moitié à la 5 production. La productivité? 300 tonnes par personne alors que la moyenne européenne ne dépasse pas les 200 tonnes. Le secret? Le processus industriel entièrement automatisé. Saint-Just est un désert. 10 Pas de trace humaine dans les allées pleines de machines. Univers glacial. Il faut aller loin pour rencontrer quelques opérateurs travaillant sur des appareils informatiques. Dans des cages de verre, ils pilotent 15 l'ensemble de la production. La technologie est ultra-propre. Des vitres ont remplacé les murs de béton. Et les stocks, où sont-ils? Ils ne dépassent pas 24 heures!

2 Une nouvelle géographie industrielle 20

Pour réaliser le juste-à-temps, les grandes usines s'entourent de fournisseurs implantés près de leurs installations. Un exemple: Renault et la Sotexo. La Sotexo, spécialisée dans la fabrication de sièges automobiles, 25 est installée à 17 km de l'usine où est produite la R 19. Quand une carrosserie entre sur la chaîne de montage, Renault envoie un signal informatique à la Sotexo avec les spécificités du siège: modèle, forme, cou- 30 leur, matière. Aussitôt, l'usine lance la fabrication du produit. Elle a 213 minutes pour l'envoyer. Transportés par camion, les sièges, déchargés automatiquement, arrivent sur la chaîne de montage au mo- 35 ment où passe la carrosserie à laquelle ils sont destinés. Aujourd'hui, le rythme de livraison atteint 84 sièges toutes les 213 minutes.

3 La fin du taylorisme 40

Une nouvelle organisation du travail apparaît. Le mot «ouvrier» est remplacé par celui d'opérateur. Ceci exprime la fin d'une époque: le taylorisme. Vive la polyvalence! Le salarié doit apprendre un 45 deuxième métier. Autre changement: les cercles de qualité, devenus une source de propositions dans l'usine. «En refusant d'écouter l'ouvrier, on a gaspillé la qualité.» Dans ses usines, Peugeot privilégie le 50 travail en petits groupes, avec 8 ou 10 personnes qui s'autogèrent. Des zones de responsabilité ont été créées. Chaque opérateur est responsable de 5 robots. Son nom est écrit sur la machine. À lui de gérer 55 et de proposer ses solutions pour améliorer son fonctionnement.

■ *D'après Le Nouvel Économiste n° 671, 2 décembre 1988*

12. glacial/e : très froid/e, *ici* inhumain/e   **13. un/e opérateur/-trice :** une personne qui fait une opération précise (sur une machine)   **15. piloter qqch :** diriger qqch   **17. ultra :** très   **22. s'entourer de qqch :** faire venir qqch autour de soi   **28. la chaîne de montage :** une suite d'opérations de fabrication/d'assemblage de pièces   **34. décharger qqch :** enlever qqch   **37. être destiné/e à qqch :** être fait/e pour qqch   **43. exprimer :** montrer   **44. être polyvalent/e :** savoir faire des choses très différentes   **49. gaspiller qqch :** *ici* perdre qqch

11 Hier, l'usine était . . . alors qu'aujourd'hui . . .

Expliquez les différences entre hier et aujourd'hui.
– Les résultats à la production restaient modérés alors qu'aujourd'hui ils atteignent un chiffre record.

À vous!

– Il fallait un grand nombre d'ouvriers pour faire marcher l'usine alors qu'aujourd'hui . . . .

– On investissait dans les machines alors qu'aujourd'hui . . . .

– Les ouvriers travaillaient à la chaîne . . . .

– L'usine était sale . . . .

– Il y avait peu de fenêtres . . . .

– On voyait des piles de stock . . . .

– Les entreprises fabriquaient complètement le produit qu'elles vendaient . . . .

– On constituait des stocks importants . . . .

– Il fallait beaucoup de place pour entreposer ces stocks . . . .

– Beaucoup de temps était perdu en manutention, par exemple, à transporter le stock . . . .

– Les ouvriers travaillaient à la chaîne . . . .

– Ils ne connaissaient qu'un métier . . . .

– On n'écoutait pas les propositions des ouvriers . . . .

– Ils n'avaient pas de responsabilités . . . .

Vos décisions:

Comparez et préparez les changements dans votre compagnie

Thèmes:	– Les coûts – Productivité / Rentabilité: automatisation, délocalisation – Personnel – Résultats financiers
Actes de parole:	– Comparer – Déduire des conséquences
Correspondance:	– Note de service: information – Déplacement de rendez-vous (révision)
Structures:	– Le comparatif – Le superlatif – Exprimer la conséquence – Le conditionnel

À quelle définition correspondent les mots suivants?

a Les coûts fixes: 1 Prix de revient + profit
b Le prix de revient: 2 Location du bâtiment, énergie, entretien,
                                         salaires du personnel administratif
c Le prix de vente: 3 Coûts des matières premières
                                         + salaires du personnel productif
d Le bénéfice: 4 Total des ventes
e Le chiffre d'affaires: 5 Le contraire de profit
f Le déficit: 6 Le profit

compréhension

 Écoutez la cassette et complétez les tableaux et schémas suivants:

1 **LES RÉSULTATS:**   ■ **cette année**   □ **année dernière**

	■ □	■ □	■ □
Bénéfices	. . . .	. . . .	. . . .
Ventes	. . . .	. . . .	. . . .
Coûts de fabrication	. . . .	. . . .	. . . .
Prix des matières premières	. . . .	. . . .	. . . .
Salaires	. . . .	. . . .	. . . .
Salariés	. . . .	. . . .	. . . .

2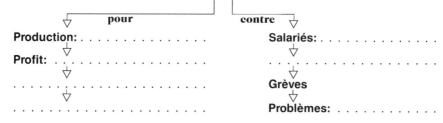

AUTOMATISATION DE LA PRODUCTION

pour   contre

Production: . . . .   **Salariés:** . . . .
Profit: . . . .
. . . .   **Grèves**
. . . .   **Problèmes:** . . . .

3 **PROJETS: Vrai ou faux?**
– Beaucoup d'entreprises européennes ont leurs usines dans les pays où la production est bon marché.
– Pour cette entreprise, le plus simple est de s'implanter à Casablanca.
– Actuellement, le plus important pour eux est de délocaliser la production.

Comparons!

1. – Alors, vous avez les résultats?
   – Oui, ils ne sont pas bons. Les bénéfices sont moins importants que prévu.
   – Tiens, ça m'étonne! Nos ventes sont pourtant bien plus fortes . . .
   – C'est vrai, mais vous oubliez que les coûts de fabrication, eux, sont plus élevés.
   – Comment cela? . . . Les matières premières coûtent moins cher.
   – C'est exact. Ce sont les salaires qui sont plus élevés . . . Je m'explique: Il n'y a
   pas eu d'augmentation de salaire mais vous savez bien que nous employons
   15 ouvriers de plus.

2. – Cette situation ne peut plus durer!
   – En effet. La production doit être rentabilisée. Mais comment?
   – Il n'y a qu'une solution: l'automatiser. Avec plus de machines . . .
   – Ne me parlez pas de cela! Plus de machines, cela implique moins de salariés et donc
   la pression des syndicats, les grèves et finalement les problèmes avec les clients!
   – Pas du tout . . . Je parle d'un projet sur une grande échelle.
   – Que voulez-vous dire?
   – En quelques mots, voici de quoi il s'agit: Tout le monde sait qu'une production
   automatisée rend les produits plus compétitifs.
   – Évidemment . . .
   – Par conséquent, une partie du profit réalisé pourrait être investie dans d'autres
   activités. Vous voyez, nous ne licencierions donc personne!
   – Expliquez aux syndicats que l'introduction de robots à l'usine signifie autant de
   salariés et plus de profits!

3. – Il y a encore une autre solution, plus radicale, bien sûr: beaucoup d'entreprises délo-
   calisent leur production.
   – Cela me semble bien difficile à réaliser!
   – Renseignons-nous...
   – Bon, si vous voulez...
   – Je vais contacter la Chambre de Commerce de Casablanca. Le plus simple est de
   leur demander conseil.
   – Vous avez raison.
   – Le mieux serait de faire un voyage d'études. On se rend mieux compte de la situation
   sur place.
   – Bien entendu . . . Mais attendons d'abord la réponse de la Chambre de Commerce.
   Ensuite, nous reparlerons de ce voyage. Actuellement, c'est le lancement de la
   collection qui est le plus important pour nous.
   – En effet, c'est primordial!

Voici comment comparer:

Les bénéfices sont **moins** importants **que** prévu. *(bonus)* *(expected)*
Nos ventes sont **plus** élevées **que** l'année dernière.
Je suis **aussi** surpris **que** vous.

moins, plus, aussi + ADJECTIF + **que**

---

3 | *Création d'une équipe de vente*

Pour sélectionner un candidat de la manière la plus objective, vous avez rempli
la grille ci-dessous. Quel candidat retiendrez-vous? Dites pourquoi.
(L'échelle d'évaluation va de 1 à 5, 1 étant la meilleure note.)

Critères		Sylvie Vernet	Marc Bartier
Personnalité	dynamique?	3	2
	sympathique?	3	4
Formation	spécialisée?	3	4
Expérience	longue?	4	2
Présentation	bonne?	1	1
	jeune?	1	1
	allure sérieuse?	2	1

(behaviour)

 (not bad, responsible etc.)

4 | *Rapport*

Vous devez acheter un nouvel ordinateur. Prenez le rôle du chef de service et
rédigez un rapport comparant les performances des deux appareils en service
dans vos bureaux. Pour conclure votre rapport, choisissez un des deux
appareils en fonction de ces critères:

– Modèle   rapide   économique
             précis   récent
             puissant

– Prix

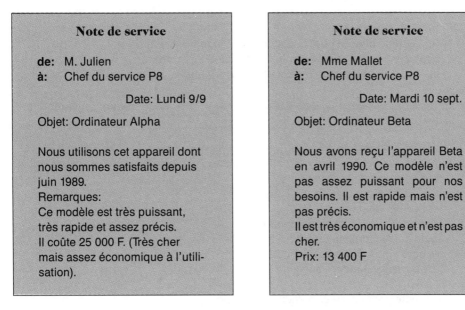

Note de service

de: M. Julien
à: Chef du service P8

Date: Lundi 9/9

Objet: Ordinateur Alpha

Nous utilisons cet appareil dont nous sommes satisfaits depuis juin 1989.
Remarques:
Ce modèle est très puissant, très rapide et assez précis.
Il coûte 25 000 F. (Très cher mais assez économique à l'utilisation).

Note de service

de: Mme Mallet
à: Chef du service P8

Date: Mardi 10 sept.

Objet: Ordinateur Beta

Nous avons reçu l'appareil Beta en avril 1990. Ce modèle n'est pas assez puissant pour nos besoins. Il est rapide mais n'est pas précis.
Il est très économique et n'est pas cher.
Prix: 13 400 F

Voici comment comparer:

Nous aurons **plus de** machines que maintenant.
Nous aurons **moins de** frais (que maintenant).
Nous emploierons **autant de** salariés (que maintenant).

moins de, plus de, autant de + NOM + **que**

5 Vous êtes chargé/e de faire une étude sur trois concurrents.
À partir des renseignements ci-dessous, pré<u>parez un rapport écrit dans lequel vous</u>
<u>comparerez les trois entreprises.</u>

Entreprises:	Paridac	Gelagro	Champon
Salariés en 1989	3 350	2 780	3 890
Salariés aujourd'hui	+ 10%	+ 6%	+ 8%
Chiffre d'affaires	5,7 milliards	4,8 milliards	3,7 milliards
Bénéfices en 1989	63,8 millions	59,7 millions	72,8 millions
Bénéfices aujourd'hui	+ 5%	+ 6%	+ 10%
% de femmes à l'usine	55%	60%	45%

Voici l'équipement **le plus** perfectionné et **le moins** compliqué.
C'est l'opération **la plus** importante et **la moins** risquée.
Nous obtiendrons les articles **les plus** performants et **les moins** chers.

6 Vous êtes chargé/e de préparer une étude comparant les possibilités d'implantation d'une usine dans différents pays. Voici les facteurs à prendre en considération:
– les salaires sont–ils élevés?
– la main-d'œuvre est–elle qualifiée?
– les facilités de transport développées?
– les coûts d'administration importants?
– l'aide du gouvernement facile à obtenir?
– les possibilités d'expansion bonnes?
– le service des banques adéquat?

Commentez ce tableau et prenez une décision.

Facteurs	France	Brésil	Côte-d'Ivoire
Salaires/Main-d'œuvre	5	1	2
Transports	1	4	5
Administration	4	3	5
Aide de l'État	5	3	1
Possibilités d'expansion	4	1	2
Banques	2	3	5

L'échelle d'évaluation va de 1 à 5; 5 étant la condition la moins favorable.

7 *Le bilan de vos connaissances*

Vous vous intéressez à l'économie? Vous vous tenez au courant des résultats économiques des entreprises et des pays? Testez vos connaissances!
Formez deux équipes. Chaque équipe trouve des questions qu'elle posera ensuite à l'autre équipe.

Exemples de questions:

– Quelle est actuellement l'industrie la plus performante dans votre pays/en France?
– Quel pays produit le plus de voitures/de minerais/de produits agro-alimentaires/ d'énergie nucléaire?
– Quelle est la région de votre pays/de France la plus industrielle? la plus agricole?
– Dans votre pays/en France, quel secteur économique a actuellement le plus de difficultés?

Voici comment s'informer sur les conséquences de quelque chose:

– Quelles en sont les conséquences?
– Qu'est-ce que cela implique?
– Qu'est-ce que cela provoquera?

Voici comment exprimer la conséquence:

– Plus de machines, **cela implique** moins de salariés et **donc** la pression des syndicats.
– Les robots font le travail, **ainsi** la qualité est meilleure.
– Il **s'ensuit** une meilleure productivité.
– Nous serons plus compétitifs, **par conséquent**, nous développerons d'autres activités.

8 *Situation*

Expliquez la situation

a

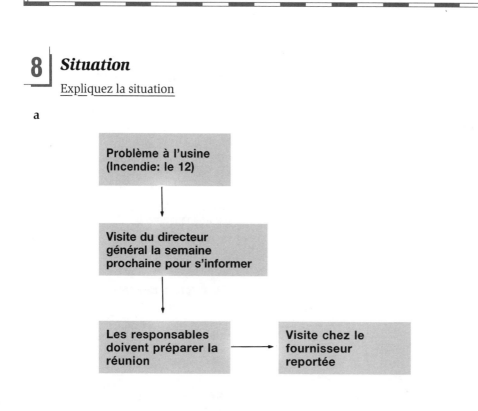

b   Écrivez une note de service pour informer les personnes concernées.
Écrivez aussi au fournisseur pour lui demander de déplacer le rendez-vous.

9 | *Situation*

Investir dans les outils de production?
Prenez les rôles des deux directeurs qui en parlent.
L'un est pour, l'autre contre. Chacun d'eux présente ses arguments.

poùr	contre
Plus d'équipement	**Plus d'équipement**
Production ↗	**Locaux plus grands**
Prix unitaire ↘	**Coûts fixes** ↗
Ventes ↗	**Cash-flow: problème**
	(Cash-flow: capacité d'autofinancement)
Profits ↗	**Production: problèmes**
	(coûts variables maintenus)
	Réclamations des clients

Commencez:
– Nous investissons dans l'équipement. **Qu'est-ce que cela implique?**
– *(Contre:)* Nous investissons dans l'équipement. **Donc**, il nous faut des locaux plus grands. **Par conséquent** . . . .

10 *Prenez la parole*

Développez et argumentez ces propositions, en expliquant les raisons pour lesquelles on pourrait les retenir, et les conséquences que cela entraînerait.
– L'âge de la retraite va passer à 68 ans pour les hommes comme pour les femmes.
– On ne recrutera plus de jeunes de moins de 22 ans.
– Je sais que ça représente beaucoup d'emplois mais nous devons fermer cette usine.
– Il faut interdire en Europe les importations d'Asie.
– Les usines non rentables doivent être fermées.
– Pour sauver notre entreprise tous les salariés doivent y investir un mois de salaire.

Commerce extérieur

Malgré le déficit des échanges de produits industriels, la France se situe toujours au quatrième rang mondial des pays exporta-
5 teurs. Alors que ses échanges approchent l'équilibre pour un grand nombre de produits, ils présentent aussi des forces et des faiblesses:
PRINCIPAUX POINTS FORTS
10 – *Les produits agroalimentaires,* dont l'excédent dans les échanges extérieurs a dépassé 48 milliards de francs en 1989, chiffre record.
– *L'industrie automobile* a obtenu un sur-
15 plus de 18 milliards de francs grâce aux pièces utilisées par les usines de montage des constructeurs français à l'étranger, les véhicules étant en déficit.
– *Le matériel militaire* (+ 27 milliards)
20 constitué de l'électronique de défense (radars...), l'aéronautique (avions de combat, hélicoptères, missiles) et les armes classiques.

– *L'aéronautique civile* (+ 18,2 milliards)
qui bénéficie des programmes d'Airbus. 25
– *L'électricité:* Le développement du secteur nucléaire est à l'origine des exportations permettant d'obtenir un bénéfice de 8,3 milliards de francs en 1989. EDF paraît en mesure de consolider sa position domi- 30
nante en Europe.

Construction de l'Airbus à Toulouse

29. être en mesure de : être capable de.

165

– *Pneumatiques:* Le principal fabricant, Michelin, devenu premier producteur mondial avec l'acquisition d'Uniroyal Goodrich, a beaucoup développé ses implantations à l'étranger. 6 milliards de francs d'excédent pour la France.

QUELQUES POINTS FAIBLES

– *Machines-outils:* Le déficit (8,6 milliards) a quintuplé en 5 ans. Les investissements industriels élevés, faute d'une offre nationale suffisante, contribuent à ce déficit.

– *Textile, habillement, cuir:* La concurrence des pays à bas salaires affecte la branche malgré les opérations de délocalisation. 26 milliards de déficit!

Les progrès remarquables réalisés par les entreprises au cours des dernières années en ce qui concerne la compétitivité et les implantations à l'étranger sont de bons signes mais doivent être poursuivis et doivent impliquer plus largement les P.M.I.

■ *D'après Le Monde, 11 septembre 1990*

34. une acquisition : un achat **40. quintupler :** multiplier par cinq **42. contribuer à qqch :** participer à qqch **44. affecter qqch :** *ici* avoir des conséquences négatives pour qqch

11

1 Chassez l'intrus:

Un excédent, un bénéfice, un déficit, un surplus.

2 Quels postes ont obtenu les résultats suivants?

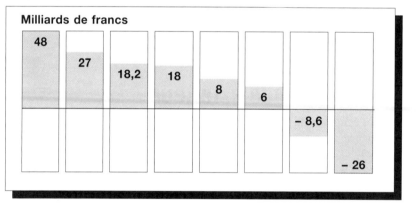

Milliards de francs

48   27   18,2   18   8   6   – 8,6   – 26

3 Vrai ou faux?

– La France exporte plus qu'elle n'importe.
– Elle achète plus de produits agroalimentaires qu'elle n'en vend.
– Elle vend moins de voitures que de pièces détachées pour le montage.
– Le matériel militaire a obtenu les meilleurs résultats.
– L'aéronautique civile a beaucoup moins progressé que l'industrie automobile.
– La France est le pays européen qui exporte le plus d'électricité.
– Michelin est le plus grand producteur de pneumatiques du monde.
– Le déficit des machines-outils est 5 fois plus grand que celui de l'année dernière.
– En ce qui concerne le textile, les grands concurrents sont les pays où les salaires sont les plus bas.
– Les entreprises françaises cherchent à s'implanter à l'étranger plus souvent que par le passé.
– Les P.M.I. ne doivent pas être impliquées dans les efforts d'implantation à l'étranger.

Documents

1 Des géants et des puces: la concentration

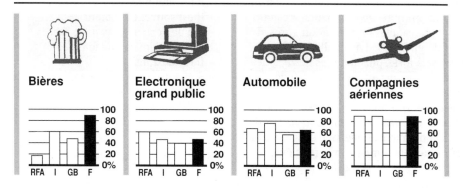

Pays par pays, les pourcentages indiquent la part de marché domestique détenue par les trois principales sociétés du secteur.

Dans les secteurs mentionnés, pouvez-vous citer quelques compagnies françaises?

■ *Bilan économique et social 1990, Le Monde*

Le poids des P.M.I. dans l'industrie des grands pays au milieu des années 80				
	Comparaison internationale (en % du total de chaque pays)			
	Nombre d'entreprises	Effectifs	Chiffre d'affaires	Valeur ajoutée
U.S.A.	98	62	54	53,5
Japon	99	72	50	55
France	95,5	45	35	40
Grande-Bretagne	93	44	39	non connue

U.S.A. : entreprises de moins de 500 salariés.
Japon : entreprises de moins de 300 salariés.
France et Grande-Bretagne : entreprises de moins de 500 salariés.

■ *U.S.A. Statistical Yearbook U.S.A. 1985*
Japon Livre Blanc sur les P.M.E., M.I.T.I., 1987
C.E.E., O.S.C.E.-EUROSTAT. Structure et activités de l'industrie, 1986.

2   Créations d'entreprises

Portrait du créateur

54 % des créateurs d'entreprises habitent des villes de plus de 50 000 habitants. Ils sont de plus en plus diplômés, jeunes et on
5 compte de plus en plus de femmes parmi eux. Le nombre de chômeurs créateurs est en constante augmentation (près de 100 000 en 1989). La mobilité est également plus forte, puisque près de 70 % des
10 créateurs se disent prêts à changer de région.
Une entreprise nouvelle sur deux échoue dans les cinq ans, une sur cinq ne survit pas à la première année, une sur trois à la
15 deuxième, une sur deux à la troisième.

■ *D'après Francoscopie 1991*

10. se dire prêt à faire qqch : dire qu'on est prêt à faire qqch   **12. échouer :** ne pas avoir de succès   **13. survivre à qqch :** continuer à vivre

Vrai ou faux? D'après le texte, comment est le créateur d'entreprise?
– Il succède à son père.
– Il est diplômé.
– Il est souvent chômeur.
– Il a de l'expérience, il est âgé.
– Ce n'est jamais une femme.
– Il est flexible.
– Son entreprise a une chance sur 5 de durer 5 ans.

Le congé-création

Depuis la loi du 3 janvier 1984, vous pouvez quitter votre emploi, si vous avez trois ans d'ancienneté, et créer votre entreprise: si vous
5 échouez, votre emploi vous est rendu. La marche à suivre est simple: vous devez d'abord prévenir votre employeur de votre intention de partir au moins trois mois à l'avance. Il peut repousser la date de ce dé-
10 part (six mois au plus) s'il a de bonnes raisons; il ne peut refuser que si vous travaillez dans une entreprise de moins de deux cents salariés. Vous devez ensuite lui expliquer ce que vous comptez faire: attention aux clau-
15 ses de non-concurrence! Vous devez enfin lui indiquer la durée du congé que vous comptez prendre: un an au plus, mais, en le prévenant trois mois avant ce terme, vous pouvez aussi prolonger ce congé d'une autre année. Au
20 terme de cette période, si vous ne poursuivez pas l'expérience, votre employeur est tenu de vous reprendre dans votre précédent emploi, «ou dans un emploi similaire assorti d'une rémunération équivalente».

■ *Science et Vie Économie n° 5, août 1985*

Vous avez lu le texte. Complétez maintenant ce tableau.

Bénéficiaire   . . . .

Durée du congé   . . . .

Avantage du système   . . . .

Marche à suivre: 1. . . . .

2. . . . .

3. avoir trois ans d'ancienneté : travailler depuis trois ans dans la même entreprise   **5. rendre qqch à qqn :** donner de nouveau   **6. la marche à suivre :** la méthode à suivre   **7. prévenir qqn de qqch :** informer, avertir   **9. repousser une date :** faire qqch plus tard   **14. compter faire qqch :** vouloir faire qqch   **15. la clause de non-concurrence :** la partie du contrat où il est dit qu'il est interdit de travailler pour un concurrent   **16. indiquer qqch :** dire, préciser   **18. le terme :** *ici* la date   **19. prolonger qqch :** faire durer plus longtemps   **20. au terme de :** *ici* à la fin de   **21. être tenu/e de faire qqch :** devoir faire qqch   **23. assorti/e de :** avec

3 RES (Reprise de l'entreprise par ses salariés)

S'il faut vendre son entreprise familiale, pourquoi ne pas passer la main à ses cadres? Cette forme de RES (reprise de l'entreprise par ses salariés), qui commence à se répandre dans les sociétés, est celle qu'a choisie Philippe Delmas pour sa firme spécialisée dans le contrôle technique, CEP (Contrôle et prévention), fondée en 1941 par son père. Pour cette firme, qui emploie 565 ingénieurs sur un effectif total de 1 400 personnes (elle réalisera cette année 450 millions de francs de chiffre d'affaires), l'avantage de ce montage financier est triple: assurer une succession sans risque, conserver son indépendance et continuer sa politique de diversification pour ne plus être soumise aux cycles du secteur de la construction. Jusqu'au printemps dernier, les descendants du fondateur, Jean Delmas, se partageaient 80% du capital; à la suite de l'opération de RES, ils n'en conservent que 46%. Le reste est réparti entre le COGECEP (émanation du comité d'entreprise représentant l'ensemble du personnel), qui détenait déjà 20%, et la SODICEP (Société civile des cadres dirigeants), qui a acquis 34% des parts. Ce montage a été réalisé sans l'aide des banques. C'est la famille Delmas elle-même qui a prêté aux cadres la somme nécessaire à l'achat des actions, selon la procédure dite du «crédit-vendeur». Petit inconvénient: cette RES n'entrant pas dans le cadre de la loi du 9 juillet 1984 qui autorise ce type d'opérations, le Trésor n'accordera pas les avantages fiscaux qui, traditionnellement, s'y attachent.

■ *D'après Le Monde, supplément n° 13 286, 17 octobre 1987*

6. se répandre : se développer **14. un montage financier :** une opération financière **14. triple :** trois fois **15. assurer qqch :** *ici* garantir **17. être soumis/e à qqch :** devoir suivre qqch **20. le/la descendant/e :** c'est un(e) fils (fille), un(e) petit(e)-fils (fille), un(e) arrière-petit(e)-fils (fille) **25. une émanation :** *ici* une filiale **26. détenir qqch :** posséder qqch **33. la procédure :** la méthode **36. le Trésor :** *ici* l'État **37. un avantage fiscal :** un moyen de payer moins d'impôts **38. s'attacher à qqch :** *ici* aller avec qqch, accompagner

Complétez ce résumé:

CEP est une entreprise dont . . . . est le contrôle technique. Elle

. . . . en 1941 par Jean Delmas. Actuellement, son . . . .

se chiffre à 1 400 personnes. Elle . . . . un chiffre d'affaires de 450 millions de francs.

Le président, Philippe Delmas, prendra sa retraite en 1991. Comment assurer sa

. . . . ? Vendre l'entreprise ou la passer à ses cadres? Une

. . . . a été décidée. Le . . . . , qui appartenait à 80% à la famille et à 20% au

personnel, est partagé de la manière suivante: 46% restent à la famille, 20% au personnel

et 34% sont achetés par les . . . . Les . . . . n'interviennent

pas.

Dans le cas de RES où les salariés doivent faire appel aux banques pour financer le

rachat, des . . . . fiscaux leur sont accordés.

4 La crise du syndicalisme

Aujourd'hui, un ménage sur trois détient des ac-
5 tions ou des obligations, contre un sur cinq il y a dix ans. Pour améliorer leur sort, les Français comptent plus désormais
10 sur une hausse de la Bourse que sur l'action syndicale. En dix ans, les syndicats ont perdu offi-ciellement près d'un mil-
15 lion d'adhérents et, dans la réalité, sans doute plus du double. Ils ne repré-sentent maintenant plus que 10 % de la population
20 active, soit le taux le plus faible des pays occiden-taux.

■ *Le Nouvel Observateur,
mai 1991*

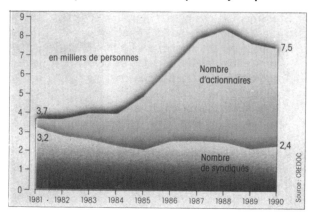

Trois fois plus d'actionnaires que de syndiqués

2. le/la syndiqué/e : personne qui fait partie d'un syndicat → **un syn-dicat :** organisation qui défend les intérêts communs   **2. un/e action-naire :** personne qui possède des actions   **4. détenir :** avoir   **8. le sort :** la situation   **12. syndical/e :** qui appartient au syndicat   **15. un/e adhérent/e :** *ici* une personne syndiquée   **22. le taux :** le pourcentage

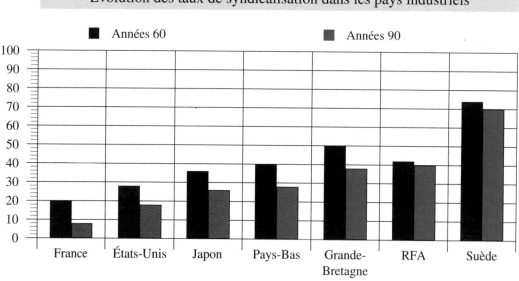

Évolution des taux de syndicalisation dans les pays industriels

L'ABC de la vie commerciale

DOSSIER 5

13
Module

Passez la commande:
Maîtrisez les données techniques

Thèmes:
- Le produit
- La commande
- Les erreurs dans l'exécution de la commande:
    · erreurs portant sur les marchandises,
    · erreurs portant sur la livraison

Actes de parole:
- Décrire un objet
- Demander et donner des dimensions
- Exprimer le but
- Révision:
    · prendre contact par téléphone,
    · demander et donner des informations sur la date

Correspondance:
- Offre, commande, exécution de la commande
    (circulaire, lettre, note interne)

1 Trouvez les synonymes ou les définitions correspondant aux mots suivants:

a – une circulaire
b – un article
c – une gamme
d – un délai
e – les prix courants
f – le paiement

1 – une marchandise
2 – une série
3 – une lettre reproduite à plusieurs exemplaires et adressée à plusieurs personnes
4 – temps accordé pour faire qc
5 – le règlement
6 – la liste des prix

2 Complétez:

une commande   ⟶ commander

une livraison   ⟶ . . . .

. . . . ⟸ expédier

une réception   ⟶ . . . .

un envoi   ⟶ . . . .

. . . . ⟸ transporter

. . . . ⟸ régler

un remboursement   ⟶ . . . .

3 Que fait le client? Que fait le fournisseur? Dans quel ordre?

– répondre à un appel d'offre
– passer la commande
– faire un appel d'offre
– livrer les marchandises
– accuser réception de la commande
– expédier les marchandises
– recevoir la commande

Le client
–
–
–

Le fournisseur
–
–
–
–
–

173

Voici comment décrire un produit:

LE TABLEAU PORTATIF
(monobloc)

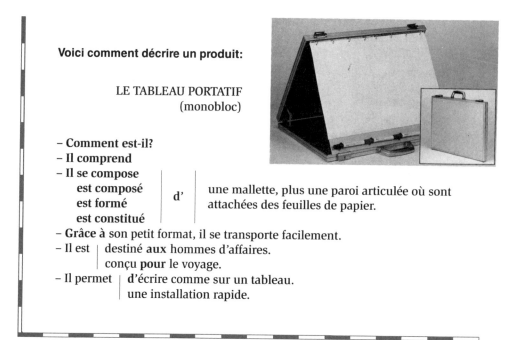

– **Comment est-il?**
– **Il comprend**
– **Il se compose**
     est composé | **d'** | une mallette, plus une paroi articulée où sont
     est formé | | attachées des feuilles de papier.
     est constitué
– **Grâce** à son petit format, il se transporte facilement.
– Il est | destiné **aux** hommes d'affaires.
     | conçu **pour** le voyage.
– Il permet | d'écrire comme sur un tableau.
     | une installation rapide.

l'imprimante

le lecteur de disquettes

l'écran

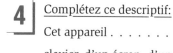

le clavier

4 | Complétez ce descriptif:

Cet appareil . . . . d'un clavier, d'un écran, d'une imprimante et d'un lecteur de disquettes.

Il . . . . pour faciliter les tâches de dactylographie. Il . . . . d'améliorer rapidement et facilement la présentation des documents.

. . . . à son programme, il corrige les fautes d'orthographe automatiquement.

5 Écoutez la cassette et complétez les notes suivantes:

Notes pour la circulaire:

Destinataire: . . . .

Objet de la lettre: . . . .

Pièces jointes: . . . .

Nouvel article: . . . .

Délai de livraison: . . . .

Règlement: . . . .

Description du modèle:

– Il est conçu pour . . . .

– Il comprend: . . . .

– Ses dimensions sont: H = ...

L = ...

P = ...

– Son prix est de: . . . .

Une circulaire à l'attention des clients

Je vous dicte le texte d'une circulaire que vous enverrez à tous nos clients:

«Chers clients, chères clientes,

Vous êtes fidèles à nos produits et nous vous en remercions. Afin de vous aider dans votre prochaine commande, nous sommes heureux de vous présenter la gamme complète de nos articles. Nous vous prions de bien vouloir trouver ci-joint notre dernier catalogue et nos prix courants.

Nous nous permettons d'attirer votre attention sur un nouvel article qui fait l'objet d'une action promotionnelle jusqu'au 31/12:

– Le Minitel 6 qui, lors de vos déplacements, vous permettra de bénéficier de tous les services Minitel. C'est un terminal monobloc portatif qui comprend un écran se refermant sur un clavier. Il se branche sur l'allume-cigare ou le téléphone de votre voiture et est spécialement conçu pour le voyage. Son écran a les dimensions suivantes: Hauteur = 55 cm, Largeur = 29 cm, Profondeur = 22 cm. Son poids est de 2 kg. Il coûte 2 000 F.

Nous nous remercions de bien vouloir nous adresser vos commandes sans tarder afin de bénéficier de notre offre spéciale. La livraison se fait dans un délai de quatre semaines.

Nos modalités de paiement sont les suivantes:
– Règlement à la commande; nous vous accordons dans ce cas un escompte de 5 %.
– Paiement à 30 jours fin de mois.

Nous restons à votre entière disposition pour tout renseignement complémentaire et vous prions d'agréer, chers clients, chères clientes, l'expression de nos sentiments dévoués.»

---

exploitation

 Informez-vous!

Calculatrice.
D'un petit format, elle se loge facilement dans votre poche ou dans votre portefeuille.
Pratique et fiable, elle vous accompagne partout et n'a pas besoin de source lumineuse pour fonctionner.

Vous communiquez les mains libres, transférez vos appels, dialoguez à plusieurs, visualisez l'état des lignes sans perte de temps... Vous gagnez en efficacité et en précision. Vous parlez business avec élégance. Adaptés aux exigences de votre entreprise, les systèmes Barphone ont votre confiance. Car vous n'avez pas l' habitude de confier vos affaires à n'importe qui.

barphone

7 | Complétez ces tableaux en vous aidant des documents des pages 180 et 181.

Substantifs	Adjectifs		Verbes	Substantifs
la rapidité	⟶		mémoriser ⟶	. . . .
. . . . ⟵	précis/e		. . . . ⟵	le fonctionnement
la fiabilité	⟶		. . . . ⟵	le dialogue
. . . . ⟵	élégant/e		. . . . ⟵	la disposition
. . . . ⟵	efficace		. . . . ⟵	le profit
. . . . ⟵	exigeant/e		traiter ⟶	. . . .
la compatibilité ⟶	. . . .		. . . . ⟵	la communication
			. . . . ⟵	le transfert
			appeler ⟶	. . . .
			. . . . ⟵	la visualisation
			perdre du temps ⟶	. . . .
			. . . . ⟵	le gain

Voici comment demander et donner les dimensions d'un objet ou d'un appareil:

– Quelles sont ses dimensions?
– Quelle longueur (largeur/épaisseur/profondeur/hauteur/ quel diamètre) a-t-il?
– Combien fait-il **de** long (large/profondeur/hauteur/diamètre)?
– Combien fait-il **en** épaisseur?

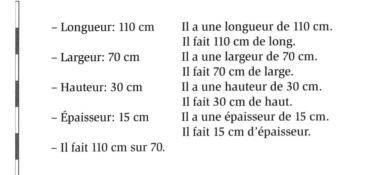

– Longueur: 110 cm — Il a une longueur de 110 cm.
Il fait 110 cm de long.

– Largeur: 70 cm — Il a une largeur de 70 cm.
Il fait 70 cm de large.

– Hauteur: 30 cm — Il a une hauteur de 30 cm.
Il fait 30 cm de haut.

– Épaisseur: 15 cm — Il a une épaisseur de 15 cm.
Il fait 15 cm d'épaisseur.

– Il fait 110 cm sur 70.

8 | Quelles sont les dimensions de ces meubles de bureau?

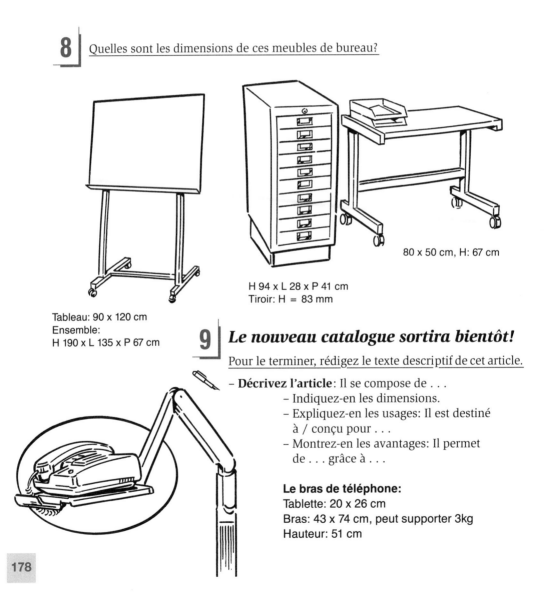

80 x 50 cm, H: 67 cm

H 94 x L 28 x P 41 cm
Tiroir: H = 83 mm

Tableau: 90 x 120 cm
Ensemble:
H 190 x L 135 x P 67 cm

9 | *Le nouveau catalogue sortira bientôt!*

Pour le terminer, rédigez le texte descriptif de cet article.

– **Décrivez l'article**: Il se compose de . . .
  – Indiquez-en les dimensions.
  – Expliquez-en les usages: Il est destiné
     à / conçu pour . . .
  – Montrez-en les avantages: Il permet
     de . . . grâce à . . .

Le bras de téléphone:
Tablette: 20 x 26 cm
Bras: 43 x 74 cm, peut supporter 3kg
Hauteur: 51 cm

Correspondance

Pour vous aider à rédiger la confirmation de cette commande, consultez la phraséologie p. 184.

consultez la phraséologie p. 184.

NOTE INTERNE

Date 11/9

de Service des ventes
à Mlle Fleury

Veuillez répondre à la lettre ci-jointe s.v.p.
Il n'y a plus de pelles en stock.
Délai de livraison pour les pelles : 3 mois

Établissements Delvaux

Kinshasa
B.P. 234
Zaïre

Tonnelier S.A.R.L.
Import-Export
41000 Aubigny/
Nère

Kinshasa, le 03/09/199–

Objet : Commande

Messieurs,

Nous référant à votre offre du 15 août, nous vous passons la commande suivante:

Quantité	Articles	Réf.		Prix unitaire	
– 1	camion d'occasion, Renault	DB2	2836	105 000 F	105 000 F
– 100	brouettes	CF	43	200 F	20 000 F
– 200	pelles	FG	138	38 F	7 600 F
– 100	scies	ML	45	25 F	2 500 F
				Prix total:	135 100 F

Les travaux de construction dont nous sommes responsables devant débuter le 15/11, nous vous serions reconnaissants de bien vouloir nous livrer le plus rapidement possible.

Livraison: via Marseille

Délai de livraison: 7 semaines, au plus tard le 1er/11/199–
Transport: par bateau
Emballage: conteneur
Paiement: selon nos conditions habituelles

Nous vous prions de bien vouloir confirmer notre commande.

Dans l'attente de vous lire, nous vous prions d'agréer, Messieurs, nos salutations distinguées.

R. Dessergues

Phraséologie: les commandes

LE FOURNISSEUR

reçoit votre commande:
– Nous accusons réception de votre commande du . . .
– C'est avec plaisir que nous avons reçu votre commande du . . .
– Nous vous expédions les marchandises aux conditions convenues.

demande des précisions:
– Veuillez nous faire savoir quel mode d'expédition vous désirez.
– Veuillez s.v.p. nous préciser . . .

n'est pas en mesure d'exécuter votre commande:
– Regrettant de ne pouvoir vous répondre plus favorablement, nous vous prions d'agréer, M. . ., nos salutations distinguées.

ne peut pas exécuter votre commande comme prévu (stocks épuisés p. ex.):
– Malheureusement, nous devons vous signaler que nous ne sommes pas en mesure d'exécuter votre commande pour le . . . . / du fait de . . . .
– Nous sommes au regret de . . .
– Nous sommes désolés de . . .

propose une alternative:
– Nous vous proposons (+subst.) / proposons de (+ inf.)
– Veuillez nous faire savoir si vous donnez suite à votre commande.

souhaite une bonne collaboration future:
– Nous espérons que vous serez satisfait/s de notre livraison et, dans l'attente de vos prochaines commandes, nous vous prions d'agréer, M. . . , nos meilleures salutations.

11 Un fournisseur français vous précise ses conditions de vente.
Complétez-les avec les mots suivants:

expédiées, remboursons, retournez, à la charge, correspond, échangerons, décline.

– . . . . le bon de commande, les marchandises vous seront

. . . . dans un délai de 5 semaines.

– L'article ne . . . . pas à vos désirs: retournez-le, nous vous

l'. . . . .

– Vous n'êtes pas satisfait/e de la marchandise: renvoyez-la, nous vous la

. . . .

– Le fournisseur . . . . toute responsabilité en cas de perte ou

de dommage pendant le transport. L'assurance est . . . .

du/de la client/e.

12 *Jeu à deux*

Erreur dans l' exécution de la commande.
Référez-vous à la lettre p. 183 (commande).

Joueur A: Vous représentez les établissements Delvaux. Vous venez de recevoir votre commande passée le 03/09. Or, la marchandise ne correspond pas à celle indiquée dans votre lettre. Vous avez reçu:
100 scies, réf. ML 65, dont le prix unitaire est de 34 F, au lieu de 100 scies, réf. ML 45, dont le prix unitaire est de 25 F.
Téléphonez à l'entreprise Tonnelier pour demander des explications. Insistez pour régler le problème le plus vite possible et à votre avantage.

Les indications pour le **Joueur B** se trouvent à la fin du livre.

Le **Joueur A** commence.

13 *Une lettre de confimation*

Rédigez la lettre que l'entreprise Tonnelier envoie pour confirmer l'accord auquel elle est arrivée avec les établissements Delvaux.

14 | *Jeu à deux: Une erreur de livraison*

Joueur A: Vous êtes marchand de vin en gros.
Le siège de votre maison se trouve à Lyon.
Les entrepôts se trouvent à Valence.

Vous avez commandé aux viticulteurs alsaciens qui sont vos fournisseurs:
10 europalettes de Silvaner, de Riesling et de Pinot (une europalette = 60 cartons de 6 bouteilles chacun).

La livraison a lieu comme prévu le 18/05 mais, par erreur, le transitaire chargé du transport livre la marchandise à vos bureaux de Lyon au lieu de la livrer à Valence.

Situation 1: Dès l'arrivée du camion de livraison à Lyon, vous téléphonez à votre fournisseur principal à Strasbourg pour régler le problème de l'acheminement de la marchandise vers Valence.

Situation 2: Le problème de transport étant réglé, vous téléphonez le 20/05 à votre fournisseur pour lui demander le remboursement des frais causés par l'erreur de livraison : location de camion, déchargement, chargement, frais au km.

Les indications pour le **Joueur B** se trouvent à la fin du livre.

15 | *Une lettre de réclamation*

Vous êtes le marchand de vin du jeu précédent (**Joueur A**). Vous écrivez au transitaire «Transroute», à Strasbourg. Vous lui exposez les faits, vous vous référez aux renseignements donnés par votre fournisseur et vous lui demandez le remboursement des frais causés par l'erreur de livraison.

5 millions de ménages sont équipés du Minitel (fin 1989)

Spécificité française, le Minitel fait aujourd'hui partie de l'équipement d'environ un ménage sur quatre, après seulement quelques années d'existence; les premiers essais datent de juillet 1980 et les premiers appareils ont été livrés en 1983. Ce développement spectaculaire est bien entendu lié à la gratuité de l'appareil, distribué aux usagers du téléphone en lieu et place de l'annuaire. Il a permis à la France de passer de l'ère du téléphone à celle de la télécommunication.

Plus d'un milliard d'appels par an

Les minitélistes ont effectué 1,2 milliard d'appels en 1989 et 86,5 millions d'heures de connexion. La consultation de l'annuaire électronique représentait 500 millions d'appels, ce qui en fait la base de données la plus consultée au monde. Le reste des appels était destiné aux 12 500 services proposés aux usagers: messageries, jeux, services pratiques, informations générales, kiosque, services bancaires et financiers, applications professionnelles spécialisées, etc.

Sur les 5 millions d'appareils en service, 400 000 sont loués par des entreprises. L'utilisation des services professionnels représente 52 % du trafic. En moyenne, chaque Minitel est utilisé 90 minutes par mois.

■ *Francoscopie 1991, Larousse*

16 Regardez les publicités Minitel et dites:
– quels services sont proposés,
– à quels publics elles s'adressent.

1. le ménage : *ici* personne ou famille qui consomme **8. un essai :** un premier emploi **10. un appareil :** une machine **12. spectaculaire :** extraordinaire **13. la gratuité :** le fait d'être gratuit **15. un usager :** personne qui utilise qqch (*ici* qui utilise un téléphone) **15. en lieu et place de qqch :** à la place de qqch **16. un annuaire :** *ici* livre contenant la liste des usagers du téléphone **21. un appel → appeler :** *ici* téléphoner **22. effectuer qqch :** faire qqch **25. la connexion :** la communication **29. la base de données :** un ensemble d'informations **29. consulter qqch :** *ici* utiliser qqch **31. être destiné/e à qqch :** *ici* s'adresser à qqch **33. la messagerie :** service où on peut laisser ou publier des messages ou des annonces **35. le kiosque :** *ici* service de presse sur Minitel **37. une application :** une utilisation **41. en service :** installé/e chez les usagers **42. être loué/e :** *ici* reçu contre le paiement d'un loyer

14

Module

À l'écoute de vos clients:

Négociez et mettez-vous d'accord

Thèmes:	– Conditions de vente
	– Transport
	– Garantie
	– Prix et rabais
	– Satisfaction du/de la client/e
	– Appel d'offres
Actes de parole:	– Négocier: Poser des conditions, faire des hypothèses
Correspondance:	– Rappel (facture impayée)
	– Demande de documentation (révision)
Structures:	– si + présent
	– si ≠ quand
	– si + imparfait

1 Formez les paires

a à compter de
b un prix ferme
c avec soin
d expirer
e donner suite (à)
f le service concerné

1 non révisable
2 finir (se dit d'un contrat)
3 à partir de
4 intéressé / qui s'occupe de la question
5 continuer une affaire
6 attentivement

2 Écoutez la cassette, puis dites si les affirmations suivantes sont vraies ou fausses:

	vrai	faux
– M. Morel et M. Lamboi vont se rencontrer.	☐	☐
– Le client, M. Lamboi, veut négocier sur les prix.	☐	☐
– Il ne donnera pas suite à l'offre si le montage de la machine n'est pas assuré par le fournisseur.	☐	☐
– M. Morel propose de réduire les délais de livraison.	☐	☐
– Le transport de la machine doit se faire par avion et à la charge du client.	☐	☐

Prélude à la négociation

– M. Morel, je vous téléphone au sujet de votre offre pour un robot. Nous avons étudié vos conditions de vente avec soin, mais il reste encore quelques points à régler.

– Bon . . ., M. Lamboi. Pouvez-vous me rappeler, s.v.p., à quelle date nous vous avons envoyé cette offre?

– Attendez . . ., je regarde . . . : le 15 septembre.

– Ah oui, je me souviens. Vous savez que nos tarifs augmenteront de 5% à compter du mois prochain? Donc, s'il reste des points à régler, il faut faire vite.

– Mais, je ne comprends pas. Comme vous nous avez fixé un prix ferme, cette augmentation ne nous concerne pas!

– Pour le moment, c'est vrai. Mais attention, si le délai d'option expire, les prix de notre offre sont révisables.

– Hum . . . Je vois.

– Venons-en à vos questions. De quoi s'agit-il?

– Voilà: Ce sont vos délais de livraison qui nous posent problème. Si vous ne pouvez pas nous livrer plus rapidement, nous ne donnerons pas suite.

– Eh bien, je vais en parler aux services concernés.

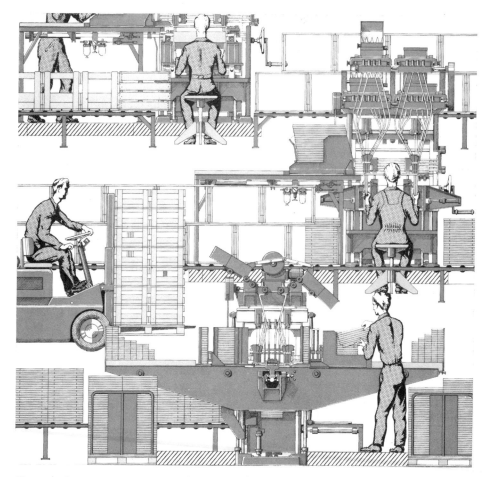

– C'est très important pour nous. Si vraiment il vous était impossible d'accélérer la
livraison, accepteriez-vous de faire l'expédition par avion?
– Il est sûrement possible de trouver une solution. Je vais voir cela avec mes collègues.
– Encore une question, secondaire cette fois. Nous aimerions savoir si vous seriez
prêt à assurer l'entretien de la machine après installation.
– Écoutez, M. Lamboi, je vais me renseigner. Si vous voulez, rencontrons-nous
cette semaine. Disons . . . vendredi dans la matinée, à 10h 30.
– C'est entendu. Je vous remercie, M. Morel.
À vendredi.

exploitation

Voici comment poser des conditions:

– **S'**il **reste** des points à discuter, **rencontrons-nous**.
– **Si** le délai d'option **expire,** les prix **sont** révisables.
– **Si** vous ne **livrez** pas plus rapidement, nous ne **donnerons** pas suite.

3 | *Dialogue*

Vous travaillez dans une entreprise de transport. Un/e client/e d'un pays
d'Afrique francophone se renseigne sur les conditions d'expédition au départ
du port de Marseille.

Exemple:

– Combien de temps un colis met-il pour arriver à Douala?
– Si l'envoi se fait par avion . . . / S'il s'agit de marchandises volumineuses . . .
– Et si l'envoi part par bateau, combien coûte le transport?

<u>Continuez.</u>

Destination	par avion prix (kg)	par bateau durée	prix pour une tonne	/	un conteneur
Kigali/Ruanda (via Monbasa/Kenya)	46 F	2-3 semaines	1 225 F		12 075 F
Kinshasa/Zaïre (via Matadi/Zaïre)	42 F	3 semaines	735 F		20 545 F
Rabat/Maroc (via Casablanca/Maroc)	21 F	1-2 semaines	553 F		9 100 F
Douala/Cameroun	28 F	3 semaines	490 F		10 500 F

4 Lisez les conditions de vente d'une entreprise française. D'après ces conditions, trouvez à quoi s'engagent le fournisseur et le client.

CONDITIONS DE VENTE	Le fournisseur se charge du/de la/de l'/des	Le client se charge du/de la/de l'/des
Service après-vente: Assuré par nos soins pour tout ce qui concerne les éléments mécaniques, électriques et pneumatiques standard, par les agences de Télémécanique pour tout ce qui concerne la programmation électronique.	. . . .	. . . .
Montage, raccordement, essais sur place: Sont compris et réalisés par nos soins, la totalité du montage, du câblage et les essais sur place. Restent à la charge du client le transport, l'implantation, les fondations, la mise en place, l'installation électrique et l'hébergement des monteurs pendant leur intervention.	. . . .	. . . .
Garantie: Six mois contre toutes pièces reconnues défectueuses sous réserve d'une utilisation correcte.	. . . .	. . . .
Délais de livraison: Précisés à la commande.	. . . .	. . . .
Conditions de paiement: – 1/3 à la commande – 1/3 à la livraison – Le solde à 60 jours fin de mois.	. . . .	. . . .
Options: 15 jours à compter de la date de l'offre.	. . . .	. . . .
Révision des prix: Nos prix sont fermes et non révisables pour toutes commandes dans les délais d'option.	. . . .	. . . .

5 Vous avez lu les conditions de vente ci-contre. Complétez les phrases suivantes en conjugant les verbes entre parenthèses:

– Si vous (signer) . . . . un contrat, vous (accepter) . . . . nos conditions de vente.
– Si vous (attendre) . . . . 2 mois avant de conclure le contrat, les prix (être probablement révisé) . . . .
– Si vous (désirer) . . . . des conditions de paiement spéciales, (parler) . . . . -en à M. Morel.
– Nous (faire) . . . . des contrôles régulièrement si vous le (demander) . . . .
– Mais si une panne (survenir) . . . . 8 mois après le montage, les frais occasionnés (ne plus être couvert) . . . . par la garantie.

6 *Jeu à deux:*
L'application des conditions de vente

Pour bien comprendre la situation de départ de ce jeu, référez-vous au texte p. 189/190 et aux conditions de vente de l'exercice n° 4, p. 192.

Joueur A: M. Lamboi, le client
Joueur B: M. Morel, le fournisseur

M. Lamboi a acheté un robot. La machine est arrivée à l'usine. Selon les conditions de vente, un monteur doit assurer le montage de la machine. Tout est prêt, mais M. Lamboi n'a pas de nouvelles du monteur.

Situation 1: M. Lamboi appelle M. Morel pour lui demander ce qui se passe. M. Morel s'excuse et s'explique. Ils se mettent d'accord sur une date, le matériel à préparer, l'hébergement du monteur, etc.

Jouez la conversation téléphonique.

Situation 2: M. Morel appelle M. Lamboi. Il n'a pas pu trouver de monteur. M. Lamboi est mécontent. Il rappelle à M. Morel les conditions de vente et menace de ne pas respecter les conditions de paiement s'il perd le contrat avec son meilleur client à cause de ce retard.

Jouez la conversation téléphonique.

7 *Correspondance*

Un fournisseur français vient de vous livrer des robots pour équiper le département production de votre usine. Vous lui écrivez pour lui demander de vous envoyer les documents suivants qui vous manquent:
– schémas pour l'installation des robots,
– traduction des brochures explicatives.

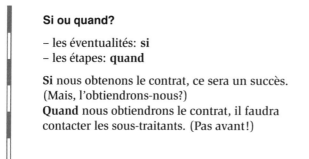

Si ou quand?

– les éventualités: **si**
– les étapes: **quand**

Si nous obtenons le contrat, ce sera un succès.
(Mais, l'obtiendrons-nous?)
Quand nous obtiendrons le contrat, il faudra
contacter les sous-traitants. (Pas avant!)

8 | Commentez les différentes étapes qui précèdent la réalisation d'un projet
gouvernemental. Employez **si** et **quand**.

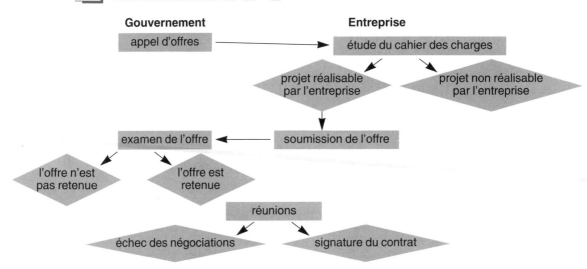

Complétez avec **si** ou **quand**.

. . . . . un gouvernement lance un appel d'offres, les entreprises intéressées étudient le cahier des charges.

. . . . . l'entreprise est en mesure de réaliser ce projet, elle soumet une offre.

. . . . le gouvernement a reçu toutes les offres, il les examine. Plusieurs possibilités se présentent:

– soit l'offre n'est pas retenue . . . .
par exemple la technique ou le financement ne correspondent pas aux désirs du gouvernement,

– soit le gouvernement demande une documentation supplémentaire

. . . . il pense que c'est nécessaire.

. . . . . . l'offre est retenue, les réunions commencent. Mais ce n'est que

. . . . le gouvernement et l'entreprise arrivent à un accord, le contrat est signé.

9 *Situation*

Le client s'impatiente. Il trouve les délais de livraison trop longs. Expliquez-lui, à l'aide du schéma ci-dessous, la procédure depuis la prise de la commande jusqu'à l'envoi des marchandises chez le client.

Attention: Emploierez-vous **si** ou **quand** pour introduire chaque séquence?

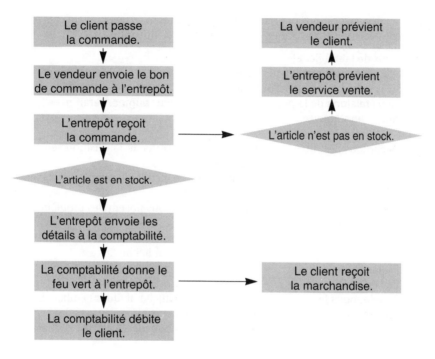

10 Voici des suggestions pour augmenter les ventes, avec leurs avantages et leurs inconvénients: <u>Transformez-les selon l'exemple suivant:</u>

Faisons de la publicité!
– Non, le prix de revient augmentera.
– Si! Les produits se vendront mieux.
Si nous **faisions** de la publicité, le prix de revient **augmenterait** mais les produits se **vendraient** mieux.

a Accordons des rabais!   – Impossible! Les coûts de fabrication seront à peine couverts.
    – Si! Cette mesure incitera les clients à acheter en grande quantité.

b Réduisons les délais de livraison!   – Impossible, cela nous posera des problèmes d'organisation.
    – Oui, mais des délais plus courts nous donneront de bons arguments publicitaires.

c Prolongeons la durée de la garantie!   – Non, cela reviendra très cher!
    – Si, notre image s'améliorera!

d Développons le service après-vente!   – Non, c'est trop difficile. Il faudra embaucher du personnel supplémentaire.
    – Oui, c'est une bonne idée. La firme gagnera en réputation.

11   *Cas: une facture impayée*

Conditions de vente

a <u>Complétez le texte suivant avec:</u> **remise, consentons, acompte, bénéficier, débité.**

Nous . . . . un escompte de 5% pour les paiements au comptant.

Une . . . . est accordée sur les commandes importantes.

Dans certaines conditions, le client peut . . . . de rabais sur le prix de vente.

Pour toute commande supérieure à 30 000 F, nous demandons un . . . . de 5% à la réception des marchandises.

Nous informons nos clients que leur compte est . . . . le 10 du mois suivant.

b Vous avez reçu la lettre de rappel ci-contre. Cette photocopie étant malheureusement illisible, complétez-la avec les mots suivants: **correspondant, faire le nécessaire, nous vous prions, nous vous rappelons, à ce jour, créditer.**

Établissements Sévigné
15 rue Lamartine
73 104 Aix-les-Bains

Tresserves S.A.R.L.
14 rue St-Michel
73 104 Aix-les-Bains

Aix-les-Bains, le 18/7/199__

Rappel: notre facture du 18/6/199__

Messieurs,

. . . . que notre facture du 18/6/199__ . . . . à votre commande Réf. 235 est restée impayée . . . .

Nous vous demandons de bien vouloir . . . . afin de . . . . notre compte de la somme de 14 000 F.

Dans l'attente de vous lire, ... d'agréer, Messieurs, nos salutations distinguées.

c Problèmes de facturation: Expliquez-vous!
Prenez les rôles du client et du fournisseur.

Le client n'est pas d'accord avec la facture reçue et discute avec son fournisseur. Expliquez-vous à l'aide des arguments ci-dessous. (Employez: **si + l'imparfait**).

Exemple (1):
Le client: **Si** vous nous **accordiez** un escompte de 5%, nous **réglerions** la facture tout de suite.
Le fournisseur: **Si** vous **payiez** au comptant, nous vous **accorderions** un escompte.

Le client

1 Accordez-nous un escompte de 5% et nous réglerons la facture tout de suite.
2 Déduisez le rabais de 2,5% du montant de la facture et nous donnerons suite.
3 Calculez la remise de 3% et nous ferons le virement immédiatement.
4 Faites-nous parvenir la commande complète et nous créditerons votre compte.
5 Montrez-vous plus compréhensifs et vous aurez de meilleurs rapports avec vos clients.

Le fournisseur

1 Payez au comptant, nous vous accorderons un escompte.
2 Répondez tout de suite, vous pourrez profiter de l'offre promotionnelle.
3 Commandez pour un montant supérieur à 15 000 F, nous vous consentirons une remise de 3%.
4 Faites la liste des produits manquants et nous vous les enverrons.
5 Réglez les factures rapidement et nos relations d'affaires seront meilleures.

d Répondez à la lettre de rappel p. 197.

 Expliquez pour quelles raisons vous n'avez pas réglé votre facture et dites ce que vous comptez faire.

Vous pouvez utiliser les expressions suivantes:

  – Si vous pouviez . . . .

  – Si vous aviez l'amabilité de . . . .

  – Si vous acceptiez de . . . .

  – Si vous nous indiquiez . . . .

12 *Discussion*

Faut-il informatiser totalement notre compagnie d'assurances selon le modèle de l'UAP (Union des Assurances de Paris), l'agence «sans papier»?

Grâce à un scanner, les contrats d'assurance et toute la correspondance seraient enregistrés sur des disques optiques, puis transmis par le réseau informatique interne vers deux gros ordinateurs. Aucune photocopie ne serait nécessaire. L'accès aux dossiers serait quasi immédiat à partir d'un micro-ordinateur.

■ *D'après l'Expansion, septembre 1988*

Exemple:
Si l'agence était totalement informatisée, le classement deviendrait superflu!

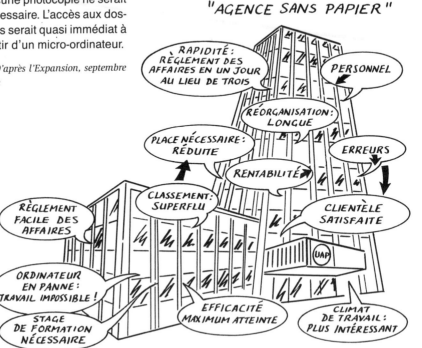

"AGENCE SANS PAPIER"

La compensation: un contrat où tout se négocie

La compensation est une technique consistant à «vendre» des machines en échange
5 de produits. Cette pratique est courante entre les entreprises de l'Est et l'Ouest et concerne aujourd'hui les P.M.E. aussi bien que les grands groupes.

Habituée à l'export, qui représente près de
10 50% d'un CA de 60 millions, Serta, P.M.E. lyonnaise, apprend en 1989 qu'une opération de compensation est possible avec un consortium soviétique intéressé par ses machines, en échange de plusieurs tonnes . . . d'acide
15 fluoridrique. L'affaire représenterait quelque dix millions de francs. L'entreprise, qui n'a jamais conclu de tels accords, fait appel à un cabinet marseillais spécialisé, dirigé par Jean-Marie Gueit. Avant toute chose, celui-ci
20 fait analyser la qualité de l'acide soviétique. Puis il réalise une étude de marché sur les possibilités de vente, les prix pratiqués et enfin, trouve un acheteur potentiel.

Les problèmes les plus souvent rencontrés
25 dans ce type d'opération sont le faible nombre de produits proposés pour l'échange par les partenaires de l'Est et surtout la difficulté de leur revente.

Comment faire face à ce problème? D'abord
30 obtenir, dès le début de la négociation, toutes les garanties possibles sur les produits proposés. Dans le cas de Serta, le produit étant connu, sa qualité et ses chances d'écoulement sur le marché ont pu être analysées.
35 Mais ce n'est pas toujours le cas.

Se pose ensuite le problème de la négociation des prix. Pour Serta, il s'agissait de déterminer combien d'acide soviétique la société devait importer (et revendre) pour «rembourser» les
40 machines livrées.

Il faut donc définir une valeur d'échange entre des biens qui n'ont souvent aucun rapport entre eux. Dans ce calcul doivent être intégrés: le prix du produit au cours du marché (pour sa revente), ainsi que les frais bancaires
45 et financiers, notamment le découvert bancaire à supporter tant qu'il y a importation mais pas exportation, plus les honoraires des éventuels cabinets conseils (de 1 à 5 % du
50 montant total) et autres traders. En tout, le disagio peut représenter de 5 à 25 % de la valeur de l'accord.

Mais d'autres surprises peuvent apparaître. Dans le cas de la Serta, il s'est posé le pro-
55 blème du transport de l'acide, particulièrement coûteux pour ce produit toxique. Il a donc fallu intégrer le coût des conteneurs et de leur transport, ce qui n'est pas une petite affaire quand il n'existe en Europe qu'une
60 douzaine de wagons adaptés et qu'ils ne sont pas disponibles au moment de la négociation du contrat!

■ *D'après Science & Vie Économie Magazine n° 64, septembre 1990*

---

14. l'acide fluoridrique : constituant chimique   **17. conclure un accord :** arriver à un accord   **23. potentiel/le :** possible   **28. la revente :** la vente   **33. un écoulement sur le marché :** la vente à des acheteurs possibles   **37. déterminer :** savoir, fixer (la quantité)   **39. « rembourser » les machines :** *ici* égaler la valeur des machines   **46. le découvert :** *ici* une somme due sur un compte bancaire   **48. les honoraires :** la rémunération, la paye   **50. les traders :** les négociants/les intermédiaires de commerce   **51. le disagio :** les frais, les intérêts   **56. coûteux :** cher   **56. toxique :** qui contient une substance capable de donner la mort ou de rendre très malade   **57. un conteneur :** grande caisse où on met des marchandises à transporter   **61. disponible :** libre

---

13 Questions:

1 D'après ce texte, sur quoi portent les négociations?
2 Quels problèmes peut poser ce type de contrats?
3 À votre avis, quels sont les avantages et les inconvénients de ces échanges pour les entreprises?

Les relations d'affaires:

Les rapports commerciaux entre fournisseurs et clients

DRINGGG!...

Thèmes:	– Réclamations
	– Emballages/dégâts
	– Factures impayées
	– Personnel
	– Machines: mode d'emploi et entretien
Actes de parole:	– Exprimer l'importance/la nécessité
	– Exprimer un désir
	– Proposer quelque chose
	– Décrire une situation, (les faits, les causes)
	– Expliquer le fonctionnement d'un appareil
Correspondance:	– Réclamations
	– Inscriptions (révision)
	– Rapports/Comptes rendus écrits
Structures:	– Il est (adjectif) que + subjonctif
	– Il faut que + subjonctif
	– Demander, vouloir, exiger, désirer, souhaiter + subjonctif

1 Associez les expressions:

Langue des affaires:

a une communication téléphonique
b patienter
c constater
d réitérer
e adopter une mesure
f de ce fait
g être en mesure de
h remettre un dossier

Langue courante:

1 attendre
2 répéter
3 donner un dossier
4 voir
5 pouvoir
6 prendre une mesure
7 à cause de cela
8 un coup de fil

2 Complétez la lettre suivante avec:

cassées, regrettons, constater, emballage, endommagées, délais, réclamations, du fait que, en mesure, obligation, veuillez, causent.

Le Dauphinois S.A.R.L.
15 Avenue Isola Bella
06400 Cannes

MM Cageot & Frigo
28 Avenue Dilliès
06300 Nice

Cannes, le 27/6/199__

Messieurs,

Nous . . . . de vous signaler que les marchandises suivantes de notre commande du 8 courant sont arrivées . . . . :
– 64 boîtes (Réf. BPT 3): . . . .
– 82 couvercles (Réf. VC7): percés.

Nous avons fait . . . . les dégâts par votre livreur M. Colineau qui pourra témoigner que ceux-ci proviennent de l' . . . . insuffisant des marchandises.

Nous vous avions déjà communiqué par nos lettres du 25/1, 23/2, 21/4 qu'il était nécessaire de changer vos emballages. Cependant, malgré nos . . . . réitérées, vous n'avez pas réglé ces problèmes qui nous . . . . de graves préjudices . . . . nous ne sommes pas . . . . de respecter les . . . . indiqués aux clients. Nous nous voyons donc dans l' . . . . de suspendre nos paiements dans l'attente du règlement de ce litige.

. . . . agréer, Messieurs, nos salutations distinguées.

V. Brigault

Écoutez la cassette et remplissez les documents suivants:

TÉLÉPHONE

Nom: . . . .   ☐ a appelé

Tél. . . . .   ☐ le rappeler

Message: . . . .

. . . .

ANALYSE DE LA SITUATION

Problèmes:
☐ diminution des ventes

☐ réclamations

☐ lancement d'un produit concurrent

☐ rupture de stock du fournisseur

☐ rupture de stock à l'entrepôt

☐ marchandises livrées endommagées aux clients

☐ marchandises livrées endommagées par le fournisseur

☐ retard des livraisons aux clients

☐ retard des livraisons du fournisseur

Mesures proposées:
☐ changer nos emballages

☐ demander aux fournisseurs de changer leurs emballages

☐ changer de fournisseur

☐ chercher d'autres fournisseurs

☐ augmenter le stock

☐ louer un nouvel entrepôt

Décisions à prendre:
☐ prévenir le client

☐ prévenir le fournisseur

☐ organiser une réunion du service

Des clients mécontents

– J'ai reçu un coup de fil de Latour.

– Qu'est-ce qu'il veut?

– Il est très mécontent. Les délais de livraison sont encore une fois dépassés. Il dit qu'il a besoin des pièces...

– Vous l'avez fait patienter, j'espère.

– Cela devient difficile. À chaque commande, il y a du retard!

– Cette situation ne va pas durer. Mme Verdurin a fait des propositions pour résoudre ce problème.

– Je ne suis pas au courant. Qu'est-ce qu'elle propose?

– Eh bien, elle m'a remis un rapport la semaine dernière. Attendez...
Ah, le voilà!... Mme Verdurin a fait une étude précise de la situation. Elle constate les faits suivants: À partir de février, les réclamations ont été plus fréquentes et en juin les ventes ont commencé à diminuer. Dans 85 % des cas, le mécontentement des clients est dû à des retards de livraison.

– C'est vrai. Mais qui est responsable de ces retards? Nos services ventes, entrepôt et transport font leur possible!

– Oui, c'est bien l'avis de Mme Verdurin. Elle dit que les marchandises que Cageot et Frigo nous envoient arrivent endommagées et que malgré nos réclamations réitérées, les fournisseurs n'ont pas changé leurs emballages.

– C'est exact. Alors, comment voulez-vous, dans ces conditions-là, respecter les délais indiqués aux clients?

– Il faut prendre des mesures. Mme Verdurin propose que nous changions de fournisseurs.

– Oui, c'est vraiment nécessaire.

– Elle souhaite aussi que nous augmentions nos stocks afin de moins dépendre des fournisseurs.

– Ça, c'est discutable. Augmenter les stocks reviendrait bien cher! Il faudrait que nous nous réunissions pour discuter de tout cela.

exploitation

4 Complétez avec: **en mesure, amené, dû, suivantes, assuré, couverts, proposer des mesures, constaté, conclusions, adopter, vienne, permis, soit.**

Service du personnel

M. le Chef du service production
M. le Chef du service entretien

Le 5 juillet 199__

Rapport sur les arrêts de travail du service production

Suite à un arrêt de travail . . . . au mécontentement des employés, j'ai l'intention, dans ce rapport, de rappeler les faits, d'examiner les causes des troubles et de . . . . pour y mettre fin.

Les faits:

Le 2/7, de 8 heures 30 à 11 heures, les employés du service production ont refusé de travailler sous prétexte qu'ils n'étaient pas . . . . d'exécuter leurs tâches, la machine MA18 étant en panne.

D'autre part, j'ai . . . . que la machine MA18 tombait fréquemment en panne et que les frais de réparation n'étaient pas . . . . par la garantie, le fabricant disant que les pannes étaient dues à un manque d'entretien.

Les causes:

Ces observations m'ont . . . . à chercher les raisons pour lesquelles la machine n'était ni contrôlée ni entretenue. Une interview avec les personnes du service production m'a . . . . d'arriver aux . . . . suivantes:

La machine MA18 est à la disposition du service production mais appartient au service entretien qui ne l'utilise pas actuellement. Son bon état de marche devrait être . . . . par le service entretien.

Mesures proposées:

Les mesures qu'il me paraît recommandable d' . . . . sont les . . . . :

Premièrement, il est nécessaire qu'une personne du service entretien . . . . responsable de la machine. Deuxièmement, il est souhaitable qu'un mécanicien . . . . régulièrement s'assurer du bon fonctionnement de cette machine.

Carmet

Service du personnel.

---

5 Faites un rapport sur cette situation comptable.

En voici les détails:

Les faits:
– Factures restant impayées malgré les rappels.
– Nombreuses réclamations: erreurs sur les articles envoyés,
                              erreurs sur les quantités.

Les causes:
Vous vous êtes renseigné/e et vous avez constaté que:
– Le personnel à l'entrepôt change très souvent,
– les absences sont fréquentes,
– le pourcentage de personnel intérimaire est très important (65 %),
– les contrôles sont insuffisants.

Mesures proposées:
À votre choix.

Il est important que les techniciens français **soient** formés pour travailler avec nos machines. Il serait utile que nous **organisions** un stage pour nos clients français.

Il + être (conjugué) + adjectif + *que* + subjonctif

6 | *Qui sera chargé du stage de formation?*

Pour permettre à vos clients français de mieux utiliser les machines que vous leur livrez, vous avez décidé d'organiser à leur intention un stage dans votre usine. Lequel/Laquelle de vos techniciens et techniciennes allez-vous choisir pour assurer ce stage?

– Il est important qu'il/elle ait des connaissances de français?
– Oui, il/elle doit avoir des connaissances de français.

Répondez comme dans le modèle ci-dessus:

– Il est indispensable qu'il/elle aime les contacts?
– Il est nécessaire qu'il/elle ait de l'expérience?
– Il est souhaitable qu'il/elle soit diplômé/e?
– Il est indispensable qu'il/elle connaisse toutes nos machines?
– Il est obligatoire qu'il/elle puisse se libérer toute une semaine?
– Il est souhaitable qu'il/elle ait des qualités pédagogiques?
– Il est impératif qu'il/elle sache expliquer clairement?
– Il est important que nous établissions un concept de formation?
– Il est nécessaire qu'il/elle puisse convaincre les clients?
– Il serait bon que nous proposions rapidement des dates à nos clients?
– Il serait normal que le chef du service production vienne à ce stage?
– Il serait utile que le/la formateur/-trice prenne lui/elle-même contact avec les ingénieurs français?
– Il est possible que le/la technicien/-ne choisi/e fasse des propositions intéressantes?

Je voudrais que Mme Verdurin nous **dise** comment elle veut régler le problème.

M. Laforêt **demande que** toutes les personnes concernées **soient** présentes à la réunion.

7 | Un client exigeant

Vous devez contrôler tous les articles!

Que demande-t-il?

Il demande que nous **contrôlions** tous les articles.

Transformez comme ci-dessus.

– Les délais de livraison doivent être respectés!
– Les marchandises doivent être bien emballées!
– Venez voir les dégâts!
– Faites une facture pro forma!
– Remplissez les formulaires pour la douane!
– Allez vous-mêmes à la douane!

Que demande-t-il/elle?
Que veut-il/elle?
Qu'est-ce qu'il/elle exige?
Que désire-t-il/elle?
Qu'est-ce qu'il/elle souhaite?
Qu'est-ce qu'il/elle voudrait?

8 | Jeu à deux

Joueur A: Vous êtes client/e. Adressez-vous à l'employé/e. Que désirez-vous que le Club fasse pour vous?

Exemples:
– Organiser votre secrétariat?
  → «Je désire que vous . . .»
– Écrire votre courrier?
– Recevoir vos clients?
– Prendre vos appels téléphoniques?
– Faire vos réservations?

Continuez.

Les indications pour le Joueur B se trouvent à la fin du livre.

BUREAUX A LA CARTE

Le Club Affaires Satellite propose aux personnes qui n'ont pas de bureau à Paris un système de secrétariat, téléphone, télécopie, d'accès aux banques de données, de réservation d'hôtel, de places d'avion, l'organisation de cocktails etc. Coût: 18 000 F par an d'abonnement, plus les frais de service. Exemple: 90 F de l'heure pour la location d'un bureau. Installé dans un hôtel particulier du XIXe, ce club est également un lieu agréable de détente et de rencontre.

Club Affaires «Le Satellite»
8, rue Copernic, 75116 Paris.

9 |

Vous avez lu l'article «Bureaux à la carte». Écrivez une lettre au Club Affaires pour y demander votre inscription. Vous expliquerez qui vous êtes, où vous habitez, ce que vous faites et ce que vous attendez du club.

Il faut que j'**aille** le voir cette semaine.

10 | *Questions pratiques*

– Comment fonctionne l'appareil?

Branchez-le. $\longrightarrow$ Il faut que vous le branchiez.

Mettez-le en marche. $\longrightarrow$ Il faut que vous . . . .

Choisissez votre programme.

Appuyez sur la touche.

Attendez un instant.

Prenez votre document.

De quel appareil s'agit-il?

– Qu'est-ce qu'il faut que je fasse?

Pour régler la couleur?	introduire le papier
Pour obtenir le programme?	faire le 0 avant le numéro
Pour appeler l'extérieur?	appuyer sur le bouton
Pour imprimer le texte?	taper le code
Pour réparer l'appareil?	débrancher

DE QUELS APPAREILS S'AGIT-IL?

11 | *Une invitation*

Une lettre d'invitation

a Depuis trois ans, vous entretenez de bonnes relations commerciales avec votre fournisseur français. Pour consolider vos relations d'affaires, vous décidez d'inviter ce fournisseur à un salon qui aura bientôt lieu dans votre pays.

Dans votre lettre d'invitation, vous parlez (au choix):

– **du passé:** vos bonnes relations d'affaires,

– **du présent:** votre invitation,

– **du futur:** votre but est de consolider vos relations d'affaires et d'étudier de nouveaux projets avec le fournisseur.

b   Un discours de bienvenue
Préparez un discours pour accueillir votre visiteur.

Voici quelques idées:

Vous avez toujours été satis-
fait/e du fonctionnement des
livraisons, en particulier avant
les fêtes de fin d'année.

Vous avez toujours apprécié le
choix des produits proposés et
la qualité et l'originalité des
emballages.

Vous lui avez préparé
un programme de visite.

Vous lui ferez visiter votre
entrepôt ou magasin de
vente.

Vous pensez à une nouvelle
gamme de produits et à de
nouveaux débouchés.

Vous envisagez de mettre en
place une centrale d'achats.

c   Vous accueillez votre visiteur
Présentez-vous, présentez vos collègues et faites votre discours.

12 | *Jeu de rôles: Appel d'offres*

Le ministère de l'Industrie a lancé un appel d'offres pour la construction d'une
usine de conserves. Obtiendrez-vous ce contrat?
Vous avez étudié les dossiers 4 et 5. Vous êtes maintenant préparé(e)s pour les
négociations à haut niveau.

APPEL D'OFFRES

1 Objet du marché:
Construction d'une usine de conserves.

Caractéristiques générales de l'ouvrage:
Ce marché comprend la construction de
l'usine, l'installation et la mise en place des
machines, la maintenance des appareils.

2 Délai de livraison:
L'usine devra être en état de fonctionnement dans un délai de 18 mois à
compter du bon de commande.

**3 Date limite de réception des candi-
datures:**
6 juillet 199__

**4 Adresse où elles doivent être
transmises:**
Ministère de l'Industrie,
République Terrafaber

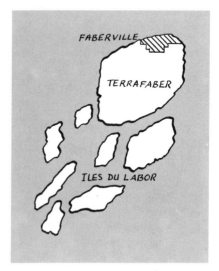

5 Langue du contrat:
Le français.

6 Renseignements concernant la qualité et les capacités juridiques, techniques, économiques et financières des candidats:
Dossier de référence sur affaires similaires.

7 Critères utilisés lors de l'attribution de marché:
Valeur technique par rapport aux exigences des cahiers des charges, prix, modalités et coût d'exécution de la maintenance.

Parmi les entreprises qui ont répondu, deux ont été sélectionnées. Afin de décider quelle offre accepter, une réunion est organisée.

Seront présents: – les représentants du gouvernement,
  – les représentants de la Compagnie Spia,
  – les représentants de la Compagnie Génil.

Formez ces trois équipes.

1 Les spécialistes de chaque compagnie se présenteront (formation, expérience), puis ils présenteront leur offre. Voici les points dont vous devrez parler:
– Description de l'usine: facilité d'accès, capacité, effectif, bâtiments,
    équipements.
– Réalisation des travaux: planning, emploi d'entreprises locales, sous-traitants.
– Maintenance et garantie.
– Financement.

À l'intérieur des trois équipes, partagez-vous le travail de présentation selon les spécialités suivantes: génie civil, technique, financement, administration.

Il s'ensuivra une discussion animée par les spécialistes du gouvernement. Les aspects techniques et financiers de chaque offre seront comparés. Finalement, le gouvernement choisira l'offre la plus intéressante en expliquant sous quelles conditions.

Cadres: la fin du voyage

*Au lieu d'aller à New York, ils vont au bout du couloir . . .
dans la salle de visioconférence.*

Le marché des téléréunions, visioconférences et autres moyens de communication à distance enregistre un boum spectaculaire.

Le principe de la réunion téléphonique? Simple comme un coup de fil. Chez France-Télécom, il suffit de réserver un horaire vingt-quatre heures à l'avance. Au jour et à l'heure convenus, chaque participant compose un code secret sur son téléphone, et «entre en réunion». Avec Genesys, pour 2 800 francs d'abonnement annuel, l'utilisateur dispose d'une «salle de réunion» identifiée par un code secret, qui lui permet de réunir, où il veut, quand il veut, un nombre illimité d'interlocuteurs dans le monde. Chaque participant payera 1,55 franc la minute, à quoi s'ajoutera le prix de la communication. Rapide calcul: réunir en téléréunion un Parisien et cinq provinciaux coûte en tout et pour tout 1 700 francs l'heure. Tandis que le déplacement des mêmes cadres, frais de taxis et de repas compris, reviendrait à 7 000 francs. Sans compter le temps perdu. Ce n'est pas seulement une question de coût, insiste-t-on à Paribas. Ce type de communication permet d'accélérer la prise de décision: on va à l'essentiel. Depuis le 17 janvier, Genesys enregistre un doublement de son trafic et 100 nouveaux clients par mois. Mais la téléréunion compte aussi des frustrés. Memorex, le groupe informatique qui en fait grand usage pour relier ses points de vente, y voit des limites. «Rien ne remplace la rencontre en direct, reconnaît un commercial. Au téléphone, les silences sont sources de malentendus, ils peuvent être mal interprétés. Au cours d'une négociation, le visage de l'interlocuteur est essentiel.»

Voilà pourquoi, aujourd'hui, les plus fortunés ont adopté le nec plus ultra de la réunion à distance: la visioconférence. En direct et comme si vous y étiez. Installé dans un studio équipé d'un moniteur, d'une caméra et d'un haut-parleur, vous discutez avec votre interlocuteur américain ou japonais, assis dans un studio similaire à l'autre bout de la planète. Alors que les compagnies aériennes voient actuellement leur trafic baisser de 25 % en moyenne, France-Télécom enregistre une hausse de 30 % des réservations pour les visioconférences et 110 heures de liaisons internationales pour le seul mois de janvier: un record historique.

Cependant, l'investissement n'est pas à la portée de toutes les P.M.E.: 137 000 à 2 millions de francs pour la seule installation du studio, auxquels s'ajoute un abonnement de 4 200 francs par mois. Le prix de la communication restant en sus, 3 000 à 4 000 francs par heure pour l'Europe, 8 000 francs en moyenne pour les États-Unis.

■ *D'après le Nouvel Observateur, n° 1373, 28 février 1991*

2. le couloir : *ici* un passage qui réunit les bureaux **6. un boom :** un développement **19. un interlocuteur :** la personne avec laquelle on parle **23. le/la provincial/e :** personne qui habite en province, c.-à-d. en dehors de Paris **24. en tout et pour tout :** au total **27. revenir à :** *ici* coûter **31. l'essentiel** (m.) : le plus important **35. un frustré :** une personne privée de qqch **36. faire usage de qqch :** utiliser qqch **40. être source de qqch :** être responsable de qqch, être à l'origine de qqch **45. le nec plus ultra :** le dernier cri, la dernière mode **49. le haut-parleur :** appareil qui augmente le son **51. similaire :** identique, le/la même... **60. être à la portée de qqn :** être possible pour qqn **65. en sus :** en plus

13 Discussion:

1 À votre avis, en quoi l'emploi des téléréunions et des visioconférences change-t-il les rapports avec les partenaires commerciaux?

2 Seriez-vous pour ou contre l'introduction des téléréunions dans votre entreprise? Expliquez pourquoi: donnez vos arguments.

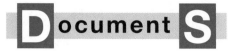

Documents

1 La banque et les particuliers

Les millions de Français qui, chaque jour, utilisent leur carte bancaire savent-ils qu'ils bénéficient d'un service unique au monde? Dans aucun autre pays, en effet, la même
5 carte n'est garantie par l'ensemble de la communauté bancaire. Dans aucun autre pays, la même carte n'est acceptée à la fois dans tous les distributeurs de billets et par un très large réseau de commerces. La carte est devenue
10 un phénomène de société. Plus qu'un symbole: pour la première fois, en 1987, le nombre de chèques en circulation en France a diminué (de l'ordre de 5 % à 7 %). Pourtant, la formidable avancée de la carte ne va pas sans
15 problèmes pour les banques.
Le système national de paiement par carte, malgré son succès, n'a pas atteint, à ce jour, son seuil de rentabilité. Plus on utilise la carte, plus les pertes de gestion s'alourdis
20 sent. Il y a bien des limites au nombre de porteurs, mais il n'y en a pas au nombre de transactions.

Dans notre pays, les retraits dans les distributeurs sont gratuits, alors qu'ils sont le plus souvent payants à l'extérieur de nos 25 frontières. Autre complication, les opérations effectuées par carte deviennent ruineuses lorsque leur montant est faible, c'est-à-dire au-dessous de 150 F. Ainsi, un retrait à un guichet automatique coûte de 30 5 F à 8 F, et les paiements effectués aux guichets des autoroutes peuvent entraîner des frais de 2 F à 5 F pour un péage de 50 F, alors que la commission versée aux banques ne dépasse guère 0,50 F. 35
«En fait, soupire un banquier, nous avons fait rêver les gens avec la monnaie électronique et, surtout, nous avons commis l'erreur de vouloir remplacer un produit gratuit, le chèque, par un autre produit gra 40 tuit ou presque, la carte, alors qu'à l'étranger, tout est payant.»

 Le Monde-Dossier, septembre 1989

---

3. bénéficier de qqch : profiter de qqch   **8. le distributeur de billets :** l'appareil qui donne des billets de banque   **9. le commerce :** *ici* le magasin   **14. une avancée :** un développement, un progrès   **18. le seuil de rentabilité :** la rentabilité minimale   **19. la perte :** le contraire du gain   **19. s'alourdir :** devenir plus lourd, plus important   **20. le porteur :** la personne qui « porte », qui possède une carte bancaire ou un chéquier   **21. la transaction :** l'opération monétaire ou financière   **23. le** **retrait d'argent :** retirer de l'argent   **26. la complication :** le problème   **27. ruineux/-euse :** trop cher/ère   **28. le montant :** la somme   **30. le guichet automatique :** le distributeur de billets   **32. entraîner qqch :** avoir pour résultat   **33. le péage :** en France, station où on doit payer les taxes pour utiliser une autoroute   **34. verser qqch à qqn :** payer qqch à qqn   **36. soupirer :** *ici* dire   **38. commettre une erreur :** faire une erreur   **39. remplacer :** mettre en place

Questions:
En France:
– Les chèques sont-ils facturés?
– Quelle est la particularité des cartes bancaires françaises?

TARIFS

BANQUE	CARTE BLEUE VISA (en francs)	ABONNEMENT À SERVICE MINITEL	ACHAT ET CONSERVATION DE 10 LIGNES DE 10 000 FRANCS D'ACTIONS FRANÇAISES (en francs)	RELEVÉS DE COMPTE	VIREMENT À L'ÉTRANGER	PRESTATIONS GRATUITES
LA POSTE-CCP	135	Gratuit, mais pas disponible dans toute la France	1 650	5 francs/an	Gratuit	Remboursement anticipé d'un prêt épargne-logement
CRÉDIT AGRICOLE	135	25 francs/mois	1 820	Gratuits, bimensuels		Consultation de conseils privés
SOCIÉTÉ GÉNÉRALE	150	30, 40 ou 50 francs/mois selon prestations	2 700	Frais de poste	1 % (58 francs minimum)	Retour de chèques impayés remis à encaissement

■ *D'après Expansion n° 347, 5 janvier 1989*

Comparez les tarifs de ces trois banques et dites quels arguments pourraient motiver un/e client/e à choisir l'une ou l'autre d'entre elles.

Minitels bancaires

La «banque à domicile» est intéressante pour les banquiers mais elle l'est aussi pour les particuliers qui peuvent effectuer
5 des opérations très variées à toute heure. Par exemple: l'utilisateur peut vérifier si un chèque a été payé car il a accès à son compte grâce à un code confidentiel.
De chez soi, il est donc possible de gérer
10 ses liquidités, de faire des virements sur son compte d'épargne, les comptes EDF, téléphone, impôts, etc. ou encore de consulter une offre de prêt d'une banque et même de souscrire à celle-ci.
15 Des services de banque à domicile permettent déjà d'acheter ou de vendre des actions en Bourse.

Questions:
– D'après vous, pour quelles raisons la banque à domicile est-elle intéressante pour les banques?
– Quel avantage financier peut-elle apporter aux particuliers?
– Quels autres avantages leur apporte-t-elle?

6. vérifier : contrôler **7. avoir accès à qqch :** *ici* voir
8. confidentiel/le : *ici* connu/e seulement du banquier et du particulier **9. gérer :** administrer **10. la liquidité :** l'argent disponible **10. le virement :** un transfert d'argent d'un compte sur un autre compte **13. consulter qqch :** s'informer sur qqch **14. souscrire à un prêt :** prendre un crédit **17. une action :** une part de capital

ATTENTION !
RÉCENTS BOULEVERSEMENTS
DANS LE PAYSAGE
DU COMPTE-CHÈQUE.

Etre l'assureur de demain, c'est faire progresser l'épargne des français.

Aujourd'hui, les AGF anticipent et créent AGF Finance, une gamme de produits d'épargne et de placement.

Dans ce cadre, elles lancent le compte AGF Libractif, un compte-chèque qui rapporte 7%. Vous versez 30.000 F au départ et vous disposez d'un compte-chèque alliant la simplicité des retraits et la liberté des dépôts.

Et ce compte-chèque est aussi un produit d'épargne performant. Désormais, en matière de compte-chèque, on n'évoluera plus en terrain plat.

Pour en savoir plus, rencontrez votre conseiller AGF ou tapez 36.15 AGF Libractif.

AGF
avec vous

AGF LIBRACTIF, LE COMPTE-CHÈQUE QUI RAPPORTE 7%*.

* Taux annualisé constaté au 1er juin 91.

L'épargne

C'est dans les pays les moins développés qu'on épargne le plus.

Le taux d'épargne des ménages varie aujourd'hui entre
5 et 25 % du revenu disponible des ménages. Paradoxalement, ce sont les habitants
des pays les moins riches
(surtout les Grecs et les Por-
tugais) qui mettent le plus
d'argent de côté (relative-
ment à leurs revenus). Il est
vrai que les systèmes de protection sociale y sont plutôt
moins développés, de même
que le crédit, et qu'il est
donc davantage nécessaire
d'épargner pour faire face à
un besoin d'argent imprévu
ou à l'achat d'un logement
ou d'un bien d'équipement.
Le taux est particulièrement
bas au Royaume-Uni et aux
Pays-Bas (de 4 à 5 %). Il se
situe entre 12 et 14 % dans
les autres pays.

■ *Euroscopie, Larousse 1991*

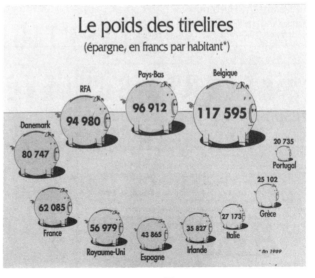

Le poids des tirelires
(épargne, en francs par habitant*)

Danemark 80 747
RFA 94 980
Pays-Bas 96 912
Belgique 117 595
Portugal 20 735
Grèce 25 102
France 62 085
Royaume-Uni 56 979
Espagne 43 865
Irlande 35 827
Italie 27 173
* fin 1989

■ *Le Point n° 953, 30 décembre 1990*

4. le taux : le pourcentage **4. le ménage :** *ici* personne ou famille qui consomme **5. varier entre - et - :** aller de - à - **6. le revenu :** le salaire **11. mettre de l'argent de côté :** économiser **14. la protection sociale :** les assurances sociales **19. faire face à qqch :** avoir les moyens de réagir face à qqch **20. imprévu :** qqch qui n'est pas attendu **22. le bien d'équipement :** *ici* appareil/machine utilisé/e par un ménage

2 La banque et les affaires

Face au marché unique européen, les banques doivent étendre leurs activités et s'allier à des partenaires
Tout d'abord, elles se rendent compte de leurs intérêts communs avec les compagnies d'assurances: l'U.A.P. s'est ainsi liée à un partenaire privé, la B.N.P. Leurs intérêts récipro-
5 ques sont clairs: ce rapprochement permet à chacun de diffuser ses produits dans le réseau de l'autre, en même temps que de rationaliser ses propres activités. Les deux partenaires doivent définir une stratégie commune, aussi bien en ce qui concerne leurs inves-
tissements industriels que leurs activités de banques d'affaires.
Autre exemple d'association en «bancassurance»: le GAN, troisième assureur nationalisé
10 français, qui s'est associé aux banques régionales C.I.C.

1. face à : devant **1. étendre qqch :** développer qqch **3. se rendre compte de qqch :** prendre conscience de qqch **4. réciproque :** qui implique un échange de services semblables **5. diffuser qqch :** *ici* vendre **6. le réseau :** *ici* l'ensemble des succursales de banque **6. rationaliser :** penser d'une manière efficace **7. une stratégie :** une action

Les banquiers français ont par ailleurs développé leurs contacts avec les industriels: par exemple, le Crédit lyonnais a augmenté ses participations dans les grands groupes industriels (de 38 % en 1989!). Devant l'augmentation du nombre de fusions entre entreprises, de conquêtes de parts de marché et de firmes se préparant au marché
15 unique européen, les banques ont créé des départements «fusions et acquisitions». Elles offrent conseils et listes d'adresses, diversifiant ainsi leur activité de manière prestigieuse et rentable à la fois.

Enfin, les banques s'allient entre elles. Par exemple, la Caisse d'Épargne Écureuil a choisi un partenaire en Espagne. Cette stratégie permet de ne pas se lancer dans des implanta-
20 tions européennes coûteuses et limite l'arrivée de caisses étrangères en France. Quant au groupe Paribas, il crée des filiales en Europe (13 actuellement), rachète des sociétés locales ou s'associe à des partenaires industriels.

12. la participation : *ici* un apport financier   **14. la fusion :** union de deux entreprises   **14. la conquête** →
conquérir : gagner   **16. une acquisition :** un achat   **16. diversifier leur activité :** présenter plusieurs activités   **17. prestigieux/-euse :** célèbre, brillant/e   **18. s'allier :** s'associer   **19. se lancer dans qqch :** s'en-
gager/entreprendre   **20. la caisse :** *ici* la banque

Questions:
– D'après ce texte, selon quels modèles les banques évoluent-elles actuellement?
  Pour quelles raisons?
– Quels sont les avantages des alliances entre groupes bancaires et industriels?
  Ces alliances peuvent-elles avoir aussi des inconvénients?

Les 12 plus grandes banques du monde

Montant du bilan
(en milliards de dollars, 1988)

  1 **Dai Ici Kangyo Bank** (Japon)
  2 **Sumitomo Bank** (Japon)
  3 **Fuji Bank** (Japon)
  4 **Mitsubishi Bank** (Japon)
  5 **Samwa Bank** (Japon)
  6 **Industrial Bank of Japan** (Japon)
  7 **Crédit agricole** (France)
  8 **Citicorp** (États-Unis)
  9 **Norinchukin Bank** (Japon)
 10 **B.N.P.** (France)
 11 **Deutsche Bank** (Allemagne)
 12 **Crédit lyonnais** (France)

■ *Investir: supplément, 21 janvier 1989*

MÉGATEST

LA FRANCE DES AFFAIRES

I Avez-vous bien lu le dossier 1: «Bienvenue en entreprise»?

1 Pour parler de quelqu'un, vous dites:
  a □ Connaissez-vous M. Delvaux?   Il est ingénieur chez Prit.
  b □ Connaissez-vous M. Delvaux?   Il est un ingénieur chez Prit.

2 Pour commencer une lettre adressée à M. Delvaux, vous écrivez:
  a □ Monsieur Delvaux,
  b □ Monsieur,

3 En France, un CV est signé.
  a □ Oui
  b □ Non

4 En France, les références sont envoyées avec le CV.
  a □ vrai
  b □ faux

5 L'entretien d'embauche a pour but de contrôler les connaissances du/de la candidat/e.
  a □ vrai
  b □ faux

6 Dans le cursus des études françaises, il est possible d'obtenir un diplôme universitaire sans être titulaire du BAC.
  a □ vrai
  b □ faux

7 HEC est:
  a □ une caisse d'assurance
  b □ une Grande École

II Avez-vous bien lu le dossier 2: «Entrez dans la vie des affaires»

1 Le Minitel est un appareil permettant de voir la personne avec qui vous communiquez.
  a □ vrai
  b □ faux

2 En France, le téléphone sonne. Vous répondez.
  a □ Vous dites: «Allo?»
  b □ Vous dites votre nom.

3 Avec le numéro vert:
   a ☐ Vous téléphonez gratuitement à l'entreprise.
   b ☐ Vous obtenez des renseignements concernant l'écologie.

4 La formule finale de correspondance:
   «Veuillez agréer, Monsieur, l'assurance de nos sentiments les meilleurs.»
   a ☐ est démodée
   b ☐ est toujours en usage

5 On vous dit : «M. Untel à l'appareil.» De quel appareil s'agit-il?
   a ☐ un téléphone
   b ☐ un ordinateur

6 La T.V.A. est:
   a ☐ la taxe à la valeur ajoutée
   b ☐ le train à vitesse accélérée

7 «Régler le solde» signifie :
   a ☐ payer la somme restante
   b ☐ vendre les fins de séries

III Avez-vous bien lu le dossier 3: «Parlons chiffres» ?

1 Au début des années 90 la croissance du P.I.B est:
   a ☐ plus forte dans l'Union européenne qu'aux États-Unis
   b ☐ plus forte aux États-Unis qu'en Afrique noire

2 Dépenses budgétaires des ménages en France: quel poste arrive en 1 ère position?
   a ☐ l'alimentation
   b ☐ le logement

3 D'une manière générale, les dépenses pour
   a ☐ l'habillement augmentent.
   b ☐ les télécommunications et les loisirs augmentent.

4 Le secteur tertiaire occupe presque les 2/3 de la population active française.
   a ☐ vrai
   b ☐ faux

5 La «franchise» est:
   a ☐ un réseau commercial
   b ☐ un argument de vente

6 Le secteur le plus publiphile à la télévision française est:
   a ☐ l'automobile
   b ☐ l'alimentation

7 Les 16 pays européens représentent
   a ☐ moins de 235 millions de consommateurs.
   b ☐ plus de 335 millions de consommateurs.

IV Avez-vous bien lu le dossier 4: «Les enjeux de l'entreprise»?

1 La forme d'entreprise la plus facile à créer est:
  a ☐ l'entreprise individuelle
  b ☐ l'E.U.R.L.

2 Le capital minimum d'une S.A.R.L. est 7 fois moins important que le capital minimum d'une S.A.
  a ☐ vrai
  b ☐ faux

3 Le secteur le plus performant en France est:
  a ☐ l'industrie automobile
  b ☐ l'agroalimentaire

4 En France, dans quel secteur la concentration des entreprises est-elle la plus forte?
  a ☐ dans l'agroalimentaire
  b ☐ dans l'électronique grand public

5 La France est le 4ème pays exportateur du monde.
  a ☐ vrai
  b ☐ faux

6 95% des entreprises industrielles françaises emploient moins de 500 salariés.
  a ☐ vrai
  b ☐ faux

7 Le sigle RES signifie:
  a ☐ réévaluation des emplois sociaux
  b ☐ reprise de l'entreprise par ses salariés

V Avez-vous bien lu le dossier 5: «L'A.B.C. de la vie commerciale»?

1 Les services professionnels représentent
  a ☐ la moitié du trafic Minitel.
  b ☐ le quart du trafic Minitel.

2 Grâce au Minitel, il est possible d'effectuer des transactions bancaires à partir de son domicile:
  a ☐ vrai
  b ☐ faux

3 La plus grande banque française est:
  a ☐ le Crédit agricole
  b ☐ la B.N.P.

4 La première banque européenne est:
  a ☐ allemande
  b ☐ française

5 La forme d'échange commercial qui consiste à «vendre» des machines en échange de produits s'appelle:

a ☐ la compensation

b ☐ le troc industriel

6 Organiser une téléréunion entre Paris et la province revient plus cher que d'organiser une rencontre:

a ☐ vrai

b ☐ faux

7 Aujourd'hui, toutes les P.M.E. françaises organisent régulièrement des visioconférences avec leurs partenaires commerciaux:

a ☐ vrai

b ☐ faux

VI Connaissez-vous la France?

1 Associez aux villes suivantes leur principale activité:

a Toulouse	1 Textile
b Clermont-Ferrand	2 Informatique
c Lille	3 Secteur tertiaire
d Paris.	4 Aéronautique
e Sochaux	5 Caoutchouc & matières plastiques
f Nice	6 Construction mécanique

2 Les grands noms de l'économie française
Quelle entreprise pour quel secteur?

a Aérospatiale	1 Agroalimentaire
b B.S.N.	2 Chimie
c Bull	3 Aéronautique
d Alcatel	4 Informatique
e EDF	5 Télécommunications
f Saint-Gobain	6 Énergie

Les solutions du test se trouvent à la p. 238.

SIGLES ET ABRÉVIATIONS

A 6 autoroute n° 6
AFNOR Association française de normalisation
A.N.P.E. Agence nationale pour l'emploi
ATTN à l'attention de
BAC baccalauréat
B.E.P.C. brevet d'études du premier cycle
B.N.P. Banque nationale de Paris
B.P. boîte postale
B.P.F. bon pour … francs
B.T.S. brevet de technicien supérieur
C.A. chiffre d'affaires
C.A.F. coût, assurance, frêt
C.C.I. Chambre de commerce et d'industrie
C.C.P. compte chèque postal
C.E. comité d'entreprise
C.E.E. Communauté économique européenne
CEDEX Courrier d'entreprise à distribution exceptionnelle
C.F.D.T. Confédération française démocratique du travail
C.G.T. Confédération générale du travail
C.N.R.S. Centre national de la recherche scientifique
COFACE Compagnie française d'assurance pour le commerce extérieur
Cie compagnie
C.S.G. contribution sociale généralisée
C.V. curriculum vitæ
D 117 route départementale n° 117
D.O.M.-T.O.M. départements et territoires d'outre-mer
D.U.T. diplôme universitaire de technologie
E.C.U. *anglais :* European Currency Unit
E.D.F. / G.D.F. Électricité de France / Gaz de France
E.E.E. Espace économique européen
E.I.M.T. Exposition internationale de la machine textile
E.N.A. École nationale d'administration
E.U.R.L. Entreprise unipersonnelle à responsabilité limitée
FR 3 France Régions 3
G.B. Grande-Bretagne
H.E.C. École des hautes études commerciales
H.T. hors taxes
I.F.O.P. Institut français d'opinion publique
INSEAD Institut européen d'administration des affaires (Fontainebleau)
I.N.S.E.E. Institut national de la statistique et des études économiques

Moci Moniteur du commerce international
O.C.D.E. Organisation de coopération et de développement économique
O.N.U. Organisation des Nations unies
O.P.A. offre public d'achat
O.P.E.P. Organisation des pays exportateurs de pétrole
O.S. ouvrier spécialisé
P.-D.G. président-directeur général
P.I.B. produit intérieur brut
P.M.E. petites et moyennes entreprises
P.M.I. petite et moyenne industrie
P.T.T. (P&T) Postes, télégrammes, téléphones (Postes et Télécommunications)
R.C. registre du commerce
réf. référence
R.E.R. Réseau express régional (à Paris)
R.F.A. République fédérale d'Allemagne
R.N.12 route nationale n° 12
R.V. rendez-vous
S.A. société anonyme
S.A.R.L. société à responsabilité limitée
S.C.A. société en commandite par actions
S.I.C.O.B. Salon international d'information, communication, organisation de bureaux et bureautique
S.M.E. système monétaire européen
S.M.I.C. salaire minimum interprofessionnel de croissance
S.N.C. société en nom collectif
S.N.C.F. Société nationale des chemins de fer français
TF.1 Télévision française 1
T.G.V. Train à grande vitesse
T.O.M. *voir :* D.O.M.
T.T.C. toutes taxes comprises
T.V. télévision
T.V.A. taxe à la valeur ajoutée
U.E. Union européenne
U.R.S.S. Union des républiques socialistes soviétiques, *auj. :* Communauté des États indépendants (C.E.I.)
U.T.A. Unions de transports aériens
V.P.C. vente par correspondance
V.R.P. voyageur de commerce, représentant et placier
X École polytechnique
Z.I. zone industrielle

adj. : adjectif – adv. : adverbe – con. : conjonction – fam. : familiur – loc. : locution – n. f. : nom féminin – n. m. : nom masculin – n. f. l. : nom féminin pluriel
n. m. l. : nom masculin pluriel – v. : verbe

A

Français	Anglais	Italien	Espagnol	Portugais	Grec
à compter de, *loc.*	as from, with effect from	a partire da	a partir de	a partir de	υπολογίζοντας από
à grande échelle, *loc.*	on a large scale	su grande scala	a gran escala	em grande escala	σε μεγάλη κλίμακα
à l'attention de, *loc.*	for the attention of	all' attenzione	a la atención de	ao cuidado de	υπόψη κάποιου
à l'occasion de, *loc.*	on the occasion of	in occasione di	con motivo de, cuando	a propósito de	επ' ευκαιρία
à la charge de, *loc.*	chargeable to, payable by	a carico di	a cargo de	a cargo de ; pago por	με επιβάρυνση κάποιου
abonnement, *n. m.*	subscription	abbonamento	suscripción	assinatura	συνδρομή
aborder, *v.*	to approach	affrontare	abordar, enfocar	abordar	προσεγγίζω
absent /e, *adj.*	absent	assente	ausente	ausente	απών/ούσα
accélérer un délai	to bring forward a deadline	anticipare la scadenza	adelantar un plazo	antecipar um prazo	επισπεύδω μια προθεσμία
accès, *n. m.*	access	accesso	acceso, entrada	acesso	πρόσβαση
accompagner, *v.*	to accompany	accompagnare	acompañar	acompanhar	συ(Ι)οδεύω
accorder un escompte	to grant a discount	fare uno sconto	conceder un descuento	consentir um desconto	κάνω έκπτωση
accueillir les clients	to welcome customers	accogliere i clienti	atender a los clientes	acolher os clientes	δέχομαι τους πελάτες
accuser réception de	to acknowledge receipt of	accusare ricevuta	acusar recibo de`	acusar a recepção de	αναγνωρίζω λήψη (επιστολής)
acheminement, *n. m.*	dispatching	inoltro	despacho	encaminhamento	αποστολή
acompte, *n. m.*	deposit	acconto	suma a cuenta, desembolso inicial	dinheiro por conta	προκαταβολή
acquisition, *n. f.*	acquisition	acquisto	adquisición	aquisição	απόκτηση, απόκτημα
actif/-ive, *adj.*	active	attivo	activo/a	activo/a	ενεργός/ή
action, *n. f.*	share	azione	acción	acção	μετοχή
adapter (s'), *v.*	to adapt	adattarsi	adaptarse, acomodarse	adaptar(-se)	προσαρμόζομαι
adéquat /e, *adj.*	appropriate	adeguato	adecuado/a	adequado/a	κατάλληλος/η
adhésion, *n. f.*	membership	adesione	adhesión	adesão	προσχώρηση
administration, *n. f.*	administration	amministrazione	administración	administração	διοίκηση
adopter une mesure	to take measures	adottare una misura	tomar medidas	adoptar uma medida	υιοθετώ μέτρο
adresser qqch. à qqn, *v.*	to send sth to sb	inviare	mandar algo a alguien	endereçar ; remeter algo a alguém	στέλνω κάτι σε κάποιον
affaire, *n. f.*	deal ; business, firm	accordo, affare	negocio, empresa	negócio	υπόθεση, επιχείρηση
affichage, *n. m.*	placarding	affissione	fijación de anuncios o carteles	afixação (*de cartazes*)	αφισοκόληση
affronter, *v.*	to face	affrontare	enfrentar	defrontar	αντιμετωπίζω
agence, *n. f.*	agency	agenzia	agencia	agência	πρακτορείο
agroalimentaire, *n. m.*	food and drinks (*industry*)	agroalimentare	sector agro-alimentario	agro-alimentar	τρόφιμα και ποτά (βιομηχανία)
aimable, *adj.*	kind, pleasant	gradevole	amable	amável	ευγενικός
ainsi que, *conj.*	as well as	cosiccome	así	assim ; por conseguinte	έτσι
ainsi, *adv.*	thus	cosí	así como	assim como	όπως και
aisé /e, *adj.*	well-off	agiato	rico/a, desahogado/a	abastado/a ; cómodo/a	ευκατάστατος/η
alors que, *conj.*	while	allorché	cuando	enquanto que	ενώ
amabilité, *n. f.*	kindness	gentilezza	amabilidad	amabilidade	καλοσύνη
ambitieux /-euse, *adj.*	ambitious	ambizioso	ambicioso/a	ambicioso/a	φιλόδοξος/η
améliorer, *v.*	to improve	migliorare	mejorar	melhorar ; aperfeiçoar	βελτιώνω
ancienneté, *n. f.*	seniority	anzianitá	antigüedad	antiguidade	αρχαιότητα (βαθμού)
animer une équipe	to lead a team	animare un gruppo	animar un equipo	dirigir uma equipa	διευθύνω ομάδα
annoncer qqch. à qqn, *v.*	to announce sth to sb	annunciare	anunciar algo a alguien	anunciar algo a alguém	ανακοινώνω κάτι σε κάποιον
annuaire, *n. m.*	directory	annuario, elenco, lista	guía	lista (*telefónica ; de serviços*)	τηλεφωνικός κατάλογος

annuel/le, *adj.*	annual	annuale	anual	anual	ετήσιος/ια
annulation, *n. f.*	cancellation	annullamento	anulación	anulação	ακύρωση
annuler, *v.*	to cancel	annullare	anular	anular; cancelar	ακυρώνω
antérieur/e, *adj.*	previous	anteriore	anterior	anterior	προηγούμενος/η
aperçu, *n. m.*	general survey	scorcio	informe general	apanhado	επισκόπηση
appareil électroménager, *n. m.*	household (electrical) appliance	elettrodomestico	aparato electrodoméstico	aparelho electrodoméstico	οικιακή ηλεκτρική συσκευή
appel d'offre, *n. m.*	call for tender	bando d'appalto	licitación	admissão de propostas (adjudicação)	πρόσκληση για εκδήλωσ ενδιαφέροντος
appel téléphonique, *n. m.*	telephone call	chiamata	llamada telefónica	chamada telefónica	τηλεφώνημα
apport, *n. m.*	contribution	contributo	contribución	entrada (*no capital social*)	συμβολή
approfondir, *v.*	to go deeper into	approfondire	profundizar	aprofundar	εμβαθύνω
appuyer sur, *v.*	to press (*button*)	premere	pulsar	carregar (*no botão*)	πατώ (κουμπί)
arranger, *v.*	to arrange	aggiustare	arreglar	arranjar	τακτοποιώ
arroser les plantes	to water the plants	bagnare le piante	regar plantas	regar as plantas	ποτίζω τα λουλούδια
article, *n. m.*	article, item	articolo	artículo	artigo ; mercadoria	άρθρο, τεμάχιο
articles sanitaires, *n. m.pl.*	toiletries	sanitari	artículos de tocador	artigos sanitários	είδη υγιεινής
ascenseur, *n. m.*	lift	ascensore	ascensor	elevador	ανελκυστήρας
associé, *n. m.*	partner	socio	socio/ia	associado ; sócio	συνεργάτης
assoiffé/e, *adj.*	thirsty	assetato	sediento/a	sedento/a	διψασμένος/η
assurance complémentaire, *n. f.*	additional insurance	assicurazione complementare	seguro complementario	seguro complementar	συμπληρωματική ασφάλεια
assurer qqn de qqch., *v.*	to assure sb of sth	assicurare	asegurar a alguien de algo	assegurar	ασφαλίζω κάποιον για κάτ
atelier, *n. m.*	workshop	atelier	taller	oficina	εργαστήριο
atout, *n. m.*	advantage	vantaggio	ventaja	trunfo	πλεονέκτημα
atteindre, *v.*	to reach	raggiungere	llegar	atingir	φτάνω
attentivement, *adv.*	carefully	attentamente	con atención	atenciosamente	προσεκτικά
attirer l'attention de qqn sur qqch.	to draw sb's attention to sth	attrarre l'attenzione	llamar la atención de uno sobre algo	chamar a atenção de alguém para algo	εφιστώ την προσοχή
attitude, *n. f.*	attitude	atteggiamento	actitud	atitude	στάση
attribuer qqch. à qqn, *v.*	to attribute/assign sth to sb	assegnare	achacar/asignar algo a alguien	atribuir algo a alguém	αποδίδω κάτι σε κάποιον
au fond de, *loc.*	at the back/bottom of	in fondo	en el fondo de	no fundo de	στο βάθος
au lieu de, *loc.*	instead of	invece	en lugar de, en vez de	em vez de	αντί
au sujet de, *loc.*	concerning	per quanto riguarda	con respecto a, en quanto a	a propósito de	αναφορικά με
au terme de, *loc.*	at the end of	alla fine	al final de	ao fim de	στο τέλος
augmenter, *v.*	to increase	aumentare	aumentar, subir	aumentar	αυξάνω
automatiser, *v.*	to automate	rendere automatico	automatizar	automatizar	αυτοματοποιώ
avantages sociaux, *n. m.pl.*	welfare benefits	vantaggi sociali	beneficios sociales	vantagens sociais	κοινωνικές παροχές
avoir confiance dans qqch./en qqn	to trust sth/sb	fidarsi di	tener confianza en algo/alguien	confiar em alguém/algo	εμπιστεύομαι
avoir des notions de	to have some notion of	avere qualche nozione	tener nociones de	ter noções de	έχω κάποιες γνώσεις
avoir droit à	to be entitled to	aver diritto a	tener derecho a	ter direito a	δικαιούμαι
avoir l'intention de	to intend to	aver l'intenzione di	tener la intención de	tencionar	προτίθεμαι
avoir le feu vert	to have the go-ahead	avere il via	tener luz verde, tener derecho a	ter a luz verde	έχω την άδεια να
avoir lieu	to take place	avere luogo	occurrir	realizar-se	λαμβάνω χώρα
avoir raison	to be right	avere ragione	tener razón	ter razão ; estar certo	έχω δίκιο
avoir tort	to be wrong	avere torto	equivocarse	não ter razão ; estar errado	έχω άδικο

B

base de données, *n. f.*	data base	base di dati	base de datos	base de dados	βάση δεδομένων
bâtiment, *n. m.*	building	costruzione	edificio	edificio	κτίριο
bénéfice, *n. m.*	profit	profitto	beneficio	benefício ; lucro	κέρδος
bénéficier de, *v.*	to benefit from	beneficiare di	aprovechar algo	beneficiar	κερδίζω, απολαμβάνω δικαιώματος
besoin, *n. m.*	need	bisogno	necesidad	necessidade	ανάγκη
bien d'équipement, *n. m.*	capital good	beni strumentali	bienes de equipo	bens de equipamento	κεφαλαιουχικά αγαθά

blague, n. f.	joke	scherzo	broma	anedota ; peta	αστείο
boîte (fam.), n. f.	company ; office	ditta	oficina	empresa	μαγαζί
bon de commande, n. m.	order form	ordine	orden de pedido	formulário ; ordem de encomenda	δελτίο παραγγελίας
bouton, n. m.	button	bottone	botón	botão	κουμπί
brancher un appareil	to plug in an appliance	collegare	enchufar un aparato	ligar um aparelho (eléctrico)	βάζω συσκευή στην πρίζα
bricolage, n. m.	do-it-yourself	bricolage	bricolaje	biscate	πρόχειρη κατασκευή/επισκευή
brouette, n. f.	wheelbarrow	carriola	carretilla	carrinho de mão	καρότσι
budget, n. m.	budget	budget	presupuesto	orçamento	προϋπολογισμός
bureau, n. m.	desk ; office	scrivania ; ufficio	escritorio, oficina	escritório ; secretária	γραφείο

C

cadre, n. m.	executive, manager	quadro	ejecutivo	quadro	στέλεχος επιχείρησης
cahier des charges, n. m.	specifications	capitolato d'oneri	pliego de condiciónes	caderno de encargos	επιβαρύνσεις
calculer, v.	to calculate	calcolare	calcular	calcular	υπολογίζω
caleçon, n. m.	underwear	calzoni	calzoncillos	ceroulas ; cuecas	εσώρουχο
camion, n. m.	lorry	camion	camión	camião	φορτηγό
campagne publicitaire, n. f.	advertising campaign	campagna pubblicitaria	campaña de publicidad	campanha publicitária	διαφημιστική εκστρατεία
candidat /e, n. m./f.	applicant, candidate	candidato	candidato/a	candidato/a	υποψήφιος
candidature, n. f.	application	candidatura	candidatura	candidatura	υποψηφιότητα
carrefour, n. m.	crossroads	incrocio	cruce	cruzamento, encruzilhada	σταυροδρόμι
casser, v.	to break	rompere	romper	partir	σπάω
catégories socioprofessionnelles, n. f.pl.	socio-professional groups	categorie socio-professionali	categorías socio-profesionales	categorias socio-profissionais	κοινωνικο-επαγγελματικές ομάδες
centre d'intérêt, n. m.	centre of interest	centro d'interesse	centro de interés	centro de interesses	κέντρο ενδιαφέροντος
cesser, v.	to stop	smettere di	parar/dejar de	cessar	σταματώ
chaîne de montage, n. f.	assembly line	catena di montaggio	cadena de montaje	linha de montagem	σειρά συναρμολόγησης
chargement, n. m.	loading	assicurazione ; carico	carga	carregamento	φορτίο
chiffre d'affaires, n. m.	turnover	fatturato	volumen de ventas	volume de vendas	τζίρος
chômage, n. m.	unemployment	disoccupazione	desempleo	desemprego	ανεργία
chuter, v.	to drop	cadere	bajar, caerse	cair	πέφτω
ci-joint, loc.	enclosed	accluso	adjunto	em anexo	επισυναπτόμενο
cible, n. f.	target	bersaglio	blanco	alvo	στόχος
circulaire, n. f.	circular	circolare	circular, nota	circular	εγκύκλιος
classement, n. m.	filing	classificazione	clasificación	classificação	αρχειοθέτηση
classer, v.	to file	classificare	clasificar	classificar ; ordenar	αρχειοθετώ
clavier, n. m.	keyboard	tastiera	teclado	teclado	πληκτρολόγιο
clientèle, n. f.	customers	clientela	clientela	clientela	πελατεία
code postal, n. m.	post code	codice postale	código postal	código postal	ταχυδρομικός κώδικας
colis, n. m.	parcel	pacco	paquete	pacote	δέμα
comité d'entreprise, n. m.	works council	commissione interna	comité de empresa	conselho de empresa	συμβούλιο επιχείρησης
commande, n. f.	order	ordine	encargo, pedido	encomenda	παραγγελία
commander, v.	to order	ordinare	encargar, hacer el pedido	encomendar	παραγγέλνω
commerçant /e, n. m./f.	shopkeeper	commerciante	comerciante	comerciante	έμπορος
commerce, n. m.	trade ; business	commercio	comercio, negocio	comércio	εμπόριο
commercialiser, v.	to market	commercializzare	comercializar	comercializar	αξιοποιώ εμπορικά
commission, n. f.	commision	commissione	comisión	comissão	προμήθεια, επιτροπή
communication, n. f.	communication	comunicazione	comunicación	comunicação	επικοινωνία, ανακοίνωση
compagnie mère, n. f.	parent company	ditta madre	casa central	empresa-mãe ; sociedade-mãe	κεντρική επιχείρηση
comparer, v.	to compare	fare il confronto	comparar	comparar	συγκρίνω
compétitif /-ive, adj.	competitive	competitivo	competitivo/a	competitivo/a	ανταγωνιστικός/ή
compétition, n. f.	competition	competizione	competición	competição	ανταγωνισμός
composteur, n. m.	date stamp	perforatore	fechador	obliterador	σφραγίδα αρίθμησης
comptabilité, n. f.	accountancy ; accounting	contabilitá	contabilidad	contabilidade	λογιστήριο, λογιστικά
comptable, n. m.	accountant	contabile	contable, contador	contabilista	λογιστής
compte en banque, n. m.	bank account	conto in banca	cuenta bancaria	conta bancária	τραπεζικός λογαριασμός
compter faire qqch., v.	to intend to do sth	aver l'intenzione di fare	pensar hacer algo	contar fazer algo	έχω την πρόθεση να

concevoir, v.	to design	concepire	concebir	conceber	σχεδιάζω
conclure un accord	to clinch a deal	concludere un accordo	llegar a un convenio, cerrar un trato	concluir um acordo	κλείνω συμφωνία
conclure, v.	to end	concludere	terminar	concluir ; acabar	τελειώνω
conclusion, n. f.	conclusion	conclusione	conclusión	conclusão	κλείσιμο, πόρισμα
concurrence, n. f.	competition	concorrenza	competencia	concorrência	ανταγωνισμός
concurrent /e, adj.	rival	concorrente	competidor/ora	concorrente ; competitivo	ανταγωνιστής, αντίπαλος
conditionnement, n. m.	packaging	condizionamento	acondicionamiento	condicionamento	συσκευασία
conditions de travail, n. f.pl.	working conditions	condizioni di lavoro	condiciones de trabajo	condições de trabalho	συνθήκες εργασίας
conditions de vente, n. f.pl.	terms of sale	condizioni di vendita	condiciones de venta	condições de venda	προϋποθέσεις πώλησης
confirmation, n. f.	confirmation	conferma	confirmación	confirmação	επιβεβαίωση
confirmer, v.	to confirm	confermare	confirmar	confirmar	επιβεβαιώνω
confondre, v.	to mix up	confondere	confundir	confundir	συγχέω
congé, n. m.	holiday	vacanza	vacaciones	férias	άδεια
congédier, v.	to dismiss	congedare	despedir	despedir	διώχνω
conquérir un marché	to capture a market	conquistare un mercato	ganar un negocio	conquistar um mercado	κατακτώ μια αγορά
consécutif/-ive, adj.	consecutive	consecutivo	consecutivo/a	consecutivo/a	διαδοχικός/ή
conseil, n. m.	advice	consiglio	consejo	conselho ; consultor	συμβουλή
conseiller de, v.	to advise	consigliare	aconsejar que	aconselhar a	σύμβουλος
consentir une remise	to grand a discount	fare uno sconto	conceder un descuento	fazer um desconto	κάνω έκπτωση
conséquence, n. f.	consequence	consequenza	consecuencia	consequência	συνέπεια
consolidation, n. f.	consolidation	consolidamento	consolidación	consolidação	παγίωση
consolider, v.	to consolidate	consolidare	consolidar	consolidar	παγιώνω
consommateur, n. m.	consumer	consumatore	consumidor	consumidor	καταναλωτής
consommation, n. f.	consumption	consumo	consumo	consumo	κατανάλωση
constatation, n. f.	observation	constatazione	observación	comprovação ; verificação	διαπίστωση
constater, v.	to note	constatare	observar	atestar	διαπιστώνω
constituer, v.	to constitute ; to set up (company)	costituire	constituir, formar	constituir ; estabelecer	συγκροτώ
construction, n. f.	building (action)	costruzione	construcción	construção	κατασκευή
construire, v.	to build	costruire	construir	construir	χτίζω
conteneur, n. m.	container	contenitore	contenedor	contentor	εμπορευματοκιβώτιο
contrat, n. m.	contract	contratto	contrato	contrato	συμβόλαιο
contretemps, n. m.	hitch, unfortunate event	contrattempo	contratiempo	contratempo	απροσδόκητο εμπόδιο
convaincre, v.	to convince	convincere	convencer	convencer	πείθω
convenir à qqn, v.	to suit sb	convenire	gustar	convir a alguém	αρμόζω
coordonnées, n. f.pl.	address and 'phone number	indirizzo e numero telefonico	señas	coordenadas	διεύθυνση & τηλέφωνο
correction, n. f.	correction	correzione	corrección	correcção	διόρθωση
correspondre à qqch., v.	to correspond to sth	corrispondere	corresponder a algo	corresponder a algo	αντιστοιχώ
correspondance, n. f.	correspondence	corrispondenza	correspondencia	correspondência	αλληλογραφία
correspondant /e, n. m./f.	correspondent	corrispondente	corresponsal	correspondente	ανταποκριτής
corriger, v.	to correct	correggere	corregir	corrigir	διορθώνω
cotisation, n. f.	contribution	contributo	cotización	quota	εισφορά
cotiser, v.	to contribute to	contribuire	cotizar, pagar su cuota	quotizar	πληρώνω εισφορά
couloir, n. m.	corridor	corridoio	corredor	corredor	διάδρομος
coup de fil, n. m.	'phone call	telefonata	telefonazo	chamada telefónica	τηλεφώνημα
courbe, n. f.	curve, graph	curva	curva	curva	καμπύλη
courrier, n. m.	mail	posta	correo	correio	ταχυδρομείο
coût de la vie, n. m.	cost of living	costo vita	coste de vida	custo de vida	κόστος ζωής
coûteux /-euse, adj.	expensive	costoso	caro/a	caro/a	δαπανηρός/ή
coûts fixes, n. m.pl.	fixed costs	costo fisso	costos fijos	custos fixos	σταθερό κόστος
coûts variables, n. m.pl.	variable unit costs	costo variabile	costos variables	custos variáveis	μεταβλητό κόστος
couverture sociale, n. f.	social security insurance	previdenza	protección social	segurança social	ασφαλιστική κάλυψη
couvrir, v.	to cover	coprire	cubrir	cobrir	καλύπτω
créateur d'entreprise, n. m.	entrepreneur	imprenditore	empresario	empresário	επιχειρηματίας
création, n. f.	creation, setting up	creazione	creación	criação	δημιουργία
créditer un compte	to credit an account	accreditare un conto	abonar en cuenta	creditar uma conta	wx
créer, v.	to create	creare	crear	criar ; fundar	δημιουργώ
créneau, n. m.	market opportunity	sbocco	oportunidad de mercado	oportunidade de mercado	ευκαιρία στην αγορά
croissance, n. f.	growth	crescita	crecimiento	crescimento	ανάπτυξη

culminant, *adj.*	culminating	culminante	culminante	culminante / um ponto ~	ανώτατο σημείο
culminer, *v.*	to peak	culminare	culminar	culminar	φτάνω στο υψηλότερο σημείο
culture d'entreprise, *n. f.*	corporate culture	cultura della azienda	cultura de empresa	cultura de empresa	μόρφωση στην επιχείρηση

D

dactylographié /e, *adj.*	typed	dattilografato	escrito/a a máquina	dactilografado/a	δακτυλογραφημένο
de la part de, *loc.*	from ; on behalf of	dalla parte di	de parte de	da parte de	εκ μέρους κάποιου
de même que, *conj.*	just as	come	así como	assim como	όπως και
débiter un compte	to debit an account	addebitare	cargar en cuenta	debitar uma conta	χρέωση ενός λογαριασμού
débouché, *n. m.*	outlet	sbocco	salida	saída (ter ~)	διέξοδος
décaler un rendez-vous	to postpone/bring forward an appointment	rinviare ; anticipare l'appuntamento	retrasar o adelantar una cita	mudar a hora/data de um encontro	μεταθέτω ένα ραντεβού
déchargement, *n. m.*	unloading	scarico	descargo	descarga	εκφόρτωση
déchirer, *v.*	to tear	strappare	desgarrar	rasgar	σκίζω
décliner une responsabilité	to disclaim responsibility	declinare una responsabilitá	rehusar una responsabilidad	refutar uma responsabilidade	απεκδύομαι ευθύνης
découvert (bancaire), *n. m.*	overdraft	scoperto	descubierto	descoberto (*bancário*)	ακάλυπτος (τραπεζικά)
découverte, *n. f.*	discovery	scoperta	descubrimiento	descoberta ; invenção	ανακάλυψη
découvrir, *v.*	to discover	scoprire	descubrir	descobrir	ανακαλύπτω
décrire, *v.*	to describe	descrivere	describir	descrever	περιγράφω
déduire les conséquences de	to deduce the consequences from	dedurre le conseguenze	deducir las consecuencias de	tirar as consequências de	συνάγω τις συνέπειες
défaut, *n. m.*	defect, flaw	difetto	defecto	defeito	ελάττωμα
défectueux /-euse, *adj.*	faulty	difettoso	defectuoso/a	defeituoso/a	ελαττωματικός
défi, *n. m.*	challenge	sfida	desafío	desafio	πρόκληση
déficit, *n. m.*	deficit	deficit	déficit	défice	έλλειμμα
dégât, *n. m.*	damage	danno	daño	estrago ; prejuízo	ζημιά
délai d'option, *n. m.*	option period	tempo d'opzione	período de prueba	prazo	προθεσμία
délai, *n. m.*	time ; deadline	tempo ; scadenza	plazo	prazo de preferência	προθεσμία επιλογής
demande d'emploi, *n. f.*	job application	domanda d'impiego	solicitud de empleo	pedido de emprego	αίτηση εργασίας
demande d'offre, *n. f.*	invitation to tender	offerta	invitación para hacer ofertas	chamamento a propôr	πρόσκληση προσφοράς
démarche, *n. f.*	approach	approccio	trámite	diligências ; trâmites	διάβημα
démonstration, *n. f.*	demonstration	dimostrazione	demostración	demonstração ; prova	επίδειξη, εκδήλωση
département, *n. m.*	department	dipartimento	departamento	departamento ; repartição pública	νομός
dépasser, *v.*	to exceed	sorpassare	sobrepasar	ultrapassar	υπερβαίνω
dépendre de, *v.*	to depend on	dipendere da	depender de	depender de ; pertencer a	εξαρτώμαι
dépense, *n. f.*	expense, expenditure	spesa	gasto	despesa ; gasto	δαπάνη
dépenser, *v.*	to spend	spendere	gastar	gastar	δαπανώ
déplacement professionnel, *n. m.*	business trip	viaggio per lavoro	viaje de negocio	deslocação profissional	επαγγελματική μετακίνηση
dépôt de bilan, *n. m.*	bankrupcy	bancarotta	declaración de quiebra	abertura de falência	πτώχευση
déroulement, *n. m.*	development	svolgimento	desarrollo	desenvolvimento ; desenrolamento	ανάπτυξη
description, *n. f.*	description	descrizione	descripción	descrição ; inventário	περιγραφή
destinataire, *n. m.*	addressee	destinatario	destinatario/a	destinatário	παραλήπτης
destiné /e à, *adj.*	intended to, for	destinato a	destinado /da a	destinado /a a	προορισμένος/η
détaillant /e, *n. m./f.*	retailer	dettagliante	comerciante al por menor	retalhista	έμπορος λιανικής
détenir, *v.*	to hold ; to own	detenere	guardar, tener	deter ; possuir	κατέχω
dévaluer, *v.*	to devalue	svalutare	devaluar	desvalorizar	υποτιμώ
diffusion, *n. f.*	distribution	diffusione	distribución	difusão ; divulgação	διανομή
dimension, *n. f.*	size	dimensioni	medida	dimensão	διάσταση
diminuer, *v.*	to decrease	diminuire	disminuir, bajar	diminuir	μειώνω
dirigeant, *n. m.*	manager, director	dirigente	director	dirigente ; director	διευθυντής
diriger, *v.*	to manage, to run	dirigere	dirigir	dirigir ; gerir	διευθύνω
discutable, *adj.*	debatable	discutibile	discutible	discutível	συζητήσιμος
disquette, *n. f.*	floppy disk	floppy disk	disquete	disquete	δισκέτα

distinguer, v.	to distinguish	distinguere	distinguir	distinguir	διακρίνω
distributeur de billets, n. m.	cash dispenser	distributore	distribuidor automático	distribuidor automático (de dinheiro)	αυτόματη τραπεζική μηχανή
distributeur de boissons, n. m.	drinks vending machine	distributore	distribuidor de bebidas	distribuidor de bebidas	μηχανή για διάθεση ποτών
distribution, n. f.	distribution	distribuzione	distribución	distribuição	διανομή
diversification, n. f.	diversification	diversificazione	diversificación	diversificação	διαφοροποίηση
diversifier ses activités	to diversify one's activities	diversificare	diversificar sus actividades	diversificar as suas actividades	διαφοροποιώ τις δραστηριότητες μου
dommage, n. m.	loss	perdita	daño	dano ; prejuízo	ζημιά
donc, conj.	therefore	dunque	pues, luego, así	pois ; por conseguinte	λοιπόν
données, n. f. pl.	data	dati	datos	dados	δεδομένο
donner suite à	to follow up on	dar seguito a	dar curso a	dar seguimento a	συνεχίζω
dossier, n. m.	file	dossier	carpeta, caso, expediente	processo ; volume ; classificador	φάκελος
douane, n. f.	customs	dogana	aduana, frontera	alfândega	τελωνείο
du fait que, conj.	owing to	poiché	por el hecho de que	em razão de ; por causa de	λόγω του γεγονότος ότι

E

eau pétillante, n. f.	sparkling water	acqua gassata	agua gaseosa	água com gaz	αεριούχο νερό
eau plate, n. f.	still water	liscia	agua natural	água natural	απλό νερό
échanger, v.	to exchange	cambiare	cambiar	trocar ; cambiar ; permutar	ανταλλάσσω
échantillon, n. m.	sample	campione	muestra	amostra	δείγμα
échouer, v.	to fail	fallire	salir mal	ser mal sucedido	αποτυγχάνω
écran, n. m.	screen	schermo	pantalla	écran ; tela	κάλυμμα, οθόνη
effacer, v.	to erase	cancellare	borrar	apagar ; suprimir	σβήνω
effectif, n. m.	workforce, staff	effettivo	personal	efectivo	δυναμικό
effectuer, v.	to carry out	effettuare	llevar a cabo, realizar	efectuar	πραγματοποιώ
efficace, adj.	efficient, effective	efficiente	eficaz, eficiente	eficaz	αποτελεσματικός
efficacité, n. f.	efficiency	efficienza	eficacia	eficácia ; eficiência	αποτελεσματικότητα
électroménager, adj.	household (electrical)	elettrodomestico	electrodoméstico	electrodoméstico	οικιακές ηλεκτρικές συσκευές
emballage, n. m.	packaging ; packing (action)	imballaggio	embalaje, envase, acondicionamiento	embalagem ; empacotamento	συσκευασία
emballer, v.	to pack	imballare	embalar, acondicionar	embalar ; empacotar	συσκευάζω
embauche, n. f.	recruiting	assunzione	contratación	recrutamento (trabalho)	πρόσληψη
embaucher, v.	to hire	assumere	contratar	contratar ; assalariar	προσλαμβάνω
émergence, n. f.	emergence	emergenze	emergencia	emergência	ανάδυση
émerger, v.	to emerge	emergere	aparecer	emergir ; surgir	αναδύω
emploi, n. m.	employment ; job	impiego	trabajo	emprego	απασχόληση
employer, v.	to employ	impiegare	emplear	empregar	απασχολώ
employeur, n. m.	employer	datore di lavoro	empleador	patrão ; chefe	εργοδότης
empoyé/e, n. m./f.	employee	impiegato	empleado/a	empregado	υπάλληλος
emprunt, n. m.	borrowing ; loan	prestito	préstamo	empréstimo	δάνειο
en bon état	in good condition	in buono stato	en buen estado	em bom estado	σε καλή κατάσταση
en bref, adv.	in short	in breve	en resumen	em poucas palavras	με λίγα λόγια
en cas de, loc.	in case of	in caso di	en caso de	no caso de	σε περίπτωση
en cours, loc.	underway	in corso	pendiente, en curso	a decorrer	σε εξέλιξη
en fonction de, loc.	depending on, according to	in funzione di	con arreglo a, según	em função de	ανάλογα με
en revanche, loc.	on the other hand	invece	en cambio	em paga	αντίθετα
en toute circonstance	in all circumstances	in ogni circostanza	en toda circunstancia	cabeçalho	επικεφαλίδα
en-tête, n. f.	heading (headed notepaper)	intestato	membrete	em qualquer circunstância	σε κάθε περίπτωση
encadrement, n. m.	management	management	gestión de personal	enquadramento	στελέχωση
encourager à, v.	to encourage	incoraggiare	incitar a	encorajar a/para	ενθαρρύνω
endommager, v.	to damage	nuocere	dañar, perjudicar, deteriorar	danificar ; estragar	χαλάω
endroit, n. m.	place	posto	lugar	sítio ; lugar	τόπος
énergie nucléaire, n. f.	nuclear energy	energia nucleare	energía nuclear	energia nuclear	πυρηνική ενέργεια
engrenage, n. m.	gears	ingranaggio	engranaje	engrenagem ; mecanismo	γρανάζια
enjeu, n. m.	stakes	posta (in gioco)	lo que está en juego	parada	αυτό που διακυβεύεται
enquête, n. f.	survey	inchiesta	investigación	inquérito	έρευνα

enregistrement, *n. m.*	registration	registrazione	registro	registo ; assento	καταχώρηση
enregistrer, *v.*	to register	registrare	registrar	registar ; assentar	καταχωρώ
enseigne, *n. f.*	corporate name	insegna	denominación	insígnia ; tabuleta	επιγραφή
entendu, *adv.*	all right	d'accordo	de acuerdo	de acordo ; está combinado	εντάξει
entraîner, *v.*	to lead to	coinvolgere	producir, llevar	arrastar ; conduzir	επιφέρω
entreposer, *v.*	to store	depositare	depósitar	armazenar	αποθηκεύω
entrepôt, *n. m.*	warehouse	deposito	deposito	entreposto ; armazém	αποθήκη
entreprise, *n. f.*	company	ditta	empresa	empresa	επιχείρηση
entretenir une machine	to maintain a machine	mantenere una macchina	mantener una máquina	fazer a manutenção de uma máquina	συντηρώ μια μηχανή
entretien d'une machine, *n. m.*	maintenance of a machine	manutenzione	mantenimiento de una máquina	manutenção de uma máquina	συντήρηση μηχανής
entretien de sélection, *n. m.*	recruitment interview	colloquio	entrevista de selección	entrevista de recrutamento	συνέντευξη για πρόσληψη
enveloppe, *n. f.*	envelope	busta	sobre	sobrescrito ; envelope	φάκελος
envers, *prép.*	towards	verso	para con, hacia	para com	προς
envisager de, *v.*	to plan	prevedere	pensar en	considerar ; pensar em fazer	σχεδιάζω
envoyer, *v.*	to send	spedire	mandar	enviar	στέλνω
épais/-aisse, *adj.*	thick	spesso	espeso/a, denso/sa	espesso	παχύς/ιά
épaisseur, *n. f.*	thickness	spessore	espesor	espessura	πάχος
équipe, *n. f.*	team	équipe ; gruppo	equipo	equipa	ομάδα
escalier, *n. m.*	stairs	scale	escalera	escada	σκάλα
escompte, *n. m.*	discount	sconto	descuento	desconto	μετρητά
espèces, *n. f.pl.*	cash	liquidi	efectivo	numerário	έκπτωση
essayer de, *v.*	to try to	cercare	tratar de	tentar	προσπαθώ να
essentiel/le, *adj.*	essential	essenziale	esencial	essencial	βασικός/ή
établir un chèque	to make out a cheque	fare un assegno	hacer un cheque	emitir um cheque	εκδίδω επιταγή
établissement, *n. m.*	firm	ditta	empresa	estabelecimento	επιχείρηση
étage, *n. m.*	floor	piano	piso	andar	πάτωμα
étape, *n. f.*	stage	tappa	etapa	etapa	στάδιο
état de marche, *n. m.*	working order	in funzione	estado de funcionamiento	estado de marcha ; de funcionamento	λειτουργία
éteindre, *v.*	to switch off	spegnere	apagar	apagar ; desligar	σβήνω
étendre, *v.*	to spread	stendere	extender	estender	επεκτείνω
étonner, *v.*	to surprise	sorprendere	sorprender	surpreender ; pasmar	καταπλήσσω
être à la disposition de	to be at the disposal of	essere a disposizione	estar a la disposición de	estar à disposição de	είμαι στη διάθεση κάποιου
être amené à	to be led to	essere indotto a	llevar a	ser levado a	οδηγούμαι να
être apprécié par/de	to be appreciated by	essere apprezzato	estar estimado por	ser apreciado por	με εκτιμούν
être attaché à	to be attached to	essere legato	estar unido con	estar ligado a ; estar ao serviço de	συνδέομαι
être au chômage	to be unemployed	essere disoccupato	estar desempleado/en paro	estar desempregado	είμαι άνεργος
être au courant de	to be informed of	essere al corrente	estar al tanto	estar ao corrente de	είμαι πληροφορημένος για κάτι
être chargé de	to be responsible for	essere responsabile	tener la responsabilidad de	ser encarregado de ; ser responsável por	είμαι υπεύθυνος για κάτι
être disponible	to be available	essere disponibile	estar libre	estar disponível	είμαι διαθέσιμος
être en communication avec	to be in communication with	essere in comunicazione con	estar en comunicación con	estar em contacto com	είμαι σε επικοινωνία με
être en mesure de	to be in a position to	essere in grado di	estar en condiciones para, ser capaz de	estar habilitado para	είμαι σε θέση
être fidèle à	to be loyal to	essere fedele a	ser fiel a/con/para con	ser fiél a	είμαι πιστός σε
être fier de	to be proud of	essere fiero di	estar orgulloso de	ter orgulho em /de	είμαι υπερήφανος
être reconnaissant à qqn de qqch.	to be grateful to sb for sth	essere riconoscente	estar agradecido por algo a alquien	estar/ficar reconhecido a alguém por algo	είμαι ευγνώμων
étude de marché, *n. f.*	market study	studio di mercato	análisis de mercado	estudo de mercado	μελέτη αγοράς
étude, *n. f.*	study	studio	estudio	estudo ; análise	μελέτη
évaluer, *v.*	to assess	valutare	evaluar, estimar	avaliar	αξιολογώ
évidemment, *adv.*	obviously	ovviamente	por supuesto	evidentemente	προφανώς

évolution, n. f.	evolution	evoluzione	evolución	evolução	εξέλιξη
exigence, n. f.	requirement	esigenza	exigencia	exigência	απαίτηση
exiger, v.	to demand	esigere	requerir	exigir	απαιτώ
expansion, n. f.	expansion	espansione	expansión	expansão ; desenvolvimento	εξάπλωση
expédier les marchandises	to send goods	spedire la merce	despachar mercancías	expedir as mercadorias	στέλνω εμπορεύματα
expédition, n. f.	dispatch	spedizione	remesa	remessa	αποστολή
expérience, n. f.	experience	esperienza	experiencia	experiência	εμπειρία
expirer, v.	to expire	(spirare) giungere a termine	vencer	expirar	λήγω
exposer, v.	to display, to present	esporre	exponer	expor	εκθέτω
exposition, n. f.	exhibition	mostra	exposición	exposição ; feira	έκθεση
exprimer, v.	to express	esprimere	expresar	exprimir	εκφράζω

F

facture, n. f.	invoice	fattura	factura	factura	τιμολόγιο
facturer qqch. à qqn, v.	to invoice sb for sth	fatturare	facturar algo a alguien	facturar algo a alguém	κόβω τιμολόγιο σε κάποιον για κάτι
faire appel à	to call on	fare ricorso a	recurrir a	recorrer a ; apelar para	καλώ κάποιον
faire attention à	to be careful of	fare attenzione	tener cuidado con	prestar atenção a ; ter cuidado com	προσέχω
faire erreur	to be mistaken	sbagliare	equivocarse	enganar-se	κάνω λάθος
faire face à	to face up to	far fronte a	enfrentar	defrontar	αντιμετωπίζω
faire la preuve de	to demonstrate	dimostrare	demostrar	provar	αποδεικνύω
faire le point sur	to take stock of	fare il punto	analizar la situación	fazer o ponto sobre	κάνω εκτίμηση (μιας κατάστασης)
faire parvenir qqch. à qqn, v.	to send sth to sb	far parvenire	mandar algo a alguien	fazer chegar algo às mãos de alguém	στέλνω κάτι σε κάποιον
faute d'orthographe, n. f.	spelling mistake	errore d'ortografia	falta de ortografía	falta, erro de ortografia	ορθογραφικό λάθος
ferme (prix), adj.	firm (price)	fisso	precio firme	firme (preço)	σταθερή τιμή
fiable, adj.	reliable	di fiducia, affidabile	exacto, seguro de confianza	fiável	αξιόπιστος
fibre, n. f.	fibre	fibra	fibra	fibra	ίνα
fichier, n. m.	file	schedario	fichero	ficheiro ; arquivo	αρχείο
filiale, n. f.	subsidiary	filiale	filial	filial ; sucursal	θυγατρική
firme, n. f.	firm	ditta	firma	firma	επιχείρηση
fixer un rendez-vous	to make an appointment	fissare un appuntamento	dar una cita	marcar um encontro ; marcar uma hora	κανονίζω ένα ραντεβού
fluctuer, v.	to fluctuate	fluttuare	fluctuar	flutuar	κυμαίνομαι
foire, n. f.	(trade) fair	fiera	feria	feira (exposição)	εμπορική έκθεση
fonctionnement, n. m.	running	funzionamento	funcionamiento	funcionamento	λειτουργία
fonctionner, v.	to work	funzionare	funcionar	funcionar	λειτουργώ
fondation, n. f.	foundation	fondazione	fundación	fundação	ίδρυμα
fonder, v.	to found	fondare	crear	fundar	ιδρύω
fonderie, n. f.	foundry	fonderia	fundición	fundição	χυτήριο
forfait, n. m.	package	forfait	destajo	preço por junto	συνολικό ποσό
forfaitaire, adj.	inclusive	forfettario	a destajo	orçamental	συμπεριλαμβάνει το συνολικό ποσό
format, n. m.	format	formato	tamaño	formato	σχήμα
formation, n. f.	training	formazione	formación	formação	εκπαίδευση
former qqn, v.	to train sb	formare	formar, instruir	formar alguém	εκπαιδεύω κάποιον
former un groupe	to form a group	formare un gruppo	formar/constituir un grupo	formar um grupo ; constituir um grupo	σχηματίζω μια ομάδα
formulaire, n. m.	form	formulario	formulario	formulário	έντυπο
four, n. m.	furnace	forno	horno	forno	φούρνος
fournir, v.	to supply	fornire	proveer	fornecer	προμηθεύω
fournisseur, n. m.	supplier	fornitore	proveedor	fornecedor	προμηθευτής
fournitures de bureau, n. f.pl.	stationery	forniture dell'ufficio	objetos de escritorio	material/acessórios de escritório	έπιπλα γραφείου
frais, n. m.pl.	expenses	spese	gastos	despesas ; gastos	έξοδα
fréquent/e, adj.	frequent	frequente	frecuente	frequente	συχνός/ή
fusion, n. f.	merger	fusione	fusión	fusão	συγχώνευση

gain, *n. m.*	profit	profitto	ganancia	ganho ; proveito	κέρδος
gamme de produits, *n. f.*	product range	gamma di prodotti	gama de artículos	gama de produtos	γκάμα προϊόντων
garantie, *n. f.*	guarantee	garanzia	garantía	garantia	εγγύηση
garantir, *v.*	to guarantee	garantire	garantizar	garantir	εγγυούμαι
gaspiller, *v.*	to waste	sciupare	malgastar	desperdiçar ; gastar	σπαταλώ
gérant /e, *n. m./f.*	manager	gestore	gerente	gerente	διαχειριστής
gérer, *v.*	to manage	gestire	administrar	gerir	διαχειρίζομαι
gestion, *n. f.*	management	gestione	gestión	gestão	διαχείριση
grâce à, *loc.*	thanks to	grazie a	gracias a	graças a	χάριν σε
gratuit /e, *adj.*	free	gratuito	gratuito/a	gratuito/a	δωρεάν
grève, *n. f.*	strike	sciopero	huelga	greve	απεργία
grille, *n. f.*	grid ; scale	schema ; tabella	tabla	grelha	κλίμακα
grimper, *v.*	to climb	scalare	subir	trepar	σκαρφαλώνω
grossiste, *n. m.*	wholesaler	grossista	comerciante al por major	grossista	χονδρέμπορος
groupe multinational, *n. m.*	multinational group	multinazionale	grupo multinational	grupo multinacional	πολυεθνική εταιρία
haut de gamme, *n. m.*	top of the range	fuori serie, prodotto di lusso	de alta calidad	alto da gama ; qualidade superior	κορυφή της κλίμακας
hauteur, *n. f.*	height	altezza	altura	altura	ύψος
heure supplémentaire, *n. f.*	one hour overtime	straordinario	hora extra(ordinaria)	hora extraordinária	υπερωρία
illustrer, *v.*	to illustrate	illustrare	ilustrar	ilustrar	εικονογραφώ, επεξηγώ
immédiat /e, *adj.*	immediate	immediato	inmediato/a	imediato/a	άμεσος/η
implantation, *n. f.*	plant (*firm*)	impianto	planta, fabrica	fixação ; estabelecimento	εγκατάσταση
impliquer, *v.*	to involve	implicare	implicar	implicar ; supor	συνεπάγομαι
impôt, *n. m.*	tax	tassa	impuesto	imposto	φόρος
impression, *n. f.*	impression	impressione	impresión	impressão	εντύπωση
imprévu /e, *adj.*	unforeseen	imprevisto	imprevisto/a	imprevisto/a	απρόβλεπτος/η
imprimante, *n. f.*	printer	stampante	impresora	impressora	εκτυπωτής
inattention, *n. f.*	inattention	disattenzione	descuido	distracção	απροσεξία
incendie, *n. m.*	fire	incendio	incendio	incêndio	πυρκαγιά
incident, *n. m.*	incident	incidente	incidente	incidente	επεισόδιο
inciter, *v.*	to incite	incitare	incitar	incitar	παροτρύνω
indispensable, *adj.*	essential	indispensabile	imprescindible	indispensável	απαραίτητος
informatiser qqch., *v.*	to computerize sth	informatizzare	informatizar	informatizar algo	μηχανογραφώ
innovation, *n. f.*	innovation	innovazione	innovación	inovação ; novidade	καινοτομία
innover, *v.*	to innovate	innovare	innovar	inovar	καινοτομώ
inscription, *n. f.*	registration	iscrizione	inscripción	inscrição	εγγραφή
insister, *v.*	to insist	insistere	insistir	insistir	επιμένω
intérimaire (le personnel), *adj.*	temporary (staff)	temporaneo	personal interino, temporero	adventício ; temporário (o pessoal)	εποχιακό προσωπικό
interlocuteur/-trice, *n. m./f.*	contact	interlocutore	interlocutor/ora	interlocutor/a ; contacto	συνομιλητής/ρια
intermédiaire, *n. m.*	middleman	intermediario	intermediario	intermediário	μεσάζων
interrompre qqch. /qqn, *v.*	to interrupt sth/sb	interrompere	interrumpir algo/alguien	interromper algo/alguém	διακόπτω
inventaire, *n. m.*	stocktaking	inventario	inventario	inventário	απογραφή
investir, *v.*	to invest	investire	invertir	investir	επενδύω
investissement, *n. m.*	investment	investimento	inversión	investimento	επένδυση
issu/e de, *adj.*	coming from	proveniente da	salido/a de	proveniente de ; oriundo/a de	προερχόμενος από
itinéraire, *n. m.*	itinerary	intinerario	itinerario	itinerário	διαδρομή
joindre à, *v.*	to include in	includere	adjuntar	juntar a	περιλαμβάνω
jouir de, *v.*	to enjoy	rallegrarsi, approfittare di	disfrutar	usufruir de ; desfrutar de	απολαμβάνω
jour férié, *n. m.*	public holiday	festivo	día festivo	feriado (*dia*)	αργία
justifier, *v.*	to justify	giustificare	justificar	justificar	δικαιολογώ
laisser un message	to leave a message	lasciare un messaggio	dejar un mensaje	deixar um recado	αφήνω μήνυμα
lancement, *n. m.*	launch	lancio	lanzamiento	lançamento	λανσάρισμα
lancer, *v.*	to launch	lanciare	lanzar	lançar	λανσάρω
largeur, *n. f.*	width	larghezza	anchura	largura	πλάτος, φάρδος
licenciement, *n. m.*	laying off	licenziamento	despido	licenciamento	απόλυση
licencier, *v.*	to dismiss	licenziare	despedir	licenciar	απολύω
lieu, *n. m.*	place	posto	lugar	lugar	τόπος

liquidité, *n. f.*	liquidity	liquiditá	liquidez	liquidez	ρευστότητα
litige, *n. m.*	dispute	litigio	litigio	litígio	διένεξη
livraison, *n. f.*	delivery	consegna	entrega, reparto	entrega	παράδοση
livrer, *v.*	to deliver	consegnare	entregar	integrar	παραδίδω
local / locaux, *n. m./m.pl.*	premises	locale / i -	local/locales	local	οίκημα
location, *n. f.*	renting	affitto	arriendo, alquiler	locação	ενοικίαση
loisirs, *n. m.pl.*	leisure activities	passatempi	tiempo libre	tempos livres	ευχάριστες δραστηριότητες
longueur, *n. f.*	length	lunghezza	largura	comprimento	μήκος
loyer, *n. m.*	rent	affitto	alquiler	renda ; aluguer	νοίκι

M - N

magnétoscope, *n. m.*	video recorder	videoregistratore	vídeo	leitor/gravador video	βίντεο
main-d'oeuvre, *n. f.*	labour force	manodopera	mano de obra	mão-de-obra	εργατικό δυναμικό
maintenance, *n. f.*	maintenance	manutenzione	mantenimiento	manutenção e assistência técnica	διατήρηση
maintenir un prix	to peg a price	mantenere un prezzo	fijar/estabilizar un precio	assegurar um preço	διατηρώ μια τιμή
maîtriser, *v.*	to master	dominare	dominar	dominar	ελέγχω
malentendu, *n. m.*	misunderstanding	malinteso	equivocación	mal-entendido	παρεξήγηση
malgré, *prép.*	despite	malgrado	a pesar de	apesar de	παρόλο
malheureusement, *adv.*	unfortunately	sfortunatamente	por desgracia	infelizmente	δυστυχώς
mallette, *n. f.*	briefcase	valigetta	baulito	maleta	τσάντα
manquer à qqn, *v.*	to be missed by sb	mancare a	echar de menos a alguien, extrañar	fazer falta a alguém	μου λείπει κάποιος
manquer de qqch., *v.*	to lack sth	mancare	faltar algo	faltar	μου λείπει κάτι
manuscrit /e, *adj.*	handwritten	manoscritto	manuscrito /ta	manuscrito	χειρόγραφο
maquette, *n. f.*	model	modello	maqueta	esboço ; modelo	μακέτα
marchandise, *n. f.*	goods	merce	mercancía	mercadoria	εμπόρευμα
marche à suivre, *n. f.*	procedure	procedura	método	procedimento	διαδικασία
matières premières, *n. f.pl.*	raw materials	materie prime	materias primas	matérias-primas	πρώτες ύλες
mémento, *n. m.*	appointments diary	appunto	agenda	memento	ατζέντα
menacer, *v.*	to threaten	minacciare	amenazar	ameaçar	απειλώ
ménage, *n. m.*	household	faccende	familia	casa ; familía ; vida caseira	νοικοκυριό
mentionner, *v.*	to mention	menzionare	citar	mencionar	αναφέρω
mérite, *n. m.*	merit	merito	mérito	mérito	προσόν
mesure, *n. f.*	measure	misura	medida	medida	μέτρο
métier, *n. m.*	profession	mestiere	profesión	ofício	επάγγελμα
mettre au point	to develop, to perfect	mettere a punto	dar el ultimo toque, perfeccionar	afinar	τελειοποιώ
mettre en évidence	to highlight	mettere in evidenza	hacer resaltar	pôr em relevo	τονίζω
mettre en marche	to start up, to turn on	far partire	conectar, encender	pôr a funcionar ; arrancar	βάζω σε λειτουργία
mettre en place	to set up	sistemare	instalar	pôr no lugar ; colocar	τοποθετώ
mettre en pratique	to put into practice	mettere in pratica	poner en práctica	pôr em prática ; aplicar	εφαρμόζω
mettre en question	to call into question	mettere in questione	poner en tela de juicio	pôr em questão ; questionar	αμφισβητώ
mettre en valeur	to highlight	valorizzare	dar valor	pôr em relevo ; explorar	τονίζω
mettre fin à	to end	finire	poner punto final/cerrar	pôr cobro a ; acabar com	βάζω ένα τέλος
mise à jour, *n. f.*	updating	aggiornamento	puesta al día, actualización	actualização	ενημέρωση
mise en place, *n. f.*	setting up	sistemare	instalación	colocação	τοποθέτηση
mode d'emploi, *n. m.*	directions for use	modalità d'uso	instrucciones para el uso	instruções para uso	οδηγίες χρήσης
modification, *n. f.*	modification	modifica	modificación	modificação	μετατροπή
modifier, *v.*	to modify	modificare	modificar	modificar	μετατρέπω
moitié, *n. f.*	half	metà	mitad	metade	μισό
monnaie, *n. f.*	cash	spiccioli	dinero suelto	moeda	νόμισμα
montant, *n. m.*	amount	montante	suma, total	montante	ποσό
mot d'accompagnement, *n. m.*	cover note	parola di accompagnamento	nota explicativa	nota de acompanhamento	συνοδευτικό σημείωμα
moyenne, *n. f.*	average	media	promedio	média	μέσος όρος
négociation, *n. f.*	negotiation	negoziazione	negociación	negociação	διαπραγμάτευση
négocier, *v.*	to negotiate	negoziare	negociar	negociar	διαπραγματεύομαι

net /te, adj.	clear ; net	netto	claro/a	líquido/a	καθαρός/ή
nettoyer qqch., v.	to clean sth	pulire	limpiar algo	limpar	καθαρίζω
note de service, n. f.	memo	nota di servizio	nota de servicio	nota de serviço ; nota interna	υπηρεσιακό σημείωμα
noter, v.	to note	annotare	apuntar	anotar	σημειώνω
notoriété, n. f.	notoriety	notorietá	notoriedad	notoriedade	το πασίγνωστο

O – P

obligation (boursière), n. f.	bond	obbligazione	obligación	obrigação (da Bolsa)	ομόλογο (χρηματιστηριακό)
obtenir, v.	to obtain	ottenere	conseguir	obter	αποκτώ
occasion, n. f.	opportunity	occasione	oportunidad	ocasião	ευκαιρία
occuper un poste	to hold a position	occupare un posto	ocupar un puesto	ocupar um posto	κατέχω μία θέση
offre d'emploi, n. f.	job vacancy	offerta d'impiego	oferta de empleo	oferta	προσφορά
offre, n. f.	offer	offerta	oferta	oferta de emprego	προσφορά εργασίας
ordinaire, adj.	ordinary	ordinario	común	comum	κανονικός
ordinateur, n. m.	computer	computer	computadora	computador	υπολογιστής
ordre du jour, n. m.	agenda	agenda	orden del día	ordem do dia	ημερήσια διάταξη
ouverture, n. f.	opening	apertura	apertura	abertura	έναρξη
ouvrier, n. m.	worker	operaio	obrero	operário	εργάτης
paiement, n. m.	payment	paga	pago	pagamento	πληρωμή
par conséquent, loc.	consequently	perció	por consiguiente, así	consequentemente	κατά συνέπεια
paraître dans un journal	to appear in a newspaper	apparire sul giornale	salir en el diario	ser publicado num jornal	δημοσιεύεται σε εφημερίδα
paroi, n. f.	partition	parete	tabique	parede	διαχωριστικό
parrainage, n. m.	sponsorship	sponsor	patrocinio	patrocínio	χορηγία
part de marché, n. f.	market share	parte del mercato	participación del mercado	quota de mercado	μερίδιο αγοράς
partager, v.	to share	dividere	compartir	partilhar	μοιράζω
participation aux bénéfices, n. f.	profit sharing	partecipazione ai profitti	participación en los beneficios	participação nos lucros	συμμετοχή στα κέρδη
participer à, v.	to take part in	partecipare	tomar parte en	participar em	συμμετέχω σε
partir en retraite	to retire	ritirarsi	jubilarse	aposentar-se	παίρνω σύνταξη
parution dans un journal, n. f.	publication in a newspaper	apparso sul giornale	publicación en un diario	publicação num jornal	δημοσίευση σε εφημερίδα
passer une annonce	to publish an advertisement	mettere un annuncio	poner un anuncio	anunciar	δημοσιεύω μία αγγελία
passer une commande	to place an order	fare un ordine	hacer un pedido	encomendar	παραγγέλνω
patient /e, adj.	patient	paziente	paciente	paciente	υπομονετικός/ή
patienter, v.	to wait	pazientare	esperar	esperar com paciência	περιμένω
patron, n. m.	boss	capo	jefe	patrão	εργοδότης
payer au comptant	to pay cash	pagare in contanti	pagar al contado	pagar a pronto	πληρώνω μετρητοίς
payer en espèces	to pay cash	pagare in liquido	pagar en efectivo	pagar em líquido	πληρώνω με μετρητά
pelle, n. f.	shovel	pala	pala	pá	φτυάρι
performance, n. f.	performance	prestazione	eficiencia	desempenho ; bom resultado	επίδοση
performant /e, adj.	efficient	efficiente	muy eficiente	eficiente	αποτελεσματικός
période creuse, n. f.	slack period	periodo buco	período de poca actividad	período de inactividade	νεκρή περίοδος
période d'essai, n. f.	trial period	periodo di prova	período de prueba	período de experiência	δοκιμαστική περίοδος
période de pointe, n. f.	peak period	periodo di punta	período de máxima actividad	período de ponta	περίοδος αιχμής
permis de conduire, n. m.	driving licence	patente	carnet de conducir	carta de condução	άδεια οδήγησης
persister, v.	to persist	persistere	persistir	persistir ; perseverar	επιμένω
persuasion, n. f.	persuasion	persuasione	persuasión	persuasão	πειθώ
perte, n. f.	loss	perdita	pérdida	perda	απώλεια
pièce détachée, n. f.	spare part	pezzo di ricambio	pieza de repuesto	peça separada	ανταλλακτικό
piston (fam.), n. m.	strings (to pull -)	raccomandazione	enchufe (tener)	cunha (fam.)	έχω μέσο
placement, n. m.	investment	investimento	inversión	investimento	επένδυση
planning, n. m.	schedule	pianificazione ; programma	planificación	plano de actividades	προγραμματισμός
plat /e, adj.	flat	piatto	llano/a, plano/a	raso/a	επίπεδος/η

plupart, n. f.	majority	maggioranza	la mayor parte	maior parte	οι περισσότεροι
point fort, n. m.	strong point	punto forte	punto fuerte	ponto forte	δυνατό σημείο
pointer, v.	to clock in/out	timbrare	fichar	marcar presença (no trabalho)	ελέγχω το ωράριο των εργατών
population active, n. f.	active population	popolazione attiva	población activa	população activa	ενεργός πληθυσμός
portatif /-ive, adj.	portable	portatile	portátil	portátil	φορητός/ή
position, n. f.	position	posizione	posición	posição	θέση
positionnement, n. m.	positioning	posizione	posicionamiento	posicionamento	τοποθέτηση
pourcentage, n. m.	percentage	percentuale	percentaje	percentagem	ποσοστό
poursuivre, v.	to follow up	seguire	proseguir	prosseguir	επιδιώκω
pourvoir à un poste	to fill a vacancy	coprire un posto	cubrir una vacante	preencher um posto	συμπληρώνω μια κενή θέση
pratique, n. f.	practice	pratica	práctica	prática	πρακτική
précis /e, adj.	precise	preciso	preciso/a	exacto/a	ακριβής
préjudice, n. m.	damage	pregiudizio	daño	prejuízo	βλάβη
prélèvement bancaire, n. m.	direct debit	prelevamento bancario	deducción bancaria	levantamento automático (bancário)	άμεση τραπεζική ανάληψη
prendre à sa charge	to take responsibility for	incaricarsi di	hacerse cargo de	tomar sob sua responsabilidade	παίρνω την ευθύνη
prendre rendez-vous	to make an appointment	fissare un appuntamento	tomar una cita	marcar uma hora ; marcar encontro	κλείνω ραντεβού
préparer un dossier	to prepare a file	preparare un dossier	preparar un informe	preparar um processo	ετοιμάζω ένα ντοσιέ
prétentions du candidat, n. f.pl.	salary expectations	aspettative del candidato	sueldo requerido	pretensões do candidato	απαιτήσεις υποψηφίου
prétexte, n. m.	pretext	pretesto	pretexto	pretexto	πρόσχημα
prévenir, v.	to warn	prevenire	avisar	prevenir	προειδοποιώ
prévision, n. f.	forecast	previsione	previsión, pronóstico	previsão	πρόβλεψη
prévoir, v.	to anticipate	prevedere	anticipar	prever	προβλέπω
prime, n. f.	bonus	premio	sobresueldo	prémio ; bónus	επίδομα
primordial /e, adj.	primordial	primordiale	esencial	primordial	πρωταρχικός/ή
principal /e, adj.	principal	principale	principal	principal	κύριος/ια
principalement, adv.	mainly	principalmente	esencialmente, por lo esencial	principalmente	βασικά
prix courants, n. m.pl.	current prices	prezzi correnti	tarifa	preços correntes	τρέχουσες τιμές
prix de revient, n. m.	cost price	prezzo di costo	precio de coste	preço de custo	τιμή κόστους
prix de vente, n. m.	selling price	prezzo di vendita	precio de venta	preço de venda	τιμή πώλησης
prix global, n. m.	overall price	prezzo globale	precio global	preço total	συνολική τιμή
prix réduit, n. m.	cut price	prezzo ridotto	precio reducido	preço reduzido	μειωμένη τιμή
prix révisable, n. m.	price subject to modification	prezzo soggetto a modifica	precio modificable	preço modificàvel	αναθεωρήσιμη τιμή
prix unitaire, n. m.	unit price	prezzo unitario	precio por unidad	preço à unidade	τιμή κατά τεμάχιο
procédé, n. m.	process	processo	modo	procedimento ; processo	διαδικασία
procéder à, v.	to proceed to	procedere	proceder a	proceder a	προβαίνω
procédure, n. f.	procedure	procedura	procedimiento	processo	διαδικασία
production, n. f.	production	produzione	producción	produção	παραγωγή
produire, v.	to produce	produrre	producir	produzir	παράγω
produit, n. m.	product	prodotto	producto	produto	προϊόν
profil, n. m.	profile	profilo	perfil	perfil	προφίλ
profit, n. m.	profit	profitto	ganancia	lucro	κέρδος
profondeur, n. f.	depth	profonditá	profundidad	profundidade	βάθος
progresser, v.	to progress	progredire	progresar	progredir	προοδεύω
progression, n. f.	progression	progressione	progresión	progressão	πρόοδος
projet, n. m.	project	progetto	proyecto	projecto	σχέδιο
prolongation, n. f.	extension	prolungamento	prolongación	prolongamento	παράταση
prolonger, v.	to extend	prolungare	prolongar, extender	prolongar	παρατείνω
promotion , n. f.	advancement	promozione	promoción	promoção	προαγωγή
promotion publicitaire, n. f.	sales promotion	promozione pubblicitaria	promoción publicitaria	promoção publicitária	διαφημιστική προβολή
promouvoir, v.	to promote	promuopvere	promover	promover	προωθώ
proposer, v.	to propose	proporre	proponer	propôr	προτείνω
proposition, n. f.	proposal	proposta	propuesta	proposta	πρόταση
protection sociale, n. f.	social security	previdenza	protección social	segurança social	κοινωνική προστασία

prouver, v.	to prove	provare	demostrar	provar	αποδεικνύω
provoquer, v.	to provoke	provocare	provocar	provocar	προκαλώ
proximité, n. f.	proximity	prossimitá	proximidad	proximidade	εγγύτης
publicité, n. f.	advertising	pubblicitá	publicidad	publicidade	διαφήμιση
puissant /e, adj.	powerful	potente	poderoso	poderoso/a	δυνατός/ή

Q - R

quant à, loc.	as for, regarding	in quanto a	con respecto a, encuanto a	relativamente a	όσον αφορά
quantité, n. f.	quantity	quantitá	cantidad	quantidade	ποσότητα
questionnaire, n. m.	questionnaire	questionario	cuestionario	questionário	ερωτηματολόγιο
quotidien /ne, adj.	daily	quotidiano	diario/a	quotidiano/a	καθημερινός/ή
rabais, n. m.	reduction	riduzione	rebaja	abatimento	έκπτωση
raccorder, v.	to connect	collegare	conectar	ligar ; conectar	συνδέω
raison sociale, n. f.	corporate name	ragione sociale	denominación social	razão social	επωνυμία
rang, n. m.	rank	rango	categoría	fileira ; ordem	σειρά
ranger, v.	to arrange	aggiustare	ordenar/arreglar	arrumar	τακτοποιώ
rappel (lettre de), n. m.	reminder (letter of -)	richiamo	llamada (carta de)	aviso (carta de)	υπόμνηση (γράμμα)
rappeler qqch. à qqn, v.	to remind sb of sth	ricordare a	volver a llamar	lembrar algo a alguém	υπενθυμίζω κάτι σε κάποιον
rappeler, v.	to remind	ricordare	recordar	voltar a chamar	ανακαλώ
rapport de synthèse, n. m.	summary report	rapporto di sintesi	informe sintético	relatório de síntese ; resumo	απολογισμός
rassurer, v.	to reassure	rassicurare	tranquilizar	tranquilizar	καθησυχάζω
rater un train,	to miss a train	perdere il treno	perder un tren	perder o comboio	χάνω το τρένο
rationaliser, v.	to rationalize	razionalizzare	racionalizar	racionalizar	ορθολογικοποιώ
rayon, n. m.	department	settore	sección	sector ; departamento	τμήμα
réaliser une recherche	to conduct research	fare una ricerca	hacer investigaciones	efectuar uma pesquisa	κάνω έρευνα
récent /e, adj.	recent	recente	reciente	recente	πρόσφατος/η
réception, n. f.	reception	ricevimento	recepción	recepção	υποδοχή
réceptionniste, n. m./f.	receptionist	addetto al ricevimento	recepcionista	recepcionista	αυτός που υποδέχεται
recevoir, v.	to receive	ricevere	recibir	receber	λαβαίνω
recherche, n. f.	research	ricerca	investigación	pesquisa ; procura ; investigação	έρευνα
rechercher du personnel	to look for new employees	cercare del personale	buscar empleados	procurar pessoal	ψάχνω για προσωπικό
réclamation, n. f.	complaint ; claim	reclamo	reclamación	reclamação	παράπονο
réclamer, v.	to complain ; to claim	reclamare	reclamar	reclamar	ζητώ
recommander, v.	to recommend	raccomandare	recomendar	recomendar	συστήνω
recrutement, n. m.	recruitment	assunzione	contratación	recrutamento	επιλογή
recruter du personnel	to recruit personnel	assumere del personale	contratar personal	recrutar pessoal	επιλέγω προσωπικό
rectification, n. f.	rectification	rettifica	rectificación	rectificação	διόρθωση
rectifier une erreur	to rectify a mistake	rettificare un errore	corregir un error	rectificar um erro	διορθώνω ένα λάθος
recueillir, v.	to gather	raccogliere	juntar	recolher	συγκεντρώνω
réduction, n. f.	reduction	riduzione	reducción	reducção	μείωση
référence, n. f.	reference	referenza	referencia	referência	αναφορά
réfléchir, v.	to think	riflettere	pensar	reflectir	σκέφτομαι
règlement, n. m.	settlement	regolamento	pago	regulamento	ρύθμιση, πληρωμή
régler un problème	to settle a problem	regolare un problema	solucionar un problema	resolver um problema	τακτοποιώ ένα πρόβλημα πληρώνω ένα
régler une facture	to pay a bill	pagare una fattura	pagar una factura	pagar uma factura	λογαριασμό λυπάμαι
regretter, v.	to regret	rimpiangere	lamentar, sentir	lamentar	επαναλαμβάνω
réitérer, v.	to repeat	reiterare	repetir	reiterar	ξανασυναντώ,
rejoindre, v.	to rejoin	raggiungere	juntarse con	tornar a juntar	επιστρέφω
relations d'affaires, n. f.pl.	business relations	rapporti d'affari	relaciones comerciales	relações de negócios	επαγγελματικές σχέσεις
remboursement, n. m.	refund	rimborso	reembolso	reembolso	επιστροφή (χρημάτων)
rembourser, v.	to refund	rimborsare	devolver dinero	reembolsar	επιστρέφω (χρήματα)
remettre qqch. à qqn, v.	to give sth to sb	dare	dar algo a alguien	remeter	δίνω κάτι σε κάποιον
remise, n. f.	discount	sconto	descuento, rebaja	desconto	έκπτωση

remplacer, v.	to replace	sostituire	cambiar	substituir	αντικαθιστώ
remplir un formulaire	to fill in a form	riempire un formulario	llenar un formulario	preencher um formulário	συμπληρώνω ένα έντυπο
rémunération, n. f.	remuneration	remunerazione	remuneración	remuneração	αμοιβή
rencontrer, v.	to meet	incontrare	encontrar	encontrar	συναντώ
rendez-vous, n. m.	appointment	appuntamento	cita	encontro ; entrevista	ραντεβού
rendre qqch. à qqn, v.	to give sth back to sb	restituire	devolver algo a alguien	restituir	επιστρέφω κάτι σε κάποιον
rendre visite	to visit	andare a trovare	hacer una visita	visitar	επισκέπτομαι
renouvelable, adj.	renewable	rinnovabile	renovable	renovável	ανανεώσιμο
rentabilité, n. f.	profitability	redditività	rentabilidad	rentabilidade	αποδοτικότητα
réparer, v.	to repair	riparare	arreglar	reparar	επισκευάζω
répartir, v.	to share out	dividere	distribuir	distribuir	διανέμω
répartition, n. f.	sharing out	divisione	reparto	repartição	διανομή
reporter un rendez-vous	to postpone an appointment	postporre un appuntamento	aplazar/diferir una cita	adiar um encontro	αναβάλλω ένα ραντεβού
reprendre une entreprise	to take over a business	riprendere un affare	recomprar una empresa	retomar uma empresa	αναλαμβάνω μία επιχείρηση
représentant/e, n. m./f.	representative	rappresentativo	representante	representante	αντιπρόσωπος
reprise, n. f.	takeover	ripresa	adquisición, recompra	retomada	ανάληψη
réputation, n. f.	reputation	reputazione	fama	reputação	φήμη
réseau, n. m.	network	rete	red	rede	δίκτυο
résoudre, v.	to solve	risolvere	solucionar	resolver	λύνω
ressources humaines, n. f.pl.	human resources	(servizio del) personale	recursos humanos	recursos humanos	ανθρώπινοι πόροι
résultat, n. m.	result	risultato	resultado	resultado	αποτέλεσμα
retenir qqn, v.	to select sb	scegliere	elegir, seleccionar a alguien	escolher alguém	επιλέγω κάποιον
retourner qqch. à qqn, v.	to return sth to sb	restituire	devolver algo a alguien	devolver algo a alguém	επιστρέφω κάτι
retraite, n. f.	retirement	pensione	jubilación	aposentação ; reforma	σύνταξη
réunion, n. f.	meeting	riunione	reunión	reunião	σύσκεψη
revenu, n. m.	income	stipendio	renta	rendimento	εισόδημα
revue, n. f.	magazine	rivista	revista	revista	περιοδικό
rez-de-chaussée, n. m.	ground floor	pianterreno	planta baja	rés-do-chão	ισόγειο
rigueur, n. f.	discipline	disciplina	disciplina	rigor (disciplina)	πειθαρχία
robot, n. m.	robot	robot	autómata	autómato	ρομπότ
rupture, n. f.	breach	rottura	ruptura	ruptura	ρήξη

S

s'absenter, v.	to go out	assentarsi	salir	ausentar-se	απουσιάζω
s'adresser à, v.	to speak to	rivolgersi a	hablar con	dirigir-se a	απευθύνομαι
s'apercevoir de, v.	to notice	accorgersi	darse cuenta de	dar por	διακρίνω
s'inquiéter de qqch. /pour qqn, v.	to worry about sth/sb	preoccuparsi	preocuparse por algo/alguien	preocupar-se com	ανησυχώ
s'inscrire à, v.	to register for	iscriversi a	inscribirse en	inscrever-se em	εγγράφομαι
s'occuper de, v.	to take care of	occuparsi di	cuidar	ocupar-se de	ασχολούμαι
salaire, n. m.	salary	stipendio	sueldo	salário	μισθός
salarié, n. m.	employee	impiegato	empleado	assalariado	μισθωτός
salon, n. m.	trade fair	salone	salón, fería	salão ; exposição comercial	εμπορική έκθεση
satisfaction, n. f.	satisfaction	soddisfazione	satisfacción	satisfação	ικανοποίηση
satisfaire, v.	to satisfy	soddisfare	contentar	satisfazer	ικανοποιώ
scie, n. f.	saw	sega	sierra	serra ; serrote	πριόνι
se brancher sur, v.	to plug into	essere in contatto con	enchufarse, conectarse a	ligar-se a	συνδέομαι
se composer de, v.	to be made up of	conporsi di	estar echo con	ser composto por	αποτελούμαι
se déplacer, v.	to travel	spostarsi	viajar	deslocar-se	ματακινούμαι
se faire remarquer, v.	to make oneself noticed	farsi notare	llamar la atención	chamar a atenção ; dar nas vistas	με προσέχουν
se mettre d'accord sur	to agree on	mettersi d'accordo	ponerse de acuerdo sobre	pôr-se de acordo sobre	συμφωνώ
se partager, v.	to share	dividersi	repartirse	repartir-se	μοιράζομαι
se rendre à un salon	to go to a trade fair	andare a un salone	ir a una feria comercial	visitar uma feira comercial	πηγαίνω σε μια έκθεση
se rendre compte de	to realize	rendersi conto	darse cuenta	aperceber-se ; dar por	συνειδητοποιώ
se renseigner, v.	to make inquiries	informarse	informarse	informar-se	πληροφορούμαι

se tenir à la disposition de	to put oneself at the disposal of	tenersi a disposizione di	estar a la disposición de	estar à disposição de	είμαι στη διάθεση κάποιου
se voir dans l'obligation de	to be obliged to	sentirsi obbligato	verse obligado a hacer algo	ver-se obrigado a	είμαι υποχρεωμένος
Sécurité sociale, n. f.	national insurance	previdenza	Seguridad Social	segurança social	κοινωνική ασφάλεια
segmentation du marché, n. f.	market segmentation	segmentazione del mercato	segmentación del mercado	segmentação do mercado	κατάτμηση αγοράς
séjourner à l'étranger	to spend time abroad	soggiornare	quedarse un tiempo fuera del país	efectuar uma estadia no estrangeiro	μένω στο εξωτερικό
sélection, n. f.	selection	selezione	selección	selecção	επιλογή
sélectionner qqn, v.	to select someone	selezionare	elegir	seleccionar alguém	επιλέγω κάποιον
séminaire, n. m.	seminar	seminario	seminario	seminário	σεμινάριο
sens des contacts, n. m.	interpersonal skills	senso dei contatti	habilidad en los contactos humanos	sentido dos contactos	ικανότητα στις επαφές
série, n. f.	series	serie	serie	série	σειρά
service après-vente, n. m.	after-sales department	servizio post-vendita	servicio posventa	serviço após-venda	υπηρεσία συντήρησης υπηρεσία
service, n. m.	department	servizio	departamento	serviço	και επισκευών
services, n. m.pl.	service (sector)	servizio	sectores	serviços	υπηρεσίες
siège social, n. m.	head office	sede sociale	domicilio social	sede social	έδρα
signature, n. f.	signature	firma	firma	assinatura	υπογραφή
signer, v.	to sign	firmare	firmar	assinar	υπογράφω
similaire, adj.	similar	simile	similar	similar	όμοιος
site, n. m.	site	luogo	lugar	sítio	τοποθεσία
société à responsabilité limitée, n. f.	limited company	S.R.L.	sociedad (de responsabilidad) limitada	sociedade por quotas	εταιρεία περιορισμένης ευθύνης
société anonyme, n. f.	public limited company	S.A.	sociedad anónima	sociedade anónima	ανώνυμος εταιρεία
soit... soit..., conj.	either... or...	sia... sia...	ya...ya..., sea...sea...	quer... quer	είτε... είτε...
solde, n. m.	balance	saldo	balance, balanza	saldo	υπόλοιπο
solution, n. f.	solution	soluzione	solución	solução	λύση
somme, n. f.	amount, sum	somma	suma	soma	ποσό
sondage, n. m.	opinion poll	sondaggio	sondeo	sondagem	σφυγμομέτρηση
soucieux /-euse de, adj.	concerned	sollecito	atento/a	preocupado com	ανήσυχος/η
souligner l'importance	to stress the importance	sottolineare l'importanza	insistir	acentuar a importância	τονίζω τη σημασία
soumettre une offre	to submit an offer	sottomettere un offerta	hacer una oferta	fazer uma proposta	υποβάλλω μια προσφορά
souplesse, n. f.	flexibility	flessibilità	flexibilidad	maleabilidade	ελαστικότητα
source lumineuse, n. f.	light souce	luce	fuente de luz	fonte luminosa	πηγή φωτός
sous-traitance, n. f.	subcontracting	subappalto	subcontratación	subcontratação	υπεργολαβία
sous-traitant, n. m.	subcontractor	subappaltatore	segundo contratista	subcontratante	υπεργολάβος
sous-traiter, v.	to subcontract	subappaltare	ceder en subcontrato	subcontratar	παίρνω υπεργολαβίες
stage, n. m.	training course	stage	cursillo	estágio	πρακτική εξάσκηση
stagiaire, n. m./f.	trainee	stagiaire	persona que está de prácticas	estagiário/a	ασκούμενος
statut juridique, n. m.	legal status	statuto giuridico	estatuto jurídico	estatuto jurídico	νομικό καθεστώς
stock (tenir le), n. m.	stock (to manage the-)	stock (avere -)	stock (hacer el inventario)	depósito (gerir o)	απόθεμα (διαχειρίζομαι)
stratégie, n. f.	strategy	strategia	estrategia	estratégia	στρατηγική
succéder à, v.	to take over from	succedere a	suceder a	suceder a	διαδέχομαι
suffire, v.	to suffice	bastare	bastar	bastar	αρκώ
suivre, v.	to follow	seguire	seguir	seguir	ακολουθώ
superflu/e, adj.	superfluous	superfluo	inútil	supérfluo/a	περιττός/ή
sur le terrain, loc.	in practice	pratica	en práctica	no terreno ; na prática	στην πράξη
sur place, loc.	on the spot	sul posto	en el lugar	no mesmo lugar	επιτόπου
surgelés, n. m.pl.	frozen food	surgelato	congelados	congelados	κατεψυγμένα
surprendre, v.	to surprise	sorprendere	sorprender	surpreender	εκπλήσσω
suspendre le paiement	to interrupt payment	sospendere il pagamento	suspender el pago	suspender o pagamento	αναστέλλω την πληρωμή
syndicat, n. m.	trade union	sindacato	sindicato	sindicato	συνδικάτο

T

tableau récapitulatif, n. m.	summary chart	schema riepilogativo	cuadro sinóptico	quadro recapitulativo	συνοπτικός πίνακας
tâche, n. f.	task	compito	trabajo	tarefa	έργο
tandis que, conj.	whereas	mentre	mientras que	enquanto	ενώ

taper à la machine	to type	battere a macchina	escribir a máquina	escrever à máquina	δακτυλογραφώ
tarif, n. m.	price list	tariffa	tarifa/lista de precios	tarifa	κατάλογος τιμών
taux, n. m.	rate	tassa	tasa	taxa	ποσοστό
technico-commercial, n. m.	sales technician	tecnico-commerciale	técnico-comercial	vendedor	εμποροτεχνικός
télécopie, n. f.	fax	fax	fax	telecópia ; fax	τηλεφωτοτυπία
télécopieur, n. m.	fax machine	fax	fax	telecopiador ; máquina de fax	τέλεφαξ
témoigner, v.	to testify	testimoniare	atestar algo	testemunhar	είμαι μάρτυρας
tenir au courant	to keep informed	tenere al corrente	informar de/sobre ; avisar	pôr ao corrente ; manter ao corrente	κρατώ κάποιον ενήμερο
tenir compte de,	to take into account	tenere conto	tener en cuenta	ter em conta o/a	παίρνω υπόψη
tertiaire, n. m.	tertiary	terziario	terciario	terciário	τριτογενής
tiers, n. m.	third	terzo	tercio	terceiro	τρίτος
tonne, n. f.	metric ton	tonnellata	tonelada	tonelada	τόννος
touche, n. f.	key	tasto	tecla	tecla	πλήκτρο
toucher, v.	to touch ; to earn	toccare	tocar, ganar	atingir ; dizer respeito a ; ganhar (salário)	παίρνω (χρήματα) αγγίζω
traitement de texte, n. m.	word processor	word processor	tratamiento de textos	processador de texto	επεξεργασία κειμένου
trajet, n. m.	journey	tragitto	trayecto	trajecto até ao trabalho	διαδρομή
transaction, n. f.	transaction	transazione	transacción	transacção	συναλλαγή
transitaire, n. m.	forwarding agent	agente	transitorio	transitário	διαμετακομιστής
transmettre, v.	to forward	trasmettere	enviar, dar	transmitir	μεταβιβάζω
transport, n. m.	transport	trasporto	transporte	transporte	συγκοινωνία
travail temporaire, n. m.	temporary work	lavoro temporaneo	trabajo temporal	trabalho temporário	προσωρινή δουλειά
travailler à la chaîne	to work on the assembly line	lavorare alla catena di montaggio	trabajar en una línea de montaje	trabalho em cadeia	δουλεύω σε σειρά
triple, adj.	triple	triplo	triple	triplo	τριπλός
troc, n. m.	barter	baratto	trueque	troca	άμεση ανταλλαγή
troubles, n. m.pl.	troubles	disordini ; turbamenti	disturbios	perturbações ; tumultos	φασαρίες
tuyau, n. m.	pipe, tube	tubo	tubo	tubo	αγωγός

U – V

ultérieurement, adv.	subsequently	in seguito	más tarde, después	ulteriormente	αργότερα
usine, n. f.	factory	fabbrica	fábrica	fábrica	εργοστάσιο
vacant /e, adj.	vacant	vacante	vacante	vago/a (posto)	κενός/ή (θέση)
valable, adj.	valid	valido	válido/a	válido	έγκυρος
valoriser, v.	to make the most of	valorizzare	valorizar	valorizar	αξιοποιώ
vente promotionnelle, n. f.	promotional sale	vendita promozionale	venta de promoción	uma promoção (venda)	διαφημιστική πώληση
vérifier, v.	to check	verificare	verificar	verificar	ελέγχω
versement, n. m.	payment	versamento	pago	pagamento ; tranferência	καταβολή ποσού
verser qqch. à qqn, v.	to pay sth to sb	versare ; pagare	pagar algo a alguien	pagar ; transferir algo a alguém	καταβάλλω ποσό
vêtement, n. m.	article of clothing	vestito	ropa	vestuário	ένδυμα
vider un cendrier	to empty an ashtray	vuotare un portacenere	vaciar un cenicero	esvaziar um cinzeiro	αδειάζω ένα τασάκι
virement bancaire, n. m.	bank transfer	trasferimento	giro bancario	transferência bancária	τραπεζικό έμβασμα
virer, v.	to transfer	trasferire	girar	transferir	κάνω έμβασμα
viser, v.	to target	mirare	tender	visar ; ter em mira	στοχεύω
viticulteur/-trice, n. m./f.	wine grower	viticultore/-trice	viticultor	viticultor	αμπελουργός
vocation, n. f.	vocation	vocazione	vocación	vocação	κλίση
voiture de fonction, n. f.	company car	auto della ditta	coche de empresa	veículo da empresa	επαγγελματικό αυτοκίνητο

Dossier 1 · *Jeu à deux, p. 14*

Joueur B

ORGANIGRAMME
DE LA COMPAGNIE VISIOTECHNIQUE

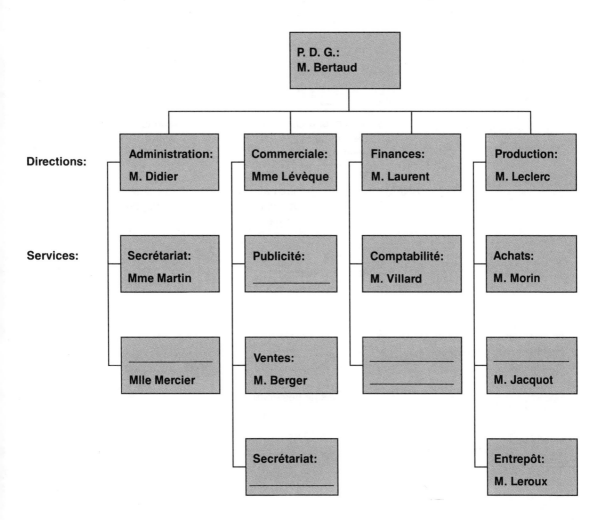

Dossier 1 · *Jeu à deux, p. 30*

Joueur B:
Prenez le rôle du chef du personnel. Informez-vous pour définir le profil de la candidate.
Vous n'êtes pas sûr de pouvoir la recruter pour le début du mois prochain. Expliquez au
chef du service des ventes votre méthode de recrutement en utilisant le tableau suivant.
Employez le futur.

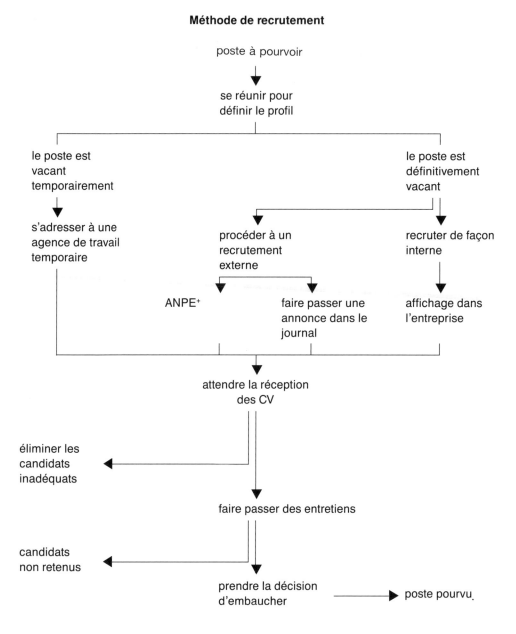

Méthode de recrutement

+**ANPE** = Agence nationale pour l'emploi *(Arbeitsamt)*

Dossier 2 · *Jeu à deux, p. 62*

Joueur B: Vous avez organisé un programme d'activités sociales pour les filiales étrangères de l'entreprise. Votre collègue du siège social vous téléphone pour s'en informer. Répondez à ses questions et demandez-lui les renseignements qui vous manquent sur le programme en France.

Programme des activités sociales:

Janvier: . . . .
. . . .

Mars: Exposition
Lieu: Ferney-Voltaire
Suisse - (Genève: 15 km)

. . . . . : Maison de vacances à la disposition des employés et de leurs familles

. . . .

Mai: Négociations salariales
Lieu: Sousse
Tunisie - (Tunis: 45 minutes)

. . . . . : Rencontre franco-allemande

. . . .

. . . .

Octobre: Stage de formation
Lieu: Casablanca
Maroc

Dossier 2 · *Jeu à deux, p. 76*

Joueur B: Voici l'agenda de votre chef.

LUNDI	MARDI	MERCREDI	JEUDI	VENDREDI
9h15-12h15 Stagiaires: Présentation/ Introduction	9h-11h Lire dossier Singer URGENT!	9h30 -? Rendez-vous/ Mlle Dubois	10h30-11h30 Rencontre/ Chef des ventes	
	11h30-12h30 Réception nelle machine/ Instructions Entretien		13h-17h Préparation séminaire	
	16h -? Réunion de service			

Dossier 2 · *Jeu à deux, p. 79*

Joueur B

Situation 1: Voici vos coordonnées: Mme Gilet
Service des ventes
Cie GASPARD
Vous répondez au téléphone. Présentez les produits de la page 81 (voir photos).
Proposez d'envoyer le catalogue GASPARD avec les prix courants: Demandez à
votre correspondant ses coordonnées.
Situation 2: Vous voulez parler à M. Dupuy, service des achats de la Cie LATOUR. Vous
voulez préciser que les marchandises sont envoyées en port dû (voir lexique).
Situation 3: Répondez au téléphone. M. Vial n'est pas là. Prenez le message.
Situation 4: Vous voulez parler à M. Dumond pour lui dire que la prochaine livraison
aura lieu 3 semaines plus tard que prévu, à cause de l'inventaire de fin d'année.

Dossier 3 · *Jeu à deux, p. 114*

Graphique B: Production de livres en France

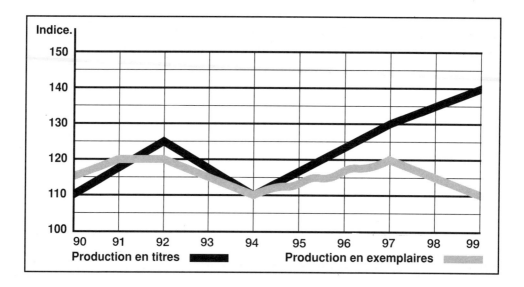

Dossier 4 · *Jeu à deux, p. 144*

Secteur. – Numéro 2 mondial de l'informatique. Leader mondial de l'informatique de réseaux. Signe paticuliert: totale compatibilité de tous les modèles de la gamme (VAX). La miniinformatique (30% du CA) reste le point fort du groupe. Stratégie actuelle: s'associer à des fabricants de micro (Cf. alliance avec Apple).

Taille. – 121 000 personnes dans le monde. En France . . . . salariés . . . . . de cadres.

Localisation. – DEC (Digital Equipment Corporation) est présent dans soixante-quatre pays dont dix-sept en Europe. Siège social France: . . . . Treize agences, trente-quatre centres de maintenance, un laboratoire de recherche, un centre européen de haute technologie à Sophia-Antipolis.

Santé financière. – Solide! CA année fiscale 1987: . . . . 228 millions de francs de bénéfices avant impôt pour DEC France. Croissance: 1986—1987: . . . . .

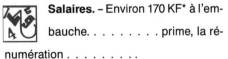

Salaires. – Environ 170 KF* à l'embauche. . . . . prime, la rénumération . . . .

Ambiance de travail. – Jeunesse (moyenne d'âge: . . . .). Ambiance: Usage intensif du prénom, tutoiement. Forte émulation interne. On exige une autonomie maximum et un savoir travailler en équipe.

* 170 KF = 170 000 F

Dossier 5 · *Jeu à deux, p. 181*

Joueur B: Vous représentez l'entreprise Tonnelier. Répondez à votre client.
Expliquez-lui pour quelles raisons la marchandise ne correspond pas à celle commandée:
p. ex. stock épuisé, erreur due à un nouveau système d'organisation à l'entrepôt.
Cherchez une solution à votre avantage. Vous pouvez proposer à votre client:
– soit d'échanger la marchandise, (attention, transport à votre charge!),
– soit de reprendre la marchandise et de la rembourser,
– soit de lui accorder une remise s'il garde la marchandise livrée.

Dossier 5 · *Jeu à deux, p. 182*

Joueur B: Vous êtes viticulteur en Alsace et vous êtes à la tête d'une association de viticulteurs.
Un client lyonnais vous a passé une commande de:
10 europalettes de Silvaner, de Riesling et de Pinot
(une europalette = 60 cartons de 6 bouteilles chacun).

Vous chargez un transitaire (Transroute), avec lequel vous travaillez pour la première fois, d'effectuer la livraison. La livraison a lieu comme prévu le 18/5 mais, par erreur, le transitaire livre la marchandise à Lyon où se trouvent les bureaux de votre client au lieu de Valence où se trouvent les entrepôts.

Situation 1: Dès l'arrivée du camion de livraison à Lyon, votre client vous téléphone. Vous lui dites de faire transporter lui-même le vin à Valence.

Situation 2: Le 20/5, votre client vous retéléphone et vous demande le remboursement des frais causés par l'erreur de livraison. Vous déclinez toute responsabilité et lui dites de s'adresser directement au transitaire.

Dossier 5 · *Jeu à deux, p. 202*

Joueur B:
Vous êtes employé/e par le Club Affaires Satellite. Répondez au/à la client/e.
Expliquez lui ce qu'il/elle doit faire pour vous permettre de réaliser ses désirs.

Exemples:
– Vous mettre au courant?
– Vous mettre en contact avec . . . ? **Il est indispensable que vous me/nous . . .**
– Payer l'abonnement? **Il est nécessaire que vous me/nous. . .**
– Ajouter les frais de service?

Continuez.

Solutions du Mégatest

I	1.a, 2.b, 3.b, 4.b, 5.b, 6.b, 7.b
II	1.b, 2.a, 3.a, 4.b, 5.a, 6.a, 7.a
III	1.a, 2.a, 3.b, 4.a, 5.a, 6.b, 7.b
IV	1.a, 2.a, 3.b, 4.a, 5.a, 6.a, 7.b
V	1.a, 2.a, 3.a, 4.b, 5.a, 6.b, 7.b
VI	**Connaissez-vous la France?**
	1 a.4, b.5, c.1, d.3, r.6, f.2.
	2 a.3, b.1, c.4, d.5, e.6, f.2.

Crédits textes

L'Action économique (Le Quotidien), 108 – Affaires économiques (groupe Expansion), 97, 98 – Les Éditions d'Organisation, 19 – L'Entreprise (groupe Expansion), 118, 145 – Eurostat, 107, 167 – L'Expansion, 20, 115, 117, 134, 154, 194, 208 – Le Figaro, 130, 131, 140, 144 – INSEE, 107, 116 – Investir, 211 – Larousse (Francoscopie, Gérard Mermet), 168, 183, (Euroscopie, Gérard Mermet), 210 – Le MOCI, 125, 132, 133 – Le Monde, 134, 135, 136, 165, 169, 170, 207 – Le Nouvel Économiste, 46, 131, 155 – Le Nouvel Observateur, 68, 91, 170, 206 – Le Point, 36, 128, 210 – Science et Vie Économie (Excelsior Publications), 168, 195 – Japon Livre blanc sur les P.M.E., 167 – USA Statistical Yearbook, 167.

Crédits photos et illustrations

Air Inter, Cambon, 95 – Allan Cash, 20 (d) – Bavaria Bildagentur : SSI, 20 (g), The Telegraph, 34, Friedman, 84, Images, 117, 189 – Bohn & Kruse, 186 – Citroën Aulnay, 141 – CLM/BBDO, Woolmark, 130 – Cornelsen : Krauke, 31 (d), 62 (d), 191, 208 – Creative publicity services, 130 – La Documentation française : de Montvallon, 65, Dewarez, 133 – E.P.A. Cergy-Pontoise, 67 – L'Expansion : Nencioli, 154 (g), Delluc (d) – Explorer : Thouvenin, 165 – Contact Press Images : Koni Nordmann, 202 – Mayer Magnum, 182 – Groupe H.E.C., 48, 56 – Helga Lade Fotoagentur : Astrapi, 96, Mychalzik, 159 – I.G.N., 57 – keystone, 41, 108 – Lauzier, 8, 22, 69, 74, 100, 120, 138, 157, 172, 188 – Mairie de Dijon, 70 – Mors, 62 (g) – Matra Communication, 203 – Harvard Business Review, 84 – Le Nouvel Économiste : Hampartzoumian, 131 – Plantu, 136 – Rosy, 11, 37, 38, 54, 82, 110, 146, 196 – SNCF-CAV-Vignal, 98 – Transglobe : Fagot-Jerrican, 103, Jan Halaska, 26 .

Conception couverture : Guylaine Moi
Photos couverture : De Simoni/Diaphor et Grégoire/Sipa Image
Recherche iconographique : Brigitte Hammond
Conception logos – Suivi de maquette : O'Leary

Imprimé en France, par Hérissey à Évreux - N° 89210
Dépôt légal N° 10113-03/2001 - Collection N° 27 - Édition N° 05

15/4998/9